跟蘇格拉底學思辨

從《對話錄》學習如何質疑、怎樣探究？矯正僵化思維、屏除固有偏見，寫給每個人的理性思考與對話指南

陳信宏 ____ 譯　沃德・法恩斯沃斯 ____ 著

目次

推薦序1

質疑不是挑釁

林靜君（台灣高中哲學教育推廣學會理事長）

「現在獲得資訊那麼方便，很多學生對議題很有看法呢！我們當老師的也得花時間準備啊！」

鐘響後回到辦公室的同事，神情不輕鬆地抒發《議題探究課程》的教學感想。二〇一九年，台灣中小學啟動簡稱為「一〇八課綱」的「十二年國民基本教育課程綱要」，正式宣告國民教育以「一個人為適應現在生活和面對未來挑戰，應該具備的知識、能力和態度。」為課程核心。不少高中因此開設議題探究課程，由教師跨出學科疆界，規劃以培養思辨力為目的的教學內容。

卻發現，帶領議題討論並不容易。因為，亟須探究的議題往往十分棘手，通常涉及困難的道德判斷；既然尚無定論，教師自然難以在課堂結束時提供標準答案。這令教學現場的老師們感到不安，擔心有愧於「傳道、授業、解惑」的職責。

當網際網路的發展使得資訊內容豐富、透明，且容易取得，教室已不再是知識的供給場域時，老師的角色可以是什麼？

在這個資訊爆炸、個人意見恣意充斥於社群媒體的當代，我們應該如何進行價值的判斷與排序？

這或許正是蘇格拉底方法（The Socratic Method）再次受到重視的原因。如果我們能夠掌握蘇格拉底所展示的思辨技巧，並且使它成為一輩子的習慣，那麼，小至日常難題，大致面對生命的困境與群體的抉擇，我們將能夠進行理性分析，進而有機會找到解決的途徑。

不過，本書對於台灣讀者的意義，不僅在於作者仔細地拆解蘇格拉底方法，並且精確地示範，使它能夠被正確應用。更重要的是，作者反覆強調了這個思考方法的精神：以無畏的姿態提出問題以及接受提問。

近十年以來，受益於哲學學者與專家對於西洋哲學思辨方法的大力推廣，加上哲普書籍的大量翻譯與出版，台灣社會已經廣泛認同：質疑不是挑釁，相反地，這才是理性的運用，因為，我們所習以為常的，不見得理所當然。

我們已經能夠無畏地提出問題。接下來，我們需要學習的是無畏地接受提問，也就是：要追求真理，就必須付出舒適自在作為代價；來自他人的挑戰與質疑，是為了讓我們的思考更為周全。因為，蘇格拉底對於人類文明最大的貢獻就在於他提供了一個劃時代的觀念：儘管真理可能永遠在幾步之外，人還是不該放棄，要秉持著彷彿能夠獲得終極解答的態度，不斷追求。

在教學場域中，老師們因此可以卸下知識權威的焦慮，師生關係成為追求智慧的夥伴。對個人而言，透過不停地與自己對話，反覆檢驗自己在思考上的一致性，我們能夠穩固自己的價值選擇判準，因次獲得真正的自由與美好的人生。

不停地與過去的自己打架，在掙扎的過程中感受到心智的敏銳，是會上癮的。我的學生在上過哲學課之後總是告訴我：再也回不去人云亦云的狀態了。

—推薦序2—

學習與進步，擺脫靈魂的夢遊狀態

孫有蓉（法國索邦巴黎第一大學兼任助理教授）

如果問哲學史上有哪一個哲學家最為傳奇，那這個人非蘇格拉底莫屬。蘇格拉底沒有任何著作，甚至可能反對書寫思想，卻成為了定義哲學史結構、兩千年以來不間斷影響哲學討論的一個名字。試想，一位未曾書寫的哲學家、一位今天沒有人知道到底其思想確切為何的哲學家，卻成了將西方哲學史劃分為先「蘇」與其後的重要人物。到底是什麼樣的哲學家有如此魅力？

《跟蘇格拉底學思辨》讓讀者用非常簡潔有力卻又充滿歷史趣味的方式一窺柏拉圖筆下的蘇格拉底，同時也讓讀者們認識到柏拉圖研究裡面幾個有趣的爭議點：對話錄裡面，有多少含量是歷史上真正的蘇格拉底？真正的蘇格拉底躲在哪裡？是在緊迫又嚴謹的追問過程中？是在令人惱羞成怒的詰問法中？還是在循循善誘的知識助產術裡？不管哪一些是歷史上蘇格拉底本人的貢獻，哪些又是柏拉圖的塑造，「對話」在所有蘇格拉底同代人的筆下都一直是對蘇格拉底主要活動的最佳刻畫。而正如本書所呈現的框架：思想作為靈魂與自己的對話，只有在這個對話過程中坦然、嚴謹，甚至步步緊逼，靈魂才有可能清醒地活著，而不與自己對話、不檢視自身思想的人，永遠在半夢半醒中踟步前行。

本書就像是一本小工具書，好像讓大家把柏拉圖的蘇格拉底放進口袋，隨時可以拿出對話錄裡面的思辨方法來檢視言論。雖然柏拉圖對話錄中的蘇格拉底可能比本書中寫得更加調皮、更加沒禮貌、更加地如牛蠅般逼人對自己早已習慣且感到舒適的信念重新感到惴惴不安從而甩動思緒，但書中點出且強調了非常關鍵的一點：**學習與進步是一個過程，而且必然是一個不舒適的過程，因為我們必須強迫靈魂擺脫自己舒適的夢遊狀態**。我們也許會想反問蘇格拉底一句：為什麼不乾脆舒服地活在夢裡就好？既然求知、求真、求精確、求清醒是一件充滿荊棘與自我審問的道路？蘇格拉底不會回答「因為沒有經過檢視的生命不值得活」，也可能不會說「因為人類自然渴望真理」，但他可能會說：「夢裡的我們只能坐等事件與感受襲來，但幸福並非偶然，既然不可能不照顧身體就坐等健康來臨，那我們為什麼會相信可以坐等幸福來臨？」

這本《跟蘇格拉底學思辨》篇幅雖短，卻囊括了蘇格拉底的出現、柏拉圖的書寫、對話錄中各式檢視思想的方法，最後更對受蘇格拉底哲學影響、一般大眾書籍比較少提到的哲學學派有十分立體的介紹。除了是一本教大家如何在生活中使用蘇格拉底的小工具書之外，更也是一本簡單圍繞蘇格拉底的西方哲學史簡介，讓大家一窺哲學家如何以生活為哲學。

—作者自序—

提問與思考的手工藝

蘇格拉底方法（Socratic method）是一種思考方式，是邁向智慧的助力，也是消除愚笨的解藥。這點必須一開始就說清楚，因為很多人只要想到蘇格拉底方法——如果他們會想到這種東西的話——都以為那是一種教學技巧。說是教學技巧其實也沒錯，但蘇格拉底方法之所以在教室裡有用，原因是這種思考方式更勝於我們慣常用以思考重要事物的方法。蘇格拉底質問別人不是為了教導我們怎麼質問別人。他那麼做是為了教導我們怎麼思考。這就是為什麼他的方法值得所有人注意，而不是一種只供專家或者特殊場合使用的工具。本書是一本實踐者指南，而第一課就是：所有人、在每一天都是實踐者，或者都可以是實踐者。

本書說明蘇格拉底方法是什麼，以及怎麼加以使用——也就是蘇格拉底在柏拉圖對話錄裡實踐的那種原始方法。這本書探討心智的運作，也介紹蘇格拉底的哲學思想。蘇格拉底哲學經過如此漫長的時間之後仍然令人驚奇，原因是這種哲學思想不以確切的姿態回答困難的問題，而是一種**提出困難的問題並且追尋答案的方法**。蘇格拉底思想是一條通往智慧的道路，而不是速食的智慧；這種思想認為智慧不能夠以制式的方法快速供應，但有助於思考各種大小問題——大至人生該怎麼活，小至誰該帶狗出去散步。

本書也講述斯多葛主義的起源故事：至今仍有許多人對於這種古老的觀念深感著迷。歷久不衰的斯多葛主義教誨乃是源自蘇格拉底的教誨；所以如果你對斯多葛主義者所說的話感興趣，就應該要了解這種思想和蘇格拉底說的話有何關係。另一方面，如果你對蘇格拉底感興趣，也能夠在斯多葛主義當中找到如何在日常生活中應用蘇格拉底思想的例子。

蘇格拉底的教誨也能夠改善一切關於各種困難主題的談話。蘇格拉底方法的其中一個重點，就是以無畏的姿態提出問題以及接受提問；奉行蘇格拉底方法，就是誠實表達內心的想法，也不因別人誠實表達他們內心的想法而生氣；奉行蘇格拉底方法，就是愛好真理，並且對於你是否知道真理保持謙遜的態度。換句話說，蘇格拉底方法代表了在我們當今的論述文化裡逐漸消失的一切優點。

* * *

簡述了本書的目的，以下再提出比較完整的描述。

一、大約兩千五百年前，柏拉圖寫了一套關於倫理以及其他問題的對話錄，其中大部分（尤其是現在據稱屬於較早期的作品）都採取相同的模式。柏拉圖沒有出現在這些書裡。這些對話錄描寫的是蘇格拉底和其他人的談話。蘇格拉底通常會提出談話對象自認知道答案的問題，然後測試對方的回答，拆解他們的說法，從而證明他們對於那個主題的理解其實沒有自己想像的那麼充分。讀者看完這些對話錄之後，通常也會產生相同的感覺。這麼說雖然聽起來頗為直截了當，但蘇格拉底這麼做的方式以及原因，卻構成了思考許多事物的一種好方法。我們會把這種方法稱為「蘇格拉底方法」。

蘇格拉底方法經常被描述為古典時代人類心智最重要的一項產物。弗拉斯托斯（Gregory Vlastos）是二十世紀研究這項主題最傑出的學者，他說蘇格拉底方法是「人類最偉大的成就之一」，正是因為這種方法：

> 把道德探究變成了一種尋常的人類事業，可供所有人從事。應用這種方法不需要遵循特定哲學體系，不需要精通專門技能，也不需要習得一套術語。應用這種方法只需要常理判斷，也只需要使用通用的語言。①

蘇格拉底方法可以適用於法律、政治，以及其他一切需要理性判斷的事務。彌爾（John Stuart Mill）認為蘇格拉底方法深刻影響了他的思考方式，也是一大資產，因而在一篇探討柏拉圖的散文裡指出：「人類對於他這項無與倫比的最大贈禮實在無以為報。」②

所以，這個方法是蘇格拉底留給後人最珍貴的遺緒，而他又大概是西方思想史上最卓越的人物。因此，我們也許會認定所有人都應該很熟悉蘇格拉底方法的主要特色。不過，大多數人都不是如此，就算是知識分子也常不覺得特別受益於蘇格拉底的教誨，至少不是直接獲益。所以，蘇格拉底方法的價值（至少是就其名聲而言）以及大眾對於這種方法的認識為什麼會落差這麼大？

我認為有三個原因。第一，這種方法在柏拉圖的對話錄裡從來沒有明白解釋，只是存在於那些討論的背景裡，而那些討論又都是關於其他事物。讀者必須從蘇格拉底的言行以及他提出的理由當中推論出這種方法；如果想要在對話錄裡找到關於這種方法的直接指示，絕對是找不到的。

第二，對話錄裡的討論以及蘇格拉底本身，都可能頗為缺乏吸引力。書中人物所爭論的問題，對於讀者而言並沒有急迫的重要性；而且他們得出的結論，都只是承認自己沒有好的答案；此外，他們的辯論有時也顯得吹毛求疵或是過於拘泥形式。勉力閱讀那些爭論，以便從中體會蘇格拉底方法，並且藉由這種方法來學習，對於大多數讀者而言實在不是一種易於親近的活動。

第三，蘇格拉底方法本來就不太可能廣泛普及，因為這種方法不會提供大多數人想要的東西。蘇格拉底的教誨沒有打算要讓任何人因此發財或者成名，也不提供死後的獎賞。他的教誨無法回答令我們為之煎熬的問題，也不會證實我們既有的想法是否正確。他的教誨能夠確實為人帶來的東西是智慧，但要獲得智慧這種好東西，總是必須付出不太自在的感覺做為代價。不管在古代還是今天，人對於智慧的渴求以及對於不自在的忍受度從來都不是太高。

這三點有助於解釋蘇格拉底方法為什麼不為大多數人熟知，而且學校裡也沒教導。不過，這種方法實在應該要更為普及，其中的元素簡單又有效，相當易於理解，要精通卻是深具挑戰性。這種方法就算是交給對於哲學一無所知的人運用，也一樣能夠得出結果。這種方法有助於思考或辯論時人所重視的事物，而不只適合應用在柏拉圖重視的事物上。此外，這種方法也可引領我們邁向古代人所定義的那種幸福，也就是更美好的人生，儘管心情也許不一定會改善。

由於柏拉圖的對話錄沒有以平易近人的方式說明這種方法，因此本書的用意就是要做到這一點。本書希望把蘇格拉底的觀念，尤其是他的方法，變得更容易理解。

二、市面上還有其他許多關於蘇格拉底和柏拉圖的書，所以應該說明為什麼我認為值得花心力寫這本書。其他那些書的作者幾乎全都是哲學系裡的學者。他們的工作是仔細閱讀柏拉圖、辯論該怎麼解讀他所寫的內容，並且教導學生從事同樣的工作。我閱讀那些學者的著作，也欣賞他們的作品。不過，我最感興趣的問題是蘇格拉底方法可以怎麼應用，不只是老師，而是任何人都可以應用。我的用意是要以看待農場動物而不是動物園動物的方式探究蘇格拉底方法。這種探究方式的差異並不大；我對於柏拉圖所說的話究竟代表什麼意義同樣感興趣，而且也會針對這個問題引用許多學術著作。不過，我想要聚焦於蘇格拉底方法的應用面向。本書的目標讀者，是與蘇格拉底採取相同方式看待哲學（也就是把哲學視為一種日常活動，目的在於理解人生以及如何過活），並且想要知道他針對「該怎麼以更好的方式達成這個目標」說了些什麼的人。

在實務上，本書不會像其他書籍投注那麼多時間，針對每一項議題進行完整的文本分析。柏拉圖提供了無盡的辯論機會。不論你針對他提出什麼主張，都必然會遭遇許多競爭對手與批評，因此要辯護自己的主張也就必須花費許多時間與空間。不過，我希望本書的篇幅不要太長，不太可能探究隨著討論而衍生的每一項議題。所以，本書對於許多困難的問題將會輕輕帶過，只是單純指出這些問題位於何處，並且在注腳裡說明，可以在哪裡針對這些問題取得更進一步的理解。讀者如果想要尋求更詳細的解說，有其他好幾百本書可以選擇，其中許多都列在參考書目裡。但儘管如此，我所列的參考書目仍然遠遠算不上是這項主題的完整書單或者最新書單，主要只是涵蓋本書內文所引用的文獻。不過，這些書目仍然足以為有興趣的讀者提供探究相關文獻的一個起點。

三、我在幾年前寫過一本書，名為《給焦慮世代的哲學處方》（*The Practicing Stoic*）。那本書呈現了斯多葛主義這種古老哲學當中至今仍然令現代人感興趣的觀念。本書實際上是那本書的前傳，解釋了斯多葛主義的來源。斯多葛主義者認為自己是蘇格拉底的後代子孫以及追隨者，而他對他們的影響也極為巨大；的確，斯多葛主義的倫理教誨大體上可以被視為蘇格拉底思想的闡述與延伸，而本書就說明了原因。閱讀本書，不需要對斯多葛主義擁有任何理解，但對於該主題感興趣的讀者應該也會對本書的主題感到興趣。許多讀者之所以喜歡斯多葛主義，原因是比起其他哲學思想，斯多葛主義更能夠持續不斷地實際應用於他們的日常生活裡。蘇格拉底的教誨也是如此，能夠造就一種隨時都有用的思考方式。我們後續將會看到，這就是愛比克泰德（Epictetus）的思考方式；而斯多葛主義的其他許多特定教誨，就都是從這種思考方式當中自然產生的細部結果。

同樣的說法大致上也可以套用在懷疑主義，這是另一項有許多現代追隨者的哲學傳統（不論那些追隨者是否意識到這一點）。古代的懷疑主義者是蘇格拉底的學生，也是斯多葛主義者的競爭對手。我們同樣會花點時間探討他們的觀點。

四、本書也會針對蘇格拉底的教誨和我們當前的文化與政治困境有何關聯提出一些想法。且讓我們回顧一下過去。古羅馬人為了輸送用水而建造了龐大的水管網絡，堪稱一大奇觀。不過，其中許多水管都是用鉛做成，因此水裡也不免帶有鉛。一個思想流派認為這是羅馬衰亡的原因之一：鉛中毒逐漸造成影響，損害了許多羅馬人的思考與判斷能力，尤其是最上層階級的羅馬人。這項理論備受爭論，而且可能根本不符事實。但作為隱喻，這項理論令人難以抗拒。我們建立了用於傳輸資訊的網絡——也就是網際網路，尤其是社群媒體。這些網絡同樣令人驚奇，但其中也帶有一種毒素。心智從這些來源汲取訊息之後，學到的是立刻反應、輕率做出斷論、愛耍嘴皮，以及暴怒。這樣的心智渴望別人肯定，而厭惡受到反駁。專注力崩盤，愚癡受到廣泛傳播，從而變為常態，接著更是受到頌揚。抱持歧見的人從事理性對話的能力逐漸衰退。比起羅馬衰亡的鉛管理論，我遠遠更加信服網際網路的鉛管理論，還有我們的文化因此受到的影響。

蘇格拉底方法是一種矯正方法。在把這種方法視為一項技術之前，先把它想成一套耐心、探問、謙遜與疑惑的行為準則——換句話說，就是遭到社群媒體壓抑並且在我們的政治與文化生活中逐漸消失的每一種良好態度。運用這種方法表示以無畏的精神提出困難的問題，也能夠接受別人的提問而不覺得受到冒犯；實際上，運用這種方法表示把質疑與反駁視為友好的舉動。我們後續將會看到，蘇格拉底如果想要界定一項難以捉摸的概念，有時喜歡採取的做法是請求別人提出與這種概念相反的東西。這樣的做法在此處也能夠對我們有所幫助。如果有人要求我提出一個與蘇格拉底方法相反的東西，那麼立刻會浮上我心頭的就是推特。

這類科技對於我們的對話品質所帶來的威脅，以及實際上已經造成的傷害，在所有人看來都是顯而易見。不過，在這項戰役裡，互相對峙的勢力並沒有足夠清晰的界定。狂熱的黨派立場、以一廂情願的想像取代真相、對於異議者的羞辱、對於不受認可的觀點進行審查或是自我審查、抱持不同意見的人無力對話，更遑論合作——所有人都目睹了這一切現象日益增長，大多數的有識之士也都對這些現象所涉及並且預示的一切感到害怕與厭憎。不過，那些趨勢並未統合於一個清楚明白的名稱之下，唯一的共識是政治光譜一端的人士都宣稱這些問題（或是其中最糟糕的部分）大都存在於另一端的人士身上。至於能夠解決這一切問題的方案，也沒有清晰明白的表達。沒有人喜歡目前正在發生的狀況，卻沒有反抗勢力的影子、沒有計畫，也沒有英雄。

本書要把蘇格拉底提名為那位反抗英雄，而蘇格拉底方法則是他的計畫。這是先前所提的那一大批不良習性的天然矯正方法。不論你怎麼區辨那些不良習性，並且分配於政治光譜的兩端，蘇格拉底思維都是矯正這些問題最好的解藥。此外，蘇格拉底方法也是個絕佳的集結點：這種思考機制帶有強大的原理、一套有用的工具，而且起源背景也令人敬重。你如果有意在每個面向對於我們的思考與對話所遭到的腐蝕挺身加以對抗，那麼一種有用的做法就是在認同特定政黨之前，先確立自己是蘇格拉底學派的追隨者；在拿起武器之前，先遵循蘇格拉底學派的交戰守則。本書將解釋這樣的承諾可能代表哪些意義。

身為大學裡的工作者，我的用意尤其是要以本書概述像大學這樣的機構最能夠賴以發揮功能的行為準則。大學的健全運作需要全心追求蘇格拉底的理想：致力於理性，致力於反駁，致力於在面對困難問題的時候不畏縮閃躲。大學應該要是一座蘇格拉底思想操練館。

五、本書涵蓋了蘇格拉底方法的許多面向，而有些讀者必然會對部分內容的興趣高於其他部分。以下簡述本書各章涵蓋的內容。

第一與第二章提供背景。第一章講述蘇格拉底是（或者可能是）什麼人，以及歷史上的蘇格拉底和文學當中的蘇格拉底之間的關係。第二章說明柏拉圖思想的內容與他在對話錄裡呈現的蘇格拉底方法這兩者之間有何不同。

第三到十二章說明蘇格拉底方法的運作方式。第三章概述要點，接著在後續幾章仔細說明。第四章探討如何把這種方法運用在個人思考當中，而不是在對話裡。第五章討論探問的問答做法。第六、七兩章說明反詰法這種蘇格拉底最喜歡的論證方式，以及一致性在蘇格拉底思考方式當中的重要性。第八章說明蘇格拉底得出以及消除差異性的做法；第九章討論這種做法如何使用比喻。第十章講述蘇格拉底式對話的部分基本規則。第十一張探討無知，尤其是雙重無知，也就是對於自身無知的無知：這正是蘇格拉底計畫的核心問題。第十二章探討無解（aporia）——也就是蘇格拉底式對話經常會帶來的僵局，還有可能會因此造成的心智狀態。

第十三章從蘇格拉底的角度說明我們為何應該重視這種方法所帶來的效益。第十四到十六章提出例子說明這種方法能夠帶來什麼樣的成果。第十四章概述蘇格拉底對於幸福的意義以及如何達到幸福所得出的結論。第十五章闡述蘇格拉底的方法如何為斯多葛主義者所運用，以及他們如何就這個結論加以延伸。第十六章則是針對懷疑主義的追隨者進行同樣的闡述。

第十七與十八章提出一些簡單的方式，可讓你自行創造蘇格拉底式的問題。後記把蘇格拉底方法以及其背後的原理轉變為不同型態的談話所能夠遵循的教戰守則，另外也談論蘇格拉底式的行為準則在學校生活中的重要性。

六、本書使用腳注。有些腳注提出學術研究裡和正文有關的簡短評論，有些則只是針對一項論點指出有興趣的讀者可以在哪裡找到更多討論。比起尾注，我比較偏好腳注，因為腳注不需要讀者翻到書末去找。不過，你要是不喜歡腳注，大可直接置之不理；本書的腳注絕不是理解任何內容的必要條件。③

關於翻譯的注釋收錄在書末。書中的柏拉圖引文標示將採用史蒂芬努編碼系統。這些數字可讓人在任何版本的柏拉圖對話錄裡輕易找到同一段內容。這些數字指涉了一套優美的柏拉圖著作版本當中的頁碼，由亨利・艾蒂安（Henri Estienne）這位十六世紀的法國印刷商所出版（他的拉丁文名字是史蒂芬努〔Stephanus〕）。他把柏拉圖對話錄出版為三冊，每一冊的頁碼都從第一頁開始記數，一路持續到好幾百。接著，他再把每一頁劃分成幾個部分，分別以英文字母a到e標示。目前的慣例是使用此一版本裡的頁碼與字母指涉柏拉圖著作裡的段落（書中引用普魯塔克的著作，也是使用類似的編碼標示）。

這種標示的結果非常方便。假設你在本書裡看到一則蘇格拉底的引文，標示為「《會飲篇》（*Symposium*）221d」。這時你只要去找一本柏拉圖的《會飲篇》——不論譯者或出版商是誰都沒關係——大概就可以在頁邊空白處找到「221d」的編號，而對應的內容即是與本書引文相同的段落。嚴格說來，「221d」代表這段引文出現在史蒂芬努收錄了柏拉圖《會飲篇》的那一冊著作集（實際上是第三冊）當中第二百二十一頁的d部分。不過，實際上的用處很簡單：這個編號可讓你在任何一本含有這種標示法的書中迅速找到柏拉圖著作裡的某段文字。

致謝

針對本書的草稿所得到的討論與評論，我要感謝Henry Abelove、Philip Bobbitt、Robert Chesney、

John Deigh、Alexandra Delp、Victor Ferreres Comella、Stanley Fish、Michael Gagarin、Rebecca Goldstein、David Greenwald、Mark Helprin、Anthony Kennedy、Andrew Kull、Saul Levmore、Anthony Long、Susan Morse、Brian Perez-Daple、Reid Powers、William Powers、David Rabban、Christopher Roberts、Fred Schauer、Nicholas Smith、Geoffrey Stone、Eugene Volokh，以及Paul Woodruff。我也要感謝德州大學Tarlton Law Library的工作人員為我提供慷慨而精熟的協助。

注釋

① Vlastos, "The Paradox of Socrates," 20。

② Robson, *Collected Works of John Stuart Mill*, 11:46。

③ 編按：本書注解編排於各章末。

第一章 蘇格拉底問題

- 蘇格拉底與談論蘇格拉底的人
- 真實與虛構的蘇格拉底
- 蘇格拉底的審判
- 對話錄撰寫的先後順序
- 統一論與發展論：從對話錄看柏拉圖
- 本書的前提

我們研究蘇格拉底的方法與思想時，所談的究竟是真實的他，還是一名文學角色？簡短的答案是沒人知道。這個問題就許多方面而言並不重要，儘管偶爾確實會與我們如何思考對話錄裡的某項議題有關。不過，關於這個問題的論點相當有趣，所以本章將會進一步加以討論（但探討這一點的文獻無窮無盡，本章僅是觸及皮毛而已）。讀者如果不在乎這一點，或是早已知道相關論點，或是只想直接探究蘇格拉底方法，而無意了解太多的背景，可以直接跳過這一章沒關係。

且容我假設讀者對於本書的主題一無所知，在此先簡單介紹蘇格拉底以及向我們述說了他這個人的那些人物。

蘇格拉底與談論蘇格拉底的人

蘇格拉底大概活在西元前四七〇至三九九年。我們對他的人生所知極少。古代的傳記作家指稱他父親是一名石匠，所以年輕的蘇格拉底也許頗為精熟這項技藝。蘇格拉底在伯羅奔尼撒戰爭期間服役於雅典軍隊，對抗斯巴達。當時他已四十幾歲。他有個太太，名叫贊西佩（Xanthippe）；傳說她是一名悍婦，曾在一次吵架中把尿壺倒在蘇格拉底頭上①。蘇格拉底有三個兒子。他的外表顯然頗為引人注目，而且總是被形容為醜陋。據說他挺著啤酒肚，有個古怪的鼻子（也許是塌鼻子），而且雙眼凸出②。有些笑話說他側面看起來像是螃蟹③。

一般皆認為蘇格拉底把哲學從研究自然轉變為研究日常生活中的困難問題——換句話說，就是把哲學轉變為一項適合所有人自行探究的科目④。他沒有寫下任何作品，但在雅典是眾人熟知而且充滿爭議的人物，深受他的學生喜愛，還在舞台上諧仿他。蘇格拉底並與某些惡名昭彰的政治人物有所關聯（我們後續還會進一步談到這些情形）。他在七十歲左右以褻瀆與腐化雅典年輕人的罪名而遭到審判。這起案件的陪審團大概由五百名三十歲以上的男性公民組成，這些人是從兩萬名左右合乎年齡條件的雅典自由男性當中抽籤選出。原告與被告雙方都各自發言，然後再以多數決的方式決定結果。蘇格拉底最後被判有罪，並且遭到處死。

柏拉圖活在西元前四二七至三四七年左右。他出生在雅典的一個著名家族，有兩個哥哥和一個妹妹。古代的傳記作家指稱，他出生時原本取名為阿里斯托勒斯（Aristocles），「柏拉圖」是他的暱稱，由「platon」一詞轉變而來，其意為「寬大」，可能指的是他身軀或臉上的某個特徵。不過，這一切都不確定。我們對於柏拉圖個人幾乎一無所知。

關於柏拉圖的人生，最詳盡的資訊來源可能是他寫於老年的一封信，被人稱為「第七篇書信」，但其真實性並無定論。這封信是寫給狄翁（Dion）的追隨者——狄翁曾是柏拉圖的學生，在敘拉古（Syracuse）成為政治人物，並且他在柏拉圖寫下這封信的不久之前遭到刺殺。這封信談及柏拉圖年輕時對政治的興趣，以及他人生後期的旅程。這封信也提供了一些我們將會在第十二章探討的觀念。一個世代之前，一名學者針對此一領域當中的其他學者進行統計（「純粹為了好玩」），發現有三十六人認為第七篇書信是真跡，十四人認為是偽作[5]。有些人則是抱持不可知的態度。無論如何，這封信的內容主要是對於事件的敘述與探討，而無助於我們理解柏拉圖本身。關於我們對柏拉圖資訊的缺乏，愛默生（R. W. Emerson）提出了這項評論：

傑出的天才擁有最短的傳記。他們的表親無法告訴你關於他們的任何事情。他們活在他們的書寫當中，所以他們居住的房屋以及在街頭的生活都瑣碎而普通。如果你想知道他們的品味與樣貌，那麼最仰慕他們的讀者就與他們最為相像。柏拉圖尤其沒有外在生活的傳記。他要是有過愛人、妻子或子女，那麼我們也從未聽過他們的存在。他把他們全都磨成了顏料。如同良好的煙囪會燒出黑煙，哲學家也把自己所有財產的價值都轉變成自己的智識表現。⑥

柏拉圖開始以學生的身分跟隨蘇格拉底，大概是在十幾歲的時候（他的叔父也是蘇格拉底圈子裡的人物）。蘇格拉底死時，柏拉圖已接近三十歲。他到西西里待了幾年，可能也還去了其他地方，然後才回到雅典成立他的學校：學園。他主要的著作是對話錄，而這可能也是他唯一的著作，寫了大約三十部。他從未直接出現在這些對話錄裡，但在《申辯篇》（*Apology*）當中，蘇格拉底提到柏拉圖有出席他的審判。學者經常假設柏拉圖早期的對話錄寫於前述的旅程之前，並且認為那些旅程對他的思想造成了一項轉折⑦。他們納悶柏拉圖的蘇格拉底對話錄是否有任何一部寫於蘇格拉底死亡之前。

蘇格拉底據說還有個比柏拉圖關係更緊密的學生：安提西尼（Antisthenes），據傳他寫下了超過六十部長短不一的著作，也寫了自己的蘇格拉底對話錄；這類對話錄成了一種小文學類型。不過，他的著作全都沒有流傳下來。我們只能從其他人的轉述當中得知安提西尼說了什麼，但也無助於我們了解歷史上的蘇格拉底。但是，古代史學家拉爾修（Diogenes Laertius）指稱安提西尼與柏拉圖處不來，而他們的宿怨提供了我們一個罕見的機會，得以窺見柏拉圖的性格，儘管此處的描寫頗為刻薄。

安提西尼即將朗讀他寫下的一件作品，邀請〔柏拉圖〕到場聆聽；〔柏拉圖〕問他要朗讀什麼，他說是一篇短文，探討反駁行為的不當。「那麼，」柏拉圖說：「你怎麼能夠寫這個主題？」接著指出他的論證只是不斷循環繞圈。不過，安提西尼頗覺惱怒，於是寫了一篇以負面形象呈現柏拉圖的對話錄，標題取為「薩松」（Sathon）。自此之後，他們兩人就總是互相敵視。⑧

「薩松」與柏拉圖名字的原本型態（也就是「Platon」）押韻，意為「大混蛋」⑨。

色諾芬（西元前四三一—三五四年左右）是一位雅典將領，也是蘇格拉底的學生，與柏拉圖是同時代的人物。他針對蘇格拉底寫下了長篇的回憶著作，其中最著名的是《回憶蘇格拉底》（*Memorabilia*）。這些回憶的內容經常是蘇格拉底和其他人的對話。比起柏拉圖描寫的蘇格拉底，色諾芬筆下的蘇格拉底是個比較熱切而且沒有那麼令人眼花撩亂的道德家。舉個簡短的例子：

為了回答「何謂嫉妒？」這個問題，〔蘇格拉底〕發現嫉妒是一種痛苦；當然不是因為朋友遭遇不幸或者敵人獲得好運所感到的那種哀傷——那不是嫉妒；而是如同他說的：「唯有對朋友的成功覺得惱怒的人，才會感到嫉妒。」如果有人表達震驚，認為怎麼有人會因為自己的朋友過得順利而感到痛苦，那麼蘇格拉底提醒了一種常見於一般人的傾向：他們會因為看到別人遭遇不幸而觸動同情心，並且趕忙向那些人伸出援手；但好運一旦降臨在別人身上，他們不知為什麼會感到痛苦。他接著表示：「我不是說這種現象有可能會發生在善於思慮的人身上；但這種現象在愚蠢的心智當中的確不是罕見的情形。」⑩

色諾芬在蘇格拉底受審前不久離開了雅典，而他這些關於蘇格拉底的回憶錄是後來才寫，而且可能是幾十年後。他的回憶錄似乎有些部分參考了柏拉圖的對話錄，另外有些則明顯是虛構。因此，仰賴色諾芬對於蘇格拉底的回憶，就像仰賴柏拉圖一樣有其風險⑪。至於他們兩人誰寫的內容比較可靠，我們將在後續探討。

亞里斯多芬（西元前四四六－三八六年左右）是喜劇作家，他寫的喜劇都會提到蘇格拉底，或是把蘇格拉底寫成劇中的角色，而且總是對他大加嘲諷（尤其是《雲》〔*The Clouds*〕）。這項針對歷史上的蘇格拉底所留下的證據特別誘人，因為這些劇作是在蘇格拉底在世的期間所寫，而且是寫於他死前將近二十五年。明白可見，他在雅典極為知名，而我們在這些描寫當中也能夠看到柏拉圖筆下的蘇格拉底所帶有的部分特質。但在其他面向當中，《雲》這部劇裡的蘇格拉底和我們在其他地方看到的都不一樣。他被描寫為一個教導科學與演說術的老師，而且期待藉此賺錢。有些人認為亞里斯多芬只是利用蘇格拉底代表辯士學派的成員（他們是教導修辭與德行的巡迴教師）⑫；另外有些人則認為亞里斯多芬是特別針對蘇格拉底的道德教育觀提出攻擊⑬。這些理論對於想探究蘇格拉底問題的學生而言都相當有趣，但我們不可能知道這些劇作裡的蘇格拉底究竟是反映了他的公共形象，還是帶有更多的意義。亞里斯多芬並無助於我們區辨歷史上的蘇格拉底與文學所虛構的這個人物⑭。

亞里斯多德（西元前三八四－三二二年）的著作含有一些對於蘇格拉底的評論。亞里斯多德出生於蘇格拉底死後大約十五年，但他是柏拉圖最有名的學生，所以不難想像他不只從其他來源聽聞許多關於蘇格拉底的事情，也從他的老師口中聽到了很多。我們也可以確定亞里斯多德讀過柏拉圖的對話錄，因為有時他很明顯地參考了其中內容。不過，他在其他地方也針對蘇格拉底說了一些不可能從對話錄裡得知的事情。可惜我們不知道他在什麼地方是仰賴對話錄，在什麼地方又不是，所以利用亞里斯多德佐證對話錄是危險的做法⑮。他針對其他哲學家所寫的歷史記述也被發現不盡可靠，所以這又是另一個引人擔心的原因⑯。不過，他的評論有時可為重新建構歷史上的蘇格拉底提供些微支持⑰。

接下來，我們可以簡短地直接探討呈現於對話錄裡的「蘇格拉底」究竟是歷史上的蘇格拉底，還是柏拉圖建構出來的人物。以下簡述這個問題的三種簡單回答⑱。

真實與虛構的哲學家

見解一、對話錄的內容全部來自蘇格拉底：柏拉圖的對話錄也許全都試圖呈現出蘇格拉底實際上思考過而且說過的內容，但不會有人認為這些對話錄是一字不漏的抄本，其中至少有些虛構與進一步闡揚之處。但儘管如此（這項理論指出），這些對話錄仍然相當寫實地呈現出真實的蘇格拉底所表現出來的言行。喜歡這項理論的人主張，柏拉圖的許多讀者必定都記得蘇格拉底以及他所說的話，因此柏拉圖要是加以更改，一定會收到他們的抱怨。此外，柏拉圖有時也會以不是蘇格拉底的人物做為主角。由此可見，柏拉圖對於把哪些話語放進蘇格拉底的口中，是經過深思熟慮的。他有可能約束自己只能寫出蘇格拉底實際上說過的話。

這種立場的支持者很少⑲。批評者指出對話錄裡的蘇格拉底會在不同部分採取相互矛盾的立場⑳。

舉例而言，他在《中辯篇》裡對於自己在《理想國》（*Republic*）與《費多篇》（*Phaedo*）當中追逐的哲學面向聲稱毫無興趣。此外，亞里斯多德指稱理型論不是由蘇格拉底提出，而柏拉圖筆下的蘇格拉底卻詳盡談論了這項理論。所以，當今大多數的學者都認定對話錄的內容至少有部分是柏拉圖把自己的思想放進蘇格拉底的口中。

見解二、對話錄的內容全部來自柏拉圖：實際上的情形也有可能是完全相反，也就是蘇格拉底在對話錄裡所說的一切都是柏拉圖的想法，或者至少是柏拉圖編造出來的結果。柏拉圖以蘇格拉底做為那些對話錄的主角，是為了向自己的老師致敬。文學裡的蘇格拉底與真實的他無疑有些重疊之處，就像任何虛構人物都可能是鬆散地奠基於真實人物一樣。不過，柏拉圖書寫的是哲學，不是歷史。而且，他在五十年的時間裡寫下了五十萬字，從頭到尾都精采不已。他筆下的人物所展現出來的天才，大概都是源自於他。蘇格拉底啟發了他，也可能為他灌輸他的部分思想，但對話錄的內容主要是展現柏拉圖的心智運作，其中沒有多少部分是來自蘇格拉底，而且我們也永遠不會知道是哪些部分。

這絕對有其可能。柏拉圖從來沒說過他對話錄裡的蘇格拉底是奠基於真實的蘇格拉底。他只是書寫了故事，而其中有個名叫蘇格拉底的人物罷了；任何聲稱這個人物與歷史上的蘇格拉底相似的說法，都只是單純的推測。另一方面，我們也有蘇格拉底另一名學生色諾芬的著作，而他的作風就不是交由讀者自行推測。他告訴我們，他所說的就是歷史上的蘇格拉底，而且他的蘇格拉底與柏拉圖對話錄裡的那個蘇格拉底不一樣。但也並非徹底不一樣：這兩個人物都提出相同的問題。不過，色諾芬與柏拉圖的蘇格拉底在風格、教養，以及部分言論內容上有所不同。如果色諾芬說得沒錯，那麼柏拉圖添加了大量的潤色，所以他筆下的蘇格拉底不論帶有多少真實性，都因為太過零散又難以預測而不值得加以探究。根據此一觀點，我們應該把柏拉圖的對話錄當成不精確的傳記電影那樣看待：好好享受電影，但不要以為電影的內容是真實的歷史。

見解三、對話錄的內容原本來自蘇格拉底，但逐漸轉變為來自柏拉圖：現在最常見的觀點不是以上的這兩種極端，而是認為柏拉圖剛開始書寫對話錄的時候，原本的確致力於呈現蘇格拉底的真實面貌[21]。有些人認為柏拉圖描述了蘇格拉底說的話，而沒有添加太多東西；有些人認為柏拉圖只是推測了真實的蘇格拉底會怎麼說——但前提是那些話語也必須受到柏拉圖的認同[22]。接著有幾部過渡性的對話錄，其中開始出現柏拉圖自己的想法；晚期的對話錄則與歷史上的蘇格拉底毫無關係。

採取這種觀點的人有時會抨擊色諾芬，指稱他筆下的不可能是真實的蘇格拉底（這麼一來，柏拉圖早期所寫的蘇格拉底才能夠是真實的蘇格拉底）。色諾芬的蘇格拉底之所以不可能是真實的蘇格拉底，原因是他筆下的這個人物太過乏味：他的蘇格拉底絕不可能像真實的蘇格拉底那樣吸引到大批的忠實追隨者與敵人[23]。有些人認為，問題的根源在於色諾芬本身就是個乏味的人物。他沒有足夠的天賦能夠欣賞蘇格拉底的細膩。由於他無法理解蘇格拉底言論當中的困難部分，所以也就沒有把那些部分記錄下來——然而，那些部分才是最重要的內容。伯特蘭．羅素（Bertrand Russell）以令人難忘的文字概述了這種觀點。

愚人絕對無法精確轉述聰明人所說的話，因為他會在無意間把自己聽到的話語轉譯成自己能夠理

> 解的東西。我寧願由我在哲學家當中最針鋒相對的敵人轉述我說的話，也不要由一個對哲學一無所知的朋友這麼做。因此，在涉及艱澀的哲學論點，或是用於證明蘇格拉底遭到不公正定罪的論述方面，我們都不能夠接受色諾芬的說法。[24]

羅素的整體論點頗具說服力，但他對色諾芬太過嚴厲[25]。色諾芬對於蘇格拉底的回憶錄可以以其他方式解讀，凸顯出這些回憶錄帶有其本身的巧妙之處，不論是做為對於蘇格拉底的辯護，或是捕捉蘇格拉底沒有被柏拉圖呈現出來的面向[26]。不過，色諾芬的確是軍人而非哲學家，並且他在我們大多數人眼中也確實顯得有點乏味。儘管如此，這種情形仍有可能是個優點。如果想要看到蘇格拉底的真實面貌——如果我們要的是一份如實的報告——那麼我們尋求的記錄者確實該是個以可靠、乏味著稱的人。福爾摩斯的所作所為比較適合由華生記錄，而不是另一個福爾摩斯。

另一方面，即便是認為柏拉圖的對話錄忠實呈現了真實蘇格拉底的人，也能夠從這些對話錄的書寫方式當中體認到柏拉圖擁有高度才華。他們認為這點是一項助力，但也可能因為前述的原因而令我們感到不安：天才是危險的轉述者[27]。柏拉圖的才華足以發明出一個蘇格拉底，而他說不定也真的這麼做[28]。

蘇格拉底的審判

接著來談位於蘇格拉底問題邊緣的幾個議題。我們已經看過，認為柏拉圖呈現了蘇格拉底真實面貌的人士，有時會採用這項論點：柏拉圖的讀者當中必定有許多人認識蘇格拉底，所以必然會迫使柏拉圖不能偏離事實。學者弗拉斯托斯認為這項論點尤其適用於《申辯篇》，因為其中呈現了蘇格拉底在法庭上為自己提出辯護。數以百計的雅典人都目睹了那場審判，所以柏拉圖必須呈現出一個他們認為描寫得準確無誤的人物才行。「如果我們承認這一點，」弗拉斯托斯寫道：「那麼我們對於那些文獻所懷有的疑問就在原則上獲得了解決。因為如此一來，我們即可將《申辯篇》當成試金石，用來驗證柏拉圖在早期的對話錄裡對於蘇格拉底的思想與性格是否描寫得合乎真實。」㉙不過，這個結論下得太快了。《申辯篇》和其他對話錄不同；這部作品就大體上而言並不是一段對話，而主要是一篇演說。我們不難想像柏拉圖對於這起事件的撰寫較為忠於真實，然後再把他的文學蘇格拉底送上其他沒有同等真實基礎的風險。

此外，柏拉圖的《申辯篇》就算是虛構而成，可能也不會令人感到意外。色諾芬針對這場審判的一部分寫下了他自己的記述，結果內容與柏拉圖的描述並不相同。他們兩人可能都為了捍衛自己老師的名譽而多少做了一些改寫。我們應該思考一下原因。有些研究這場審判的學者認為，這場審判的本質主要是政治性的㉚。在西元前四〇四年對斯巴達戰敗之後，雅典即受到「三十僭主」（Thirty Tyrants）的統治——那是一群親斯巴達的寡頭統治者。他們執政的時間雖然不到一年，但是相當血腥。民主的支持者不是遭到流放就是處死。蘇格拉底留了下來，而且沒有遭受生命危險㉛。三十僭主的領袖是克里提亞斯，他曾是蘇格拉底的學生，而且蘇格拉底和三十僭主的其他人也有交情。克里提亞斯的政權後來在一場暴動當中遭到推翻，而他也因此被殺。蘇格拉底的審判發生在四年後。原本政府當局已頒布一項赦免令，保護蘇格拉底不因在恐怖統治當中扮演的任何角色而遭到起訴。不過，其他審判的記錄顯示，對政治不滿的人還是能夠輕易找到報復管道，也就是以「褻瀆」的罪名進行起訴㉜。這點可以解釋埃斯奇尼斯（Aeschines）在五十年後發表於一場演說中的這句名言：「雅典人，你們處死了辯士學派的蘇格拉底，只因為他看起來似乎曾經教導過克里提亞斯，也就是摧毀民主的三十僭主之一。」㉝

蘇格拉底遭到審判與處死的原因是一牽涉範圍相當廣泛的問題，而我只提到了其中一面而已。有些學者不認同以政治觀點解釋這場審判，而偏好採信柏拉圖《申辯篇》當中的記述㉞。我們沒有什麼證據能夠解決這項歧見，所以不論抱持哪一種觀點都沒有充分的理由。真實的蘇格拉底也許是一位富有智慧而且品德崇高的哲學家，誠實的程度超出他那個時代所能忍受的範圍；或者他比較像是個邪教領袖，教導人鄙視民主，並且賦予他的跟隨者成為暴君的條件。不過，政治解讀應該至少能夠讓我們警覺到這一點：蘇格拉底的學生有可能會淨化他的形象，並且為他添加傳奇色彩。

對話錄撰寫的先後順序

所有人都認同每一本對話錄皆在重要的面向上有所不同，而且大多數人對於哪幾本對話錄在過程上呈現了所謂的「蘇格拉底方法」也都有一致的意見。據說早期的對話錄才是真正的蘇格拉底對話錄。可是哪些對話錄是早期作品，我們又怎麼會知道？

所有對話錄都沒有標示寫作日期。歷來為這些作品排序都是需要投入大量精力的任務；其中一部探究這項主題的書籍，指稱各方提出的排序共有一百三十二種㉟。許多研究都是以計量文體學

（stylometry）為之，也就是檢視對話錄裡細微的文體變化，藉此證明哪些對話錄的寫作時間必然比較接近。不過，柏拉圖要是真如許多人認為的那樣，會回頭去修改他先前寫的對話錄，或者說他的文體變化是刻意為之而不是無意間造成的結果，那麼這類研究就不再可靠。計量文體學也必須先針對要把哪些對話錄當成起點做出一些初始決定，而這樣的決定通常是以主題為基礎。針對哪些對話錄的寫作日期比較早所進行的辯論之所以引人注目，原因是這個問題數百年來已有許多人投注諸多心力，唯一形成的共識卻只有少數幾項籠統分類。不過，這樣的結果相當合乎蘇格拉底精神。就算沒有產生許多答案，探究的過程也還是具有啟發性。

至於那些籠統的分類，現在大多數的學者都把部分對話錄被歸類為早期或晚期作品的觀點視為一種實用的假設[36]。一般認為「早期」的對話錄包括：《申辯篇》、《卡米德斯篇》、《克里托篇》、《歐緒德謨篇》、《游敘弗倫篇》、《高爾吉亞篇》、《大希庇亞篇》、《小希庇亞篇》、《伊安篇》、《拉凱斯篇》、《呂西斯篇》以及《普羅塔哥拉篇》。許多人會再加上《理想國》第一卷，一般皆認為其寫成時間比《理想國》的其他部分更早；此外，也許會再加上《美涅克塞努篇》。本書引用最多的內容都是來自於這批對話錄，但有些晚期的對話錄如果有助於闡明我們的問題，也一樣會參考——其中以《泰鄂提得斯篇》為主，但不限於此；大多數的對話錄都會在本書裡出現。我認為蘇格拉底方法很可能有一大部分是柏拉圖創造出來的結果，因此出現在他著作中各處的評論都能夠幫助我們理解這種方法。

統一論與發展論：從對話錄看柏拉圖

上述的論點和另一項關於如何閱讀柏拉圖的辯論有所重疊。有些人採取所謂的**統一論觀點**，也就是說，應該把所有對話錄視為有如一本書裡的章節，全都寫成於同一個時間㊲。這些對話錄之間如果有所差異，我們不該認為是柏拉圖變了，而應該假定那些差異反映了他的文學判斷，如果不是因為實際上也許就是如此，那麼也是因為這是我們能夠做出最有建設性的假設。採取這種立場的讀者，可能認為柏拉圖很早就形成了他的哲學思想，然後把後續的人生投注於加以詳細解釋㊳。與此相對的立場，則是所謂的**發展論觀點**。這種觀點認為柏拉圖的思想在人生中確實有所改變，而他的書寫也反映了這一點。發展論觀點在先天上契合於以下這種觀念（但不是必然如此）：早期的對話錄呈現了歷史上的蘇格拉底，而晚期的對話錄則不然。

本書的前提

本書大致上都採取目前在學者之間最為普及的假設。首先，蘇格拉底方法最充分展現於某一批對話錄當中，而那批對話錄很有可能寫於柏拉圖職業生涯的初期。第二，這些「早期」對話錄大致上呈現了真實蘇格拉底的言行；我會談到蘇格拉底說了哪些話、做了哪些事。就算早期對話錄裡的蘇格拉底主要是柏拉圖編造的角色，他的行事方法與觀念也還是和後來的對話錄不同。把這兩者區別開來，是一種方便的做法。指稱早期對話錄呈現了「蘇格拉底」而不是柏拉圖所說的話，雖然不太令人信服，對於我們的討論卻是頗有幫助。

我自己的觀點雖然無足輕重，但不妨在此說明，以便讀者能夠納入考量：我認為早期對話錄裡的蘇格拉底是柏拉圖的想像與記憶混合而成的結果，而且其中的想像成分可能多於記憶。不過，不論針對蘇格拉底問題的哪個解答看起來比較好，都別忘了其中帶有的不確定性。任何一種立場都很有可能會是錯的。儘管如此，本書還是會採取前述的假設，以便繼續從事學習的工作。就算這些假設是錯的（實際上也的確有可能如此），對於以下大部分的討論也不會造成影響。

注釋

① 見Seneca, *On the Constancy of the Wise Man* 18.6。

② 舉例而言，見*Theaetetus* 143e：泰歐多洛斯（Theodorus）對蘇格拉底說：「他長相不好看，但是他長得像你！他塌鼻凸眼，只是沒你這麼嚴重」；另見第十二章開頭引用《米諾篇》（*Meno*）的那段文字。

③ Xenophon, *Symposium* ch. 5。關於我們對於蘇格拉底的人生所知的內容，有一項比較詳盡的敘述，見Guthrie, *History of Greek Philosophy*, Vol. 3, ch. 8。

④ 見Guthrie, Vol. 3, ch. 14；Annas, "Classical Greek Philosophy," 281–83。

⑤ Guthrie, *History of Greek Philosophy*, Vol. 5, 401。卡恩（Charles H. Kahn）在近代寫道：「我毫不懷疑這封信是柏拉圖寫的」（Kahn, *Plato and the Socratic Dialogue*, 48）。安娜斯（Julia Annas）則是持相反看法，主張第七篇書信是「一件極度缺乏說服力的捏造品，之所以獲得許多學者接受為真，應該視為反映了他們有多麼渴望在對話錄的客觀文字之外找到柏拉圖直接投注情感撰寫的東西，不管是什麼東西」（Annas, *Classical Greek Philosophy*, 285）。

⑥ Emerson, *Representative Men*, 48。

⑦ 舉例而言，見Guthrie, *History of Greek Philosophy*, Vol. 4, 17–19；Vlastos, *Socrates, Ironist and Moral Philosopher*, 128–30。

⑧ *The Lives and Opinions of Eminent Philosophers* 3.35, trans. Yonge。

⑨這個詞語也能夠以其他類似的方式翻譯：見Kahn, *Plato and the Socratic Dialogue*, 6。

⑩Dakyns, *Works of Xenophon*, 3:111（受到Michael Gagarin的些微修改）。

⑪見Kahn, *Plato and the Socratic Dialogue*, 75–79, 393–401。

⑫關於辯士學派的出色討論，見Woodruff, "Socrates Among the Sophists"以及Guthrie, *History of Greek Philosophy*, Vol. 3, ch. 3 and 448–49。

⑬見Nussbaum, "Aristotle and Socrates"。

⑭針對亞里斯多芬的描寫，有些首要的分析可見於Dover, "Socrates in the Clouds"；Lacey, "Our Knowledge of Socrates"；以及Nussbaum, "Aristotle and Socrates"。

⑮見Kahn, *Plato and the Socratic Dialogue*, 85–87；Nehamas, "Voices of Silence," 170。

⑯見Kahn, *Plato and the Socratic Dialogue*, 79–86。

⑰見Lacey, "Our Knowledge of Socrates"。

⑱黛布拉・奈爾斯（Debra Nails）在*Agora, Academy, and the Conduct of Philosophy*, 8–31針對現代的立場提供了一項絕佳的概觀，並且參照了額外的文獻。另見Waterfield, "Quest for the Historical Socrates"；Dorion, "Rise and Fall of the Socratic Problem"；Brickhouse and Smith, *Socratic Moral Psychology*；Nehamas, "Voices of Silence," 160–65。

⑲這項理論稱為柏內／泰勒觀點，由約翰・柏內（John Burnet）與艾福雷德・泰勒（A. E. Taylor）提出。見Burnet, *Greek Philosophy*; A. E. Taylor, *Socrates*, 162。

⑳見Ross, *Plato's Theory of Ideas*；Popper, *Open Society and Its Enemies*, n. 56。

㉑關於這項觀點受到的評述以及支持證據，見Graham, "Socrates and Plato"；Vlastos, *Socrates, Ironist and Moral Philosopher*, ch. 2。

㉒舉例而言，見Guthrie, *History of Greek Philosophy*, Vol. 4, 67：在早期的對話錄裡，柏拉圖「在形式與內容方面藉著想像力回憶他的老師所從事過的對話」；比較Vlastos, *Socrates, Ironist and Moral Philosopher*, 50, 117。

㉓見Vlastos, "Paradox of Socrates," 2–3：「色諾芬的蘇格拉底只會虔誠朗誦陳腔濫調的道德觀，必定只會引來克里提亞斯的嗤之以鼻，還有亞西比德（Alcibiades）的大打哈欠；而柏拉圖的蘇格拉底，則是個有可能激怒他們的人物」；Burnet, *Greek Philosophy*, 149：「色諾芬對於蘇格拉底的辯護太過成功。他如果真是那麼樣的一個人，絕對不可能會遭到處死。」

㉔Russell, *History of Western Philosophy*, 82。

㉕見Howland, "Xenophon's Philosophic Odyssey"；Vlastos, *Socrates, Ironist and Moral Philosopher*, 99–100；Morrison, "On Professor Vlastos's Xenophon"。

㉖見Cooper, *Reason and Emotion: Essays in Ancient Moral Philosophy and Ethical Theory*；Morrison, "On Professor Vlastos's Xenophon," 19：「色諾芬竟然使得弗拉斯托斯教授誤以為他筆下的蘇格拉底太過虔誠守舊而不可能遭到起訴，這點即見證了色諾芬身為作家的傑出之處。」

㉗見Morrison, "On Professor Vlastos's Xenophon," 18：「色諾芬的蘇格拉底所提出的友誼學說並非乏味得吸引不了興趣；相反的，那項學說深具新意，而且令人振奮又充滿智慧。以柏拉圖的才華與性格，他必然會把那項學說變得更加激進、更加令人興奮——但同時也因此變得不真實、過度誇大，而且錯誤。」

㉘Russell, *History of Western Philosophy*, 83。

㉙Vlastos, "Paradox of Socrates," 4。

㉚見Waterfield, "Xenophon on Socrates' Trial and Death"；Shorey, *What Plato Said*, 33；比較Grote, *Plato and the Other Companions of Sokrates*, 1:281；Brickhouse and Smith, *Socrates on Trial*, 2–10。

㉛在《申辯篇》裡，蘇格拉底提到凱勒豐（Chaerephon）這個支持民主的人物，指稱自己和他是從小以來的朋友，並且提及凱勒豐連同其他人「在不久之前遭到流放，然後又一同回來」。

㉜Waterfield, "Xenophon on Socrates' Trial and Death," 282–83。

㉝Aeschines, 1.173 (*Against Timarchus*)。

㉞見Irwin, "Review: Socrates and Athenian Democracy"。

㉟Thesleff, *Studies in Platonic Chronology*。

㊱關於不確定性的基礎所受到的討論，見Annas, "What Are Plato's 'Middle' Dialogues in the Middle Of?"；Kahn, *Plato and the Socratic Dialogue*。

㊲統一論觀點據認為是由施萊爾馬赫（Friedrich Schleiermacher）提出；這位德國哲學家在十九世紀初期針對柏拉圖出版了深富影響力的學術研究著作。二十世紀有些著作或多或少採取了統一論的立場，包括Kahn, *Plato and the Socratic Dialogue*, 38–40；Friedlander, *Plato*, 162；以及Shorey, *Unity of Plato's Thought*, 88（關於這部著作，見Sprague, "Platonic Unitarianism, or What Shorey Said"）。

㊳見Shorey, 88：「整體而言，柏拉圖屬於在成年初期就已確立其哲學思想的那種思想家。」

第二章 成為蘇格拉底主義者的方法與信條

- 文本與腳注：歐洲哲學是柏拉圖哲學的腳注？
- 內容與方法：約漢·彌爾的觀點
- 矯正心智缺陷的良方

本章要解釋蘇格拉底方法與柏拉圖書寫的那些觀念其內容有何不同。我們對於這一點的理解，有一部分將會借助彌爾的話語——這位著名的英國哲學家，是蘇格拉底方法最重要的倡導者之一。我們可以用許多不同方式看待蘇格拉底並向他學習，本書主要是秉持彌爾所提議的那種精神對他進行檢視。

文本與腳注：歐洲哲學是柏拉圖哲學的腳注？

柏拉圖在哲學學術圈裡的地位毋庸贅述。不過，在喜好哲學的圈外人當中，常見的態度則是對柏拉圖抱持尊敬，但對他沒有太多興趣或熱情。他們知道他的重要性，也充分承認這一點。他們大概聽過懷德海（Alfred N. Whitehead）的名言，亦即歐洲的哲學傳統乃是「對於柏拉圖的腳注」[1]。不過，他們實際上比較喜歡那些腳注，而不認為自己是柏拉圖主義者，不喜歡閱讀柏拉圖，也不把他和他們重視的任何一項觀念聯想在一起。他們要是記得柏拉圖的任何東西，大概就是理型論，或者「一切學習都是對於知識的回憶」這項觀念，或是「哲學家國王」的概念，而且他們對於這一切都毫不信服。因此，許多讀者面對柏拉圖的反應都與哲斐遜一樣——當初哲斐遜（Thomas Jefferson）閱讀了《理想國》之後，寫信向約翰·亞當斯（John Adams）表示：

> 在辛苦閱讀這部著作的奇異幻想、幼稚觀點與難以理解的術語之際，我經常放下書本，而在內心自問，世人長久以來怎麼會同意為如此不知所云的東西賦予崇高的名聲？……就現代人而言，我認為這是個流行與權威的問題。教育主要掌握在一群人的手中，而那群人因其職業而對柏拉圖的

名譽和夢想懷有利益。他們在學校灌輸這樣的觀點，而一般人在畢業之後也極少有機會修正自己在大學時期抱持的意見。②

引述這段嚴苛的評語不是要為其背書。我喜歡柏拉圖，我的用意只是要證明即便是受過教育而且喜歡古典學問的讀者，也有可能對柏拉圖懷有如此負面的觀感（哲斐遜對哲學充滿好奇，也精通希臘文，並且熱愛愛比克泰德、伊比鳩魯〔Epicurus〕，以及其他古代哲學家）③。

把蘇格拉底與柏拉圖區別開來，對於大多數的一般讀者而言沒有太大意義。他們都把蘇格拉底與未經檢視的人生不值得活這句話畫上等號（儘管他實際上說的話可能比較接近於「未經檢視的人生不該活」或者「沒辦法活」）④。此外，他們也知道他的理性與勇敢模範影響了其他人。不過，蘇格拉底本身的觀念沒有對他們的觀念有所貢獻。他們只是因為名聲而仰慕他，僅此而已。他們經常止步於這樣的初始印象：蘇格拉底以看來沒什麼效率的方式四處煩擾其他人。

內容與方法：約漢．彌爾的觀點

要重拾蘇格拉底留下的遺緒，一個有幫助的做法是參閱彌爾的著作，也就是十九世紀最著名的英國哲學家。彌爾的思想以富有遠見著稱。《論自由》（*On Liberty*）是一部政治思想的經典著作，至今仍然持續說服以及啟發許多人（那部論著的第二章就許多面向而言，都是對於蘇格拉底立場的一項充滿說服力的現代辯護）。《婦女的屈從》（*The Subjection of Women*）是一本遠遠超越其時代的著作，彌爾在其中預見了支持女權的論述，那些論述在他死後多年仍然盛行不已。他在邏輯、經濟學與歷史方面也寫下了深富影響力的作品。他的文集共有三十三冊（除此之外，他還有時間能夠擔任國會議員）。

我特別列出這些背景資訊，因為彌爾對於本書後續的內容具有一定程度的重要性。他不是廣受所有人喜愛（有誰是呢？），但他身為說理者的資歷極為耀眼，所以他的老師自然也值得注意。一如哲斐遜，彌爾也是哲學愛好者。但與哲斐遜不同的是，他也愛好柏拉圖。彌爾受到他的父親熱切教育，並且是一名智識神童。他七歲就開始以希臘文閱讀柏拉圖。他在二十幾歲的時候把九部柏拉圖對話錄譯為英文，還為其中幾部寫了評論。彌爾對於柏拉圖與蘇格拉底的書面評賞仍然無人能夠超越。他主張蘇格拉底方法「是一種無與倫比的修鍊方式，能夠訓練人針對最困難的主題進行抽象思考。現代生活與教育完全沒有任何東西能夠取代其位置」⑤。他接著指稱這種方法——

成了我自身心智的一部分；於是我一直都覺得自己是柏拉圖的學生，深受他的辯證法所形塑，而且程度超越我所知的任何現代人，除了我父親以外，或者甚至可能也超越了他。⑥

我們應該試著了解為什麼。

彌爾認為柏拉圖有兩種課程要教導我們。一方面是他的哲學觀念——彌爾稱之為他的教條面。彌爾所謂的「教條」，不是指毫不質疑地遵循尚未受到證實的主張，而是指柏拉圖的書寫當中會得出結論並且採取立場的那個面向。另一方面是柏拉圖的思考方式——也就是蘇格拉底在對話錄裡使用的那種方法。彌爾認為呈現於柏拉圖著作裡的那種方法，是他的著作當中最傑出的部分。

> 因此，除了一些小地方的出入之外，柏拉圖的著作裡其實有兩個完整的柏拉圖：一個是蘇格拉底式的哲學家，一個是教條主義者。前者對於人類的價值遠高於後者，後者卻遠比前者獲得更高的尊崇。也難怪，因為其中一個可以被許多人的道德與宗教教條當成有用的道具，另外一個則是只能促進人類理解的清明與活力。⑦

彌爾在其他地方又更強烈提出這一點：

> 自從〔孩提時代〕以來，我就一直覺得柏拉圖主義者的頭銜應當歸屬於那些浸淫於柏拉圖的探究模式並且致力於加以實踐的人，而不是那些僅僅採用了他的若干教條式結論的人——那些結論主要都是取自他最難以理解的著作，而且他的心智與寫作特質也令人難以確定他究竟是不是僅把這些結論視為文學奇想或者哲學上的臆測。⑧

現在已經來不及以彌爾提議的那種方式使用「柏拉圖主義者」一詞，因為這個字眼已有眾人公認的指涉對象，也就是那些對於柏拉圖可能抱持的思想內容深信不疑的人士。至於對蘇格拉底採用的方法致力加以實踐的人士，則比較適合稱為蘇格拉底主義者。實際上，本書的主題就在於解釋何謂蘇格拉底主義者。

矯正心智缺陷的良方

蘇格拉底方法的目的是什麼？可以用比較具有蘇格拉底色彩的方式重述這個問題：我們戴眼鏡，是因為不戴眼鏡就無法清楚看見外在世界；我們照X光，則是為了看見自己身體的內部。那麼，我們為什麼採用蘇格拉底方法？這種方法可讓我們更清楚看見另一個東西：心智及其產物的運作與缺陷。彌爾這麼說：

> 以柏拉圖對話錄做為主要範例的蘇格拉底方法，是一種無與倫比的訓練法，能夠讓人矯正錯誤，以及釐清「intellectus sibi permissus」（也就是在流行用語的引導下編造出各種聯想關係的那種理解）所不免造成的困惑。⑨

「Intellectus sibi permissus」的意思是「任其自行運作的心智」。培根（Francis Bacon）經常使用這句話，而這句話很適合用來解釋蘇格拉底方法為何有用。一旦放任心智自行運作，就容易使其變得不理性又愚癡。蘇格拉底方法能夠改善心智的表現。彌爾有個好朋友暨政治盟友名叫葛羅特（George Grote），著有史上針對柏拉圖所寫過最傑出的論著之一。葛羅特採取和彌爾相同的方式看待蘇格拉底方法所探究的問題，也就是我們的本性在運作當中所帶有的一項根深柢固的缺陷。如同葛羅特所言：

> 在人類心智的自然成長過程中，相信並不跟隨在證據之後，而是在不涉證據的情況下獨立出現；

不成熟的智力會先相信，然後再加以證明（如果這麼一個心智確實會尋求證明的話）。⑩

彌爾也針對蘇格拉底方法所矯正的錯誤提供了以下這項雖然不同但並不相違的看法：

柏拉圖真正奮力抵禦，並且投注大半人生與著作對其抗戰的敵人，並不是辯術（Sophistry）——不論就此一字眼的古代或現代意義而言——而是「老生常談」（Commonplace）。老生常談就是把傳統意見與當前觀感視為終極的事實，並且任意使用表達贊許和反對、渴望與厭惡、仰慕與反感的抽象用語，彷彿這些用語具有已經為人徹底理解，而且具有大家一致認同的意義。⑪

這種理解柏拉圖的方式，釐清了他對彌爾的影響以及彌爾是如何忠實追隨他；因為彌爾對於自身文化裡的老生常談就是一名強烈的質疑者。他接著指出：

他那個時代的人（一如當今這個時代的人）認為他們知道何謂善與惡、公正與不公正、高尚與可恥，因為他們能夠油嘴滑舌地使用這些字眼，而依據既有的慣俗認定各種事物。不過，他們把這些字眼套用於其上的那些事物，究竟有什麼共同的特質能夠為這些字眼的使用賦予正當性，則沒有人加以思考……人類智識的宏大任務應該是要對這些空泛的字眼進行最嚴格的檢視，從而挖掘出藏在這些字眼底下的觀念。就算這個目標不可能達到，不可能得到真正的知識，也還是能夠獲取不小的效益，包括驅除知識的謬見，以及讓人意識到自己對於最有必要知道的事情有多麼無知……

柏拉圖就是這麼看待他那個時代的人類心智狀態，以及哲學所能夠提供的幫助。以上的那些描述，只要經過些微的修飾，即可套用在我們當今這個時代，即便是大多數受過教育的心智也不例外，甚至從古至今的所有時代都是如此。如果有人不這麼認為，那麼他們必定不曾以柏拉圖式測驗檢視任何時代的老師或者明智之人。⑫

彌爾的評論為蘇格拉底方法指定了一項目的，而從特定觀點來看，這項目的不但涉及哲學，也與認知心理學有關。我們的心智會絆跤、誇大，也會撒謊；心智愚弄我們，而其本身也會遭到愚弄。我們的思考與言談當中充滿了確定性，看似扎實可靠，但背後其實頗為空洞。蘇格拉底方法可以矯正這樣的問題。這種方法能夠揭露此一狀態，從而幫助我們建構出比較樸素也比較堅實的成果。

彌爾對於柏拉圖的解讀深具說服力與吸引力，把蘇格拉底方法視為對所有人都實際有用。彌爾之所以翻譯對話錄，原因是他認為其中教導的方法應該廣為普及。學者弗拉斯托斯也這麼認為：「在西方哲學史上，有哪個精心挑選並且受過嚴謹訓練的菁英，會比柏拉圖早期對話錄裡的蘇格拉底更尖銳違抗倫理學探究所受到的限制？」⑬這正是思考蘇格拉底的正確方式，因為除了任何可能歸屬於他的特定教誨之外，他本身也是個平凡的人物——貧窮、醜陋，並且樂於和任何人談論最重要的問題。

注釋

① Whitehead, *Process and Reality*, 2.1.1。

② Jefferson, letter to John Adams (July 5, 1814) in Ford, *Writings of Thomas Jefferson*, vol. 9, 463。

③ 見哲斐遜寫給威廉・蕭特（William Short）的信件（一八一九），收錄於Ford, *Writings of Thomas Jefferson*, vol. 10, 144：「我考慮過翻譯愛比克泰德（因為他完全沒有讓人能夠忍受的英文譯本），並且在其中添加伽桑狄（Pierre Gassendi）的《哲學綜合》（Syntagma philosophicum）當中那些正統的伊比鳩魯學說，也摘要收錄福音派當中一切帶有耶穌的雄辯口才與豐富想像力的福音派文章。」

④ *Apology* 38a：Kraut, "Examined Life," 230–31主張這兩種翻譯當中的第一種才是對的。

⑤ Mill, "Early Draft of John Stuart Mill's Autobiography," 24。

⑥ 同上。

⑦ Robson, *Collected Works of John Stuart Mill*, 11:415。

⑧ 同上，1:25。

⑨ 同上。

⑩ Grote, *Plato and the Other Companions of Sokrates*, 1:258。

⑪ Robson, *Collected Works of John Stuart Mill*, 11:403。

⑫ 同上，11:404。

⑬ Vlastos, *Socrates, Ironist and Moral Philosopher*, 110。

第三章

蘇格拉底方法的元素

- 一個概要的例子：勇氣的辯論
- 蘇格拉底方法的元素
- 如何運作？
- 一致性的問題
- 蘇格拉底方法的間接成效
- 蘇格拉底式倫理

本章說明蘇格拉底方法的元素，也就是所有對話錄共有的特徵，而且可能可以視為蘇格拉底偏好的那種探問方式所不可或缺的要素。

一個概要的例子：勇氣的辯論

蘇格拉底方法到底是什麼？這個名詞是現代的發明；柏拉圖從來沒有提到「方法」，蘇格拉底也從來不曾以一種系統性的方式闡明他的探問程序。他沒有說明闡述，而是身體力行。我也不打算定義這項方法。比較有效的做法，是針對蘇格拉底在對話錄裡探問他人的方式，找出其中反覆出現的一些元素。

我們首先應該來看個例子。在此處翻印所有對話錄是不可行的，但可以概述其中一部的大綱：《拉凱斯篇》。蘇格拉底在這部對話錄裡和幾個同伴談論勇氣的意義。我們在本書後續將會看到摘自這部對話錄及其他對話錄的許多引文。以下這段簡要內容是改述而成的結果，用意在於顯示一部典型對話錄的整體樣貌。我們在此處關注的不是其中的論述是否具有說服力，而純粹是對話錄裡呈現的論理方式——換句話說，就是**蘇格拉底方法**。

在這段對話的一開始，一對父親向兩名將軍詢問兒子是否應該接受武裝戰鬥訓練。他們尋求蘇格拉底的意見。他們談論了這類訓練的好處之後，得出的結論認為這種訓練的目的在於培養勇氣。蘇格拉底接著轉而討論勇氣的意義。以下是這段對話的內容。

蘇格拉底：勇氣是什麼？

拉凱斯：士兵面對敵人，卻堅守陣地而不逃跑，就是因為他們具備勇氣。

蘇格拉底：可是這樣不太對吧，是不是？有些人在逃離敵人的時候也還是會展現勇氣。你的定義必須把他們也涵蓋在內。此外，一個人在其他情況當中也可能有勇敢的表現——例如在政治或貧窮當中，或是面對欲望。對於勇氣的定義，必須涵蓋士兵具備的勇氣和其他所有這些形式的勇氣有什麼共通之處。你懂我的意思嗎？

拉凱斯：不懂。

蘇格拉底：就像是定義速度一樣。速度可以呈現在許多情境裡——像是說話、跑步，或者在里拉琴上彈奏音樂。所以，我們也許可以概括來說，速度的意義就是能夠在短時間內完成很多事情。勇氣也是一種性質，就像速度一樣。你可以用類似的概括方式描述這種性質嗎？

拉凱斯：不然這麼說好了，在最一般性的層次上，勇氣代表的是心智堅持不懈。〔或者精神的堅持不懈。〕

蘇格拉底：好，可是我也不太確定你這麼說是什麼意思。你認為勇氣是一種令人欽佩的性質，對吧？

拉凱斯：沒錯。

蘇格拉底：而堅持不懈有時候也有可能是愚蠢而不是明智的行為，對吧？

拉凱斯：的確。

蘇格拉底：而愚蠢就不令人欽佩了，對吧？

拉凱斯：沒錯。

蘇格拉底：可是你說勇氣是令人欽佩的性質，所以我們的定義看起來並不正確：這樣的定義會導致勇氣有時候顯得不好，可是勇氣是好的。

拉凱斯：的確，這個定義有點問題。

蘇格拉底：也許你的意思是說勇氣是心智睿智或聰明的堅持不懈？

拉凱斯：這樣比較好。

蘇格拉底：可是這樣還是會有問題。首先，有些聰明的堅持不懈和勇氣無關，例如一個人持續不斷投資金錢以獲取良好的報酬。我們不會把這麼一個人稱為勇敢，對吧？

拉凱斯：沒錯，這樣不叫勇敢。

蘇格拉底：所以，這個定義涵蓋了一些你認為不該涵蓋在內的案例。可是，這個定義也沒有涵蓋一些你大概認為應該涵蓋在內的案例。假設有個士兵堅守陣地，原因是他知道援軍就要來了；再比較另一個士兵，他同樣堅守陣地，可是不知道援軍即將到來。這兩人哪個比較勇敢？

拉凱斯：第二個士兵看起來比較勇敢——就是不知道援軍即將要來的那一個。

蘇格拉底：可是第二個士兵的堅持也可能顯得比較沒有那麼明白狀況，而且比較沒有那麼聰明。實際上，我們的討論已經開始愈來愈讓人覺得勇氣可能其實等於不聰明的堅持不懈！

拉凱斯：我相信這樣一定是不對的，我無意造成這樣的結果。

蘇格拉底：好，可是不要放棄。我們也要表現出自己的堅持不懈，再來試試別的方法。

尼西亞斯：也許這麼說能夠充分呈現勇氣的概念：勇氣其實是一種智慧或者知識。

蘇格拉底：你的意思不可能是指任何一種知識。你指的是哪種知識？

尼西亞斯：勇敢的人懂得什麼事物應該令人感到害怕，什麼事物又不該如此。

拉凱斯：可是醫生知道他們的病人應該害怕什麼東西，但我們不必然會把醫生描述為勇敢，對吧？

尼西亞斯：我們不會因為那樣而說他們勇敢，沒錯。可是醫生只是知道某些東西的生理影響而已。他們對於最真正應該害怕與逃避的東西並不是專家。

蘇格拉底：那你一定認為動物不可能有勇氣。牠們絕不可能擁有你描述的那種知識，對吧？

尼西亞斯：沒錯。無所畏懼和勇敢是不一樣的。我會說有些動物無所畏懼，但是我不會賦予牠們勇敢的特質。

蘇格拉底：可是這樣還是會有另一個問題。勇氣只是德行的一種——就像自制或者公正一樣，對吧？

尼西亞斯：沒錯。

蘇格拉底：很好；我等一下會回到這一點上。我們談到懂得什麼東西應該令人害怕，這到底是什麼意思呢？看起來，應該令人害怕的東西似乎可以用比較概括也比較簡單的方法描述為即將來臨的壞事——也就是未來的災禍，與未來的好事形成對比。同意嗎？

尼西亞斯：可以，沒有問題。

蘇格拉底：因此，勇氣就等於是明白在我們可能的未來當中有哪些事情是真正的好事，哪些又是真正的災禍——你的意思是不是這樣？

尼西亞斯：是，聽起來沒錯。

蘇格拉底：可是你如果明白一件即將發生的事情是不是應該令人感到害怕——換句話說，就是那件事是不是一項災禍——這麼一來，那件事情要是發生在過去，你就一定也會知道那是好事或者壞事。能夠判斷什麼事情是真正的壞事，什麼事情又只是表面上看起來不好，這樣的能力不該因為事情是否已經發生而有所不同，對吧？

尼西亞斯：確實如此。

蘇格拉底：那麼勇氣就不只是明白即將來臨的事物是否應該令人害怕——也就是說那些事物是好事或者壞事。勇氣實際上就等於是明白何謂好事，何謂壞事，對吧？

尼西亞斯：這樣推導確實沒錯。

蘇格拉底：可是擁有這種知識的人一定不會只是擁有勇氣。由於他們明白好事與壞事的真正本質，所以他們也一定會公正又虔誠；實際上，實在很難想像有什麼德行是這樣的人不會擁有的，不是嗎？

尼西亞斯：看起來是這樣。

蘇格拉底：但是我們剛剛已經說勇氣只是德行的一種。依照我們現在的定義，勇氣卻是涵蓋了太多的東西。我們已經把勇氣轉變成一種無法和其他德行區分開來的知識形式。所以，我們恐怕還是沒有搞清楚勇氣到底是什麼。

尼西亞斯：的確，看起來是這樣。

蘇格拉底方法的元素

以上這段對話經過濃縮，省略了許多細節。此外，你可能也會提出不同的定義以及不同的反駁。不過，且將這些意見擺在一旁，讓我們來看看這段對話展現出來的推理方式，也就是蘇格拉底方法的典型特色。

首先，這段對話藉由**提問與回答**進行。有些問題是開放式的，例如蘇格拉底請拉凱斯提出定義。在另外有些地方，蘇格拉底則是問他的對話夥伴是否同意他說的話。無論如何，由此產生的結果不是講課，也不盡然是爭辯。蘇格拉底促使他的對話夥伴同意他所踏出的每一步（本書大體上都會把受到探詢的那個人稱為提問者的「對話夥伴」，因為這是看待蘇格拉底對話最好的方式：對話的各方是在共同合作）。

第二，蘇格拉底總是聚焦於對話夥伴所說的話**是否前後一致**。他會以所謂的反詰法探究對話夥伴所說的話。對方提出主張，然後蘇格拉底促使他們對其他事物表達同意，結果卻發現那些事物與他們剛剛說的話並不一致。這麼一來，他們就不得不修正自己的主張或者予以捨棄。請注意，他不會說自己的對話夥伴錯了。他會說：「我們是否能夠同意以下這個想法確實沒錯？」——然後他的對話夥伴就會在他的提示下自行得出結論，發現自己剛剛說的話有些地方不太對。

第三，他的問題會指出對話夥伴所說的話**背後潛藏的原則**。然後，他再證明那項原則的涵蓋範圍不及於他們認為應該包含在內的事物，或是及於他們認為不該包含在內的事物。舉例而言，拉凱斯針對勇氣提出這項定義：堅守陣地。可是蘇格拉底促使拉凱斯同意這項定義未能涵蓋某些應該包含在其中的案例，例如在撤退當中展現出來的勇氣。或者，拉凱斯把勇氣定義為心智的堅持不懈，可是這個定義也不可能正確，因為涵蓋範圍太大了。有時候堅持不懈有可能是愚蠢的行為，而拉凱斯同意愚勇不算勇敢。

第四，蘇格拉底利用**具體的例子**推進他的論證：逃兵、彈奏里拉琴、醫生與病患。他舉的例子經常涉及日常生活裡的一般人與一般狀況。有時候，這些日常例子能夠闡釋重大的概念論點。有時候，他利用例子在熟悉的事物與不熟悉的事物之間做出類比。無論如何，他都藉著談論容易想像的具體案例而試圖在重大議題上取得進展。

第五，蘇格拉底不聲稱自己專精於某件事物。他坦承自己的無知，而對話也正是這麼結束：結束於一個**沒有答案的僵局**。

廣泛來說，蘇格拉底方法就是對於上述這些元素的巧妙運用。本書後續的章節將會一一討論以及闡釋以上這些元素，還有其他幾項比較不那麼廣為人知的元素。此外，第十七與十八章將會探討如何在熟悉的情境下設計這類問題。

如何運作？

接下來，我要以比較口語的方式重述蘇格拉底方法通常的運作方式，也就是指出剛剛提到的那些元素也能夠被視為一項實用而且毫不深奧的程序。我在這裡會稍加簡化，然後在本書後續的篇幅再以讀者可能會願意忍受的程度盡量仔細討論。

所以，暫且假設你只想簡單理解。蘇格拉底方法粗略言之如下：只要有人針對是非或善惡提出主張，就要加以質疑。質問那項主張的意思，還有提出那項主張的人所抱持的其他信念，然後尋找這些觀點之間的緊張關係；以你的問題證明那項主張必然在某些面向上無法令其提出者感到滿意。實際上，你是在否決討論夥伴所說的話，不過是採取很有技巧的否決方式。要是運用得當，那麼你的否決聽起來甚至不會像是爭辯。對方將會修正自己的主張，然後你再重複一次同樣的步驟。

依照蘇格拉底觀點來看，否決別人說的話其實是朋友才會做的事。你應該希望自己的朋友會否決你說的話，因為這樣的否決會產生好的結果。如果有個人很善於否決你提出的主張（希望是以委婉而巧妙的方式），那麼你的心智就可能因此獲得改善。就算沒有如此，你至少很有可能會比較清楚自己為什麼抱持那樣的想法。你將會更清楚看出自身想法所帶有的細節與限制條件。整體而言，你可能會變得對自己的想法不再那麼確定。這樣感覺起來彷彿是一種損失，可是你將會更接近真理，儘管在某些案例當中你可能永遠不會真正得到真理。在那樣的情況下，你還是會抱持信念，但以不同的形式。你會變得比較謙遜，比較察覺到自己的無知，比較不會在不該自以為是的情況下自認為正確，也比較能夠體諒別人。蘇格拉底認為這些都是智慧上的重大進展。

這一切都是蘇格拉底式對話夥伴試圖為彼此做到的事情。他們秉持善良的本性與細膩的手段對別人唱反調。儘管如此，這種做法在實務上聽起來仍然像是一套教人怎麼讓自己討人厭或者找死的指南。蘇格拉底就是這樣。不過，也不必喪氣：把這種方法描述為由一個人實踐在另一個人身上的東西，主要只是為了方便闡述其運作方式而已。在現實生活中——還有在閱讀柏拉圖的時候——蘇格拉底式的質疑其實應該要被視為一種**自行思考困難問題的方式**。你質疑自己，對自己追問不休，檢測自己的想法，否決自己說的話，就像蘇格拉底一樣。對自己這麼做聽起來可能比起對別人這麼做要來得容易，實際上卻遠遠更難；但同時也會更有成就感，而且比較不危險。

一致性的問題

我們已經提過，蘇格拉底方法涉及利用問題檢測一個人的想法是否具有一致性。這一點我們將在第六、七兩章進一步探討，但現在必須再說明一下，因為「一致性」乍聽之下可能會讓人覺得是個不特別重要而且又乏味的目標。蘇格拉底卻把一致性看得比什麼都還重要。不是說他反對別人改變心意；恰恰相反。他尋求的一致性，是你在任何一個時刻聲稱自己抱持的各種不同想法之間的一致性。說得實際一點，就是蘇格拉底會以你提出的任何一項主張做為起點——姑且稱之為X。接著，他會設法讓你承認自己也抱持Y這個想法。然後，他會讓你看出X與Y並不一致。這兩者都沒有被證明是錯的，但是其中至少有一個一定是錯的。由於你不可能同時抱持這兩種想法，就被迫必須改變其中一個想法。因此，蘇格拉底不是你的敵人；他只是向你證明你是自己的敵人。

以上的簡述使得蘇格拉底方法聽起來像是任何人都可以使用的一種工具，因為實際上就是如此。不過，要把這種方法運用得好，則是一門技藝。提出良好的蘇格拉底式問題需要有靈巧的心智，尤其是在找出Y這一點上。此處所謂的Y，就是你內心深處抱持的一項信念，卻與你自己提出的某個主張不一致。有時候，Y必須以你從來不曾想過的假設性問題套引出來。此外，在這類問題愈來愈讓人不自在的情況下還是能夠繼續加以回答，也需要毅力。這就是為什麼對別人提出蘇格拉底式的問題會比自問自答來得容易——後者總是極為困難，有時更是近乎不可能。所以，我們不必要求自己隨時都必須採取蘇格拉底式的思考方式。沒有人會這麼做，也從來沒有人做得到。重點是我們懂不懂得這麼做，以及我們能夠怎麼做得更好以及更頻繁。

蘇格拉底式推理的效果很強大。你如果想要更接近真理，那麼找出自己想法當中相互矛盾的地方就是一種很有效的方法。這種做法聽起來也許沒什麼了不起，但有可能徹底翻轉你看待人生的方式。如果想要反駁別人的主張，那麼證明他們的思考有哪些相互矛盾之處是一種很有效的方法；這麼做能夠徹底擊垮一項論點，或是提出那項論點的人。我們的倫理文化與政治文化當中之所以充斥各種愚蠢而且令人氣憤的現象，大部分的根源就在於未能以前述這種蘇格拉底式的方法從事思考。一般人總是習於說出他們並不真心相信的話，或者該說，他們只要更仔細加以思考，就不會相信自己說出的那些話。我所謂的「不會相信」，意思是說他們講出來的話與他們內心深處的信念互相矛盾。或者，事實若是以他們認為無關緊要的方式改變之後，他們就不會再那麼講。

我們如果聆聽自己不認同的人說話，通常會覺得以上這一切都是顯而易見。不過，一旦輪到我們自己說話，就不是如此；我們看不見自己的矛盾，但我們的矛盾可能絲毫不少於別人。不論在哲學、政治還是法律當中，一大部分的蘇格拉底式掙扎都是在於怎麼把自己的主張和既有利益分開，所以你一旦稱讚或譴責一件事情，你的意思是，不論做出這件事情的人是誰，你都會給予同樣強烈的稱讚或譴責。或者，你給予的稱讚或譴責如果有所不同，那麼你也能夠解釋為何會有這樣的差異。你能夠為了保持一致性而做到不留情面。要做到這一切是非常困難的事情，也不會因此讓你獲得撰寫意見專欄的工作。不過，這麼做有助於避免你為現代政治論述添加更多的無知與偽善。

蘇格拉底方法的間接成效

我們探討過的那些元素，也許會讓人覺得蘇格拉底方法純粹只是一種技術——一套推進理解的步驟。蘇格拉底方法確實可以只是這樣。不過，這個方法也有其他間接目標。蘇格拉底經常試圖說服他的對話夥伴接受某一項主張，但他努力的成果一方面多過於說服，另一方面卻也比較少：也許不會達成說服的目標，但造成了其他的影響。你閱讀對話錄的時候，也可能會發生同樣的狀況。你不太信服其中的論點，所以這部對話錄似乎沒有達成其聲稱的目標。不過，這部對話錄達成了其他目標，而那可能才是其中要旨。這部對話錄影響了我們。我們後續還會看到其他這類間接成效的例子——蘇格拉底說出的話不是他真正的想法，或者柏拉圖透過蘇格拉底這麼做。我們也許可以說間接成效是蘇格拉底方法的另一項特色，但最好別把這一點列入正式的元素當中，而以間接的方式加以欣賞。

彌爾討論過這類間接成效的例子，認為蘇格拉底提出的許多論述都頗為拙劣。他提出的首要例子是《高爾吉亞篇》，蘇格拉底在這部對話錄裡和另外三人討論正義與幸福的關係、愉悅與善的關係，還有其他幾項觀念。這是柏拉圖最著名的作品之一。然而，現代學界廣泛認為蘇格拉底在其中提出的論點至少有一部分是有缺陷的①，而且彌爾認為「其中的論點幾乎全是謬誤」②。這麼說似乎是在根本上質疑這部對話錄的價值，因為其中的論點看來就是這部對話錄的重點所在。不過，彌爾卻不這麼認為。

〔這部對話錄〕產生的效果不是來自其邏輯，而是來自其ἦθος〔倫理〕；不是來自指導讀者的理解，而是來自影響情感與想像力。這種情形也並不奇怪，因為對於德行的無私之愛就是一種情感。如果要向柏拉圖的任何一項論點證明正義就是至高的幸福，那麼前提是必須要獲得這樣的感受……對話錄裡的蘇格拉底使我們感受到其他所有的惡都比施加於靈魂之上的不義來得能夠容忍，但他的做法不是藉由證明這一點，而是藉由他自己對於這一點的強烈感受而喚起我們的同感。③

彌爾的主張看起來可能像是個悖論。蘇格拉底方法乍看之下有如極致的理性活動。蘇格拉底這位英雄不斷使用邏輯對抗假象、謬誤與惡行，直到最後落入敵人手裡，而以其高尚的情操選擇不予屈服，寧願為他對於真理的忠實追求而死。新手會認為這則故事的核心是其中的邏輯。接著，也許在發現其中的邏輯不總是極具說服力以後，我們才理解到這則故事的核心在於他的奮鬥、他的高尚情操，以及他的忠實追求。然而，依據蘇格拉底模式來看，如果要獲得這些優點，最好的方法不是思索這些優點本身，而是思索激發出這些優點的事物，也就是真理，以及藉由理性手段對於真理的熱切追求。

一旦從這個角度來看，對話錄最重要的特色就不在於其中的論點是否具有說服力，而是那部對話錄對於讀者的影響。有時候，失敗或者相互駁斥的論點有助於讀者理解或掌握某些事，也許會比被說服而接受某項命題更有價值。那樣的心智狀態有可能是一種新觀點，看出對話錄裡所有的命題都有所不足；也可能是另一種觀點，認為追逐真理是人類最高層次的追求，就算那項真理不可能完全被掌握也沒關係（或者也許正是因為如此，追逐真理才會成為人類最高層次的追求）。有時候，比起直接要求讀者採取這種觀點，讓他們參與一項辛苦而且以失敗收場的追逐可能效果會更好④。

這種模式又以其他方法重複出現在對於蘇格拉底的研究裡。副作用反倒比主要效果更有價值。舉例而言，富蘭克林（Ben Franklin）認為蘇格拉底方法是贏得爭論的一種伎倆。

> 我發現這種方法對我自己而言最安全，而且又會令那些被我施用在他們身上的對象深感窘迫；因此，我以採行這種方法為樂，不斷加以實踐，從而能夠以高超的技巧引誘別人承認他們未能預見的後果，使他們落入無法脫身的陷阱——即便是比我擁有更多知識的人也不例外——藉此贏得不論是我自己還是我的理念所未必值得的勝利。⑤

對話錄裡針對這種模式提出過警告⑥。富蘭克林後來終究因為智慧增長而捨棄了這種做法，但他仍然保有自己經由研讀蘇格拉底所獲得的部分間接效益。那些效益在性質上沒有彌爾描述的那麼強烈，但明顯可見對他頗有幫助。

> 這個方法我持續使用了幾年，但後來逐漸捨棄，只留下以些微怯懦的姿態表達自己意見的習慣……我認為這個習慣對我極為有用，讓我得以把自己的意見灌輸給別人，說服別人採取我有時致力於提倡的措施。由於改變想法的主要目的在於提供資訊或者獲取資訊、討好或者說服，因此

我希望用意良善而且明智的人不會藉著呈現出自信傲慢的姿態而削弱他們行善的力量，因為那種姿態總是不免引人反感、造成反對，並且挫敗語言意在達成的每一項目的，也就是提供以及獲取資訊或樂趣。⑦

富蘭克林關於說服的說法相當值得參考。我們將在第十八章回頭探討那些論點。不過，我在此處提出彌爾與富蘭克林的這些話語，是為了支持對於我們的主題所採取的一種一般性做法。與他人或是與自己從事蘇格拉底式對話，必然都會帶來收穫，但那也許不是長久之計。不過，蘇格拉底方法的用意是要間接改變人的思考方式。這種方法會產生一種隨時都有用的心態。這就像是終生學習武術，但從不用來打鬥。這個方法只要把學習者變成不同種類的人，那些效益就還是隨時都能夠感受得到。

蘇格拉底式倫理

本書就是打算以這種方式呈現蘇格拉底方法。柏拉圖的對話錄顯示了這種方法的元素如何能夠在一種特定而且純粹的情境當中產生效果，也就是針對一項艱澀的倫理問題進行漫長的一對一對話。但是，你可以進行一次蘇格拉底式對話，而不包含蘇格拉底方法的所有元素；更重要的是，你也可以在沒有從事對話的情況下使用這些元素。舉例而言，對於一致性的追求在對話錄裡被呈現為一種建構對話的正式方法。不過，一旦理解這個論點，一致性的價值就會顯得更高。你會更常關注一致性，不論是否正在提出蘇格拉底式的問題。實際上，在看過許多的蘇格拉底式問題，以及許多被那些問題戳破的誇大主張之後，你可能不必等到目睹每一項新主張被戳破就能夠看穿真相。你知道誇大主張有多麼容易遭到戳破，還有許多不特別誇大的主張也是如此。你的思考與生活方式都會開始遵循一致性的要求。

同樣的現象也可見於仔細做出區辨、說實話，以及蘇格拉底方法的其他一切慣例與副產品。這些做法都會產生一種無孔不入的蘇格拉底式倫理——不只是一種技巧，而是一種存在方式。你不必等著找到一個願意接受拷問或者想要從事蘇格拉底式拷問的人，才能夠實踐蘇格拉底方法（如果是這樣的話，那麼恐怕要等待很久）。你只要以懷疑的眼光看待簡單的答案、鍥而不捨地追問，並且隨時意識到自己的無知，就是在實踐蘇格拉底方法。這些目標並非微不足道，而是會改變我們對於一切事物的反應方式。看到這些目標在對話裡受到追求，是一種得知其價值的好方法，但那樣的價值不是只能在我們極少從事的主要對話裡尋得，而是存在於我們隨時隨地思考問題的方式當中。

蘇格拉底式倫理也有助於解釋一個特定種類的人生故事。有些人花費多年時間面對困難的問題苦苦掙扎，而總是無法平心接受自己得到的結果。他們有時會對那些似乎很早就找到了滿意答案的人投以羨嫉的眼光。沒有找到自己的答案，感覺就像是工作沒有完成，旅程沒有達到目的地，考試沒有寫完一樣。不過，蘇格拉底式的觀點剛好相反。對於自己得出的答案感到不滿，是健康的徵象。安然接受代表屈服於一種不免帶有欺騙性的舒適狀態，不論那種狀態看起來有多麼誘人，或是感覺起來有多麼像是自己應得的結果。蘇格拉底式的做法尋求另一種不同的安慰——其中帶有不確定性，帶有不可靠性，而且獲得的信念也總是只有暫時性。依照這種觀點，**美好人生不是藉著在掙扎中獲勝而達到的結果；掙扎的過程就是美好人生。**

注釋

① Santas, *Socrates*, 260–303提出了詳盡又嚴謹的分析，也列出其他參考文獻。
② Mill, "Grote's Plato," 11:415。
③ Mill, 11:416。關於蘇格拉底的遺緒對彌爾的人生與著作造成的影響所從事的深入討論，見這部論文集：Demetriou and Antis, *John Stuart Mill: A British Socrates*。
④ 關於以這種方式看待對話錄，更多的討論可見於Fish, *Self-Consuming Artifacts: The Experience of Seventeenth-Century Literature*。
⑤ Cairns, *Benjamin Franklin's Autobiography*, 17。
⑥ 見《理想國》第七卷，尤其是539b。
⑦ Cairns, *Benjamin Franklin's Autobiography*, 17。

第四章 蘇格拉底功能

- 談話與思考的相似性
- 思考的聲音
- 凶惡的第二自我
- 牛虻之道
- 內化與自我檢驗

本章把蘇格拉底方法視為一種自行思考，而不是與別人談話的方式。我們必須從一開始就具備這樣的觀點，如此一來這種方法能為所有人使用，而不只是專家的工具。柏拉圖似乎也是從這個角度看待這種方法。

談話與思考的相似性

眾所周知蘇格拉底的用意在於教導我們怎麼思考，但有些人仍然認為把蘇格拉底方法視為一種單人活動是令人驚訝的事情，而且大多數的定義也都將其描述為一種雙人活動。不過，蘇格拉底對我們說，「哲學生活」由「自我檢驗以及檢驗他人」所構成①。所以，自我檢驗是他的部分使命，而且對話錄也公開比較發生於心智的狀況以及發生在對話裡的情形。這兩者是同一件事的兩個不同版本：

蘇格拉底：你對於思考的描述和我一樣嗎？

泰鄂提得斯：怎麼說？

蘇格拉底：思考就是心智針對自己探究的事物而與自己進行討論。我不是以專家的身分提出這項主張，我只是覺得思考就像是心智單純從事著一場對話，心智對自己提出問題，再加以回答，表示同意或者不同意。而心智一旦得出結論（可能會花上很長一段時間，也可能突然間獲得頓悟），就不再處於分裂狀態，而開始對事物有一致性的肯定，我們把這項事物稱為心智的信念。所以，我把信念稱為一項陳述，但不是對別人說出，而是默默對著自己說。

《泰鄂提得斯篇》

比較柏拉圖在《哲人篇》（*Sophist*）裡提出的這項類似的觀念（蘇格拉底在這部對話錄裡幾乎不曾出現）：

陌生人：思考與言說是相同的東西，只不過我們所謂的思考，精確說來就是心智在不出聲的情況下與自己進行的內部對話。

《哲人篇》

《大希庇亞篇》闡述了質疑自己的過程②。在這部對話錄裡，蘇格拉底對希庇亞說自己需要有人幫助他回應一個不知名提問者的質問。接下來逐漸可以明白看出（對於讀者而言，但對希庇亞不是如此），那個不知名提問者其實是蘇格拉底內心的另一個自我，對他自己提出質疑。這個內在提問者粗率無禮，言語中充滿了嘲諷與奚落③。希庇亞大感訝異，不禁納悶有誰能夠對蘇格拉底這麼毫不留情。

希庇亞：蘇格拉底，這個人是誰？他根本是個野蠻人，竟敢在莊重的場合當中說出那麼粗鄙的言語！

蘇格拉底：希庇亞，他就是這個樣子。沒有教養。說起來就是個垃圾。他什麼都不在乎，唯一只在乎真理。儘管如此，我還是必須要回答他的問題……

希庇亞：你不告訴我他是誰嗎？

蘇格拉底：我就算告訴你他的名字，你也不知道他是誰。

希庇亞：至少我知道這一點：他是個不學無術的笨蛋。

蘇格拉底：哦，希庇亞，他的確讓人很頭痛。

《大希庇亞篇》

蘇格拉底接著描述起那個提問者的手法：**我要是說這個，他就會說那個；我要是說別的，他就會笑我**。「他為達目的不擇手段，也不輕易接受任何說詞」。那個提問者用來對付蘇格拉底的那種論述，就和蘇格拉底用在別人身上的論述一樣，只是稍微粗暴而已。

當然，與別人進行對話有很大的效益。我們將在後續探討其中幾項。當下的重點是，對話錄本身也認知到與別人談話和獨自思考之間具有高度的相似性。前者可以當成後者的練習④。

思考的聲音

我們也許可以把柏拉圖稱為一名偏好獨自實踐蘇格拉底方法的目擊證人。他為什麼寫對話錄，而不是單純解釋自己的想法？我們不知道，但是關於這個問題有許多理論。他的對話錄可能主要是一種戲劇手法，或者柏拉圖也可能藉此讓自己和他筆下的人物所提出的主張保持距離⑤。我會傾向另一種不同的答案：對話錄是柏拉圖與自己對話的一種方式⑥。他撰寫對話錄是為了探究自己內在相互競爭的思緒，做法是把每一項思緒分別指派給筆下的不同角色。彌爾也是這麼想像：

至於柏拉圖本身，依據我的猜測，他可能在人生中的某一段時期是個真正的追尋者，測試每一項意見，並且凸顯出存在於其中的窒礙之處；此外，他許多的主要對話錄就是寫於這段時期，採取各種極為不同的觀點，其中每一種觀點都是關於該項主題而曾經出現在他腦子裡的思路。⑦

把對話錄裡的角色視為柏拉圖自身心智的不同面向，對於我們思考對話錄的價值很有幫助，可以讓想要採取相同做法的人把對話錄奉為模範，也就是一種獨自思考事物的方法。當然，任何一位哲學家的書寫作品——不論是專著還是文章——都可以被視為是作者邀請讀者予以內化的思考過程。不過，對話錄特別適合這種目的。問題與答案是思考之聲。一篇文章或一場講座通常是已經發生過的思考，然後又經過潤飾，結果清楚明白，但達到目標的過程已不再可見。在一般的情況下，這是一件好事。你如果很清楚自己的想法，又想要讓別人知道，那麼直接解說自然是合理的做法。不過，如果想要提供一套如何達到目標的模型——也就是在確知自己的想法之前該怎麼做——那麼對話錄就是理想的媒介，因為對話錄能夠呈現出找尋目標的過程。在柏拉圖的例子當中，對話錄是如何思考困難問題的習作，其中展示了他這麼做的過程⑧。實際上，寫出你自己的小小對話是一種釐清思緒的好方法，也能夠培養自己實踐蘇格拉底方法的能力。

以這種方式看待對話錄，也可讓讀者對於其中部分互相矛盾的內容不至於感到那麼焦慮。在一部對話錄裡，蘇格拉底似乎主張善與惡相當於愉悅和痛苦；但在其他地方，他又提出與此不同的主張⑨。他在一部對話錄裡為勇氣的一種定義辯護，但在另一部對話錄裡又加以抨擊⑩。有些這種相互抵觸的例子，也許可以透過漫長的分析加以解決，但其他例子則可能比較適合視為柏拉圖與自己進行的爭辯⑪。在這種例子當中，蘇格拉底並不是柏拉圖的傳聲筒，否則他就會被人逮到犯了思想不一致的毛病。在這種情況下，蘇格拉底只是無所畏懼的推理者化身。不管你把什麼東西放在他面前，他都會加以解析，就算是他昨天才說過的話也不例外。

凶惡的第二自我

以「出聲思考」的觀點看待柏拉圖的對話錄，還帶有另一項含義。對話錄裡所有角色所說的話，都是作者心中的想法，就算只是為了確認那些想法是錯的也一樣。因此，一部對話錄也許可以被視為有如一場夢，其中每個人物都是自我的一個面向⑫。這個觀點針對「蘇格拉底是不是一個值得追隨的模範」提供了新的思考方式。有些讀者對他深覺反感。一名學者指稱他有時帶有「毫無必要的敵意」⑬。另外有些人指控他「冷漠」，缺乏愛的能力，或是帶有與此相關的非人性特質⑭。誰會想要像他一樣？不過，這個問題其實是搞錯了重點，因為依照我們在此處探討的這個觀點，對話錄裡的角色全都是自我的不同面向。你不會想要成為我們在柏拉圖的對話錄裡看到的那個蘇格拉底，但你應該要希望自己擁有這麼一個蘇格拉底。

換個角度來看：心理學家談論「執行功能」，也就是制定計畫、追求目標以及展現自制力的認知能力。柏拉圖教導的則是充分發展的蘇格拉底功能所具備的價值，這是一種能夠懷疑質問自己的能力。我們大多數人的這種功能都發展不足。這種功能或許也有可能過度發展，但並不是令人變得虛弱的懷疑主義心態，而是一種健康的版本。這種功能可以幫助我們抗拒愚蠢、怯懦、黨派偏見、偽善、憤怒、虛榮，以及其他負面心理。從蘇格拉底式的觀點來看，這些特質都是無知以及理解能力孱弱的表現（我們將在第十四章談到這一點）。內化的蘇格拉底能夠抑制這些特質[15]。

不過，如同先前提到的那些對於蘇格拉底的批評，蘇格拉底功能確實有比較惡性的一面，帶有文學作品中的蘇格拉底偶爾會流露出來的那種令人不悅的特質：不留情面，充滿挑釁與挖苦。這些特質看在別人眼裡會覺得難以忍受，只有使用在一個對象身上才能安然為之並且不會引來懲罰：自己。說得更精確一點，這些特質可以特別針對自我當中妄自尊大又道德薄弱的部分，因為這個部分的自我不但完全應當受到蘇格拉底式的非難，而且可能只有如此強烈的譴責才會引起其反應。正因如此，對話錄裡最無禮的提問者才會是《大希庇亞篇》裡那個蘇格拉底用來質疑自己的第二自我。

牛虻之道

蘇格拉底功能在心智當中有個正當的角色，就像是柏拉圖筆下的蘇格拉底在雅典所扮演的角色，也就是一個說真話的傢伙，一個質疑常規的傢伙，一個惹人厭的傢伙。另一方面，有些事情是蘇格拉底做不到的，也有些角色是他無法扮演的，而他非常清楚這一點。如果每個人都像蘇格拉底一樣，雅典絕對無法存續下去；自我同樣也是如此。不過，一座城市需要有像他這樣的人，就像其他類型的人也是一座城市不可或缺的元素一樣。「蘇格拉底功能」在自我當中的地位相對而言不太安穩。這種功能對我們有幫助，卻具有顛覆性，能夠揭露真相，也令人感到不自在。許多人終究都會將之賜死。

以這種方式看待蘇格拉底——把他視為心智或自我的一個面向——可讓我們從不同的角度思考他對於自己在世界上的地位所提出的描述。蘇格拉底與國家的關係，有時可以被解讀為類似於蘇格拉底功能與自我之間的關係（或是這種關係的比喻）。

> 你們如果殺了我，將難以找到我的接替者。如果可以採取這種荒謬的比喻，那麼我就像是神賜予國家的牛虻，而國家就像是一頭宏偉高貴的牛，因為體型巨大而動作緩慢，需要受到刺激才會活動起來。我就是神賦予國家的那隻牛虻，隨時隨地都緊緊依附著你們，激勵你們，說服你們，責備你們……
>
> 《申辯篇》
>
> 各位雅典人，我相信我要是從政，必定很久以前就會沒命，而那樣對各位和我自己都沒有任何好處。請不要因為我對各位說出真話而感到冒犯：因為事實就是，任何人如果對抗各位或是其他大批的人口，秉持誠實的精神抗拒一個國家裡許多無法無天而且不正義的行為，那麼這個人一定不可能活命。願意為正義而戰的人，就算只想活上短短一段時間，也必定只能夠是平民，而不能具備公職身分。
>
> 《申辯篇》

要不是柏拉圖在《理想國》裡也曾以一長段的著名內容把城市比喻為靈魂，那麼把以上這些文字解讀為描述內心狀態，恐怕會讓人覺得是過於天馬行空的聯想⑯。以外在的國家比喻內在世界，對於他或是他的讀者而言並不是一種陌生的手法。我認為，這項比喻（儘管不是完全有意）所引起的共鳴也有助於解釋蘇格拉底的故事為何會在這麼久以來深深吸引了那麼多人。心智非常喜愛針對其本身所提出的隱喻（我們有時懷疑這是心智唯一喜愛的事物，並非空穴來風）。蘇格拉底的故事，就是任何一個人與理性還有崇高與卑鄙傾向之間那種充滿矛盾的關係。我們都知道生活在雅典人當中是什麼樣子，被他們的無知與傲慢所震驚是什麼感覺，以及因為向他們揭露這些事實而遭到憎惡是怎麼一回事。我們不需要和任何人談話就可以知道。

內化與自我檢驗

我們之前看過蘇格拉底指稱自己從事的活動是「自我檢驗以及檢驗他人」。這兩種活動是不是有其中之一居於主要地位，另一者居於次要地位？我們已經看過蘇格拉底把自我檢驗視為一種自然而然的行為。不過，另一種學術傳統則是主張和別人交談才是比較主要的哲學活動。這兩種觀點都可以在對話錄裡找到足夠的證據，也都算是合理的解讀⑰。

所以，與其進一步分析這個詮釋性的問題，不如從實用的角度看待。藉由把對方逼入牆角的提問方式說服對方，是一種很罕見的做法。實際上，在現實生活中從事蘇格拉底式對話很少見，一個原因是蘇格拉底經常都擁有願意順從他的對話夥伴。他們總是超乎常情地願意跟著他的論述走⑱，就像是魔術師在觀眾當中埋下的暗樁一樣。而現實生活不會乖乖和你合作，這點絕不令人意外。一般人通常不喜歡蘇格拉底式的質問；一再要求你的對話夥伴界定他們說的話，只會導致沒有人願意和你說話。況且，現實終究也沒有與蘇格拉底合作，而是要了他的命。

不過，內化蘇格拉底方法，並且對你自己的想法進行蘇格拉底式的檢驗，則是尋常可見，而且也安全得多。這種方法會成為你隨時隨地採取的做法，藉以解讀這個世界，並且形塑你對那些事物的反應。獨自使用蘇格拉底方法，不會比將其使用在對話中來得容易。實際上，反倒還會困難得多。在別人的觀點當中發現缺陷很容易，但要在自己的觀點裡找出缺陷則難上許多。就像是運動一樣：有教練會比較容易，但沒有教練也還是有可能做好運動。此外，蘇格拉底式質問又在另一個方面和運動頗為相似：這種活動對你有益，但在從事的當下會覺得很辛苦；實際上，這種活動對你有益的程度經常與辛苦的程度成正比。這就是為什麼智識肥胖是最常見的現象。

注釋 ——

① *Apology* 28e。

② 大多數學者都認為這部對話錄真正出自柏拉圖的手筆，但偶爾也有些人抱持異議。舉例而言，見Kahn, "Beautiful and the Genuine"。

③ 關於這一點的討論，見Woodruff, "Self-Ridicule: Socratic Wisdom"。

④ 見Nettleship, *Philosophical Lectures and Remains*, 9：「哲學雖然不一定需要藉由兩個人的討論而推進，其方法在原則上卻必然永遠都是一樣的；一個真正會從事思考的人，藉著質問自己而從自己內心引出想法，並且藉著質疑的方式檢測這些想法；這個人與自己所做的這種行為，實際上就是蘇格拉底與別人從事的那種行為。」另見Seeskin, *Dialogue and Discovery: A Study in Socratic Method*, 23：「一個人就算是默默從事省思，柏拉圖標舉的模式仍是兩個人取得同意之後再繼續前進。」

⑤ 關於各種不同理論的精闢討論，見Gill, "Dialectic and the Dialogue Form"；Kraut, *Cambridge Companion to Plato*, 26ff；Griswold, *Platonic Writings/Platonic Readings*；Seeskin, *Dialogue and Discovery: A Study in Socratic Method*。

⑥ 如同賽德利（David Sedley）所言，「我們可以將對話錄合理視為柏拉圖的出聲思考……對話錄是他自己的思考過程外部化的結果」。Sedley, *Plato's Cratylus*, 1（字體強調為原文即有）。

⑦ Mill, "Grote's Plato," 431。

⑧ 所以，伍德勒夫（Paul Woodruff）才會這麼說：「蘇格拉底的使命是設立自我質疑的模範，好讓一般雅典人能夠應用在自己身上。」Woodruff, "Socrates's Mission," 187。關於伍德勒夫看待蘇格拉底的方式，比較賽德利看待柏拉圖的方式：「我們在思考的時候所從事的行為，就是在內心提出以及回答問題，而我們的判斷即是此一過程的結果。因此，柏拉圖以戲劇方式呈現為外部對話的過程，看來可以受到讀者內化，為我們自己的哲學推理過程提供模範……對話錄裡描寫的那種人與人之間的討論，不是討論能夠發生的唯一模式：內部討論是另一種模式，甚至可能是更根本的模式。」Sedley, *Plato's Cratylus*, 1–2。

⑨ 比較《普羅塔哥拉篇》351b–358d與《高爾吉亞篇》492d–500d。

⑩ 比較《普羅塔哥拉篇》360cd與《拉凱斯篇》194d開頭的討論。

⑪ 關於這種想法的討論，見Bett, "Socratic Ignorance," 229。

⑫ 弗瑞蘭德（Paul Friedlander）說：「如同塔索（Tasso）與安東尼歐（Antonio）這兩個人物當中有歌德的影子，柏拉圖也不只存在於蘇格拉底身上——或是在卡米德斯、泰鄂提得斯、亞西比德等門徒身上——而是也在一定程度上以某種方式存在於蘇格拉底的對手身上……如果他本身不帶有卡利克勒斯（Callicles）這個『強人』的若干特質，那麼他就不太可能有辦法把前者描寫得如此令人無可招架。」Friedlander, *Plato*, 1:167。

⑬ Brennan, "Socrates and Epictetus," 295。

⑭ Vlastos, *Philosophy of Socrates*, 16–17；Nussbaum, "Chill of Virtue," 39；Nehamas, "What Did Socrates Teach," 281；Brennan, "Socrates and Epictetus," 292–93。

⑮ 再一次，弗瑞蘭德說得好：「擁有過多天賦能力的柏拉圖，在自己的本性中需要克服的東西也許比一般以為的還多。不過，他內心也有蘇格拉底，所以他公開描寫的那些決定性的奮鬥與獲勝，都是發生於他的內心。」Friedlander, *Plato*, 168。

⑯ 關於那項比喻的主要內容，見《理想國》368c–369a, 425c–442c, 543c–578b。關於這點的討論，見Blössner, "City-Soul Analogy"。

第五章

問答技巧

- 問題與答案
- 思考方式
- 步調從容
- 最強的法律引擎：交叉詰問
- 對立的觀點
- 柏拉圖後期的對話錄
- 懷疑的副作用

哲學經常被視為一套觀念體系，能夠為根本問題提出答案。不過，蘇格拉底哲學與此不同，這種哲學致力於過程，而不是結果。蘇格拉底確實會得出一些結論，但全都是暫時性的（見第十四章）。他在對話錄裡主要都是來來回回，雖然會有所進展，卻不會達到確切的答案。「問題」如同實踐蘇格拉底方法的貨幣單位；這是對於我們探討的主題所必須理解的第一點。首先，蘇格拉底方法和其他教導與思考方式的不同在於這個簡單的面向上：這種方法的實踐者不說教、不講解、不責備，也不告知。這種方法的實踐者只會提問。本書大部分的內容都投注於探討問題有什麼作用、如何形成，又會把你帶到什麼地方。不過，本章首先探討**問題是什麼**。

問題與答案

我們已經看過柏拉圖寫作對話錄的幾個可能原因，也可以質問他為什麼沒有在對話錄的結尾給出答案。如果依照比較現代的做法，他大可寫一篇序言加以解釋。如有這麼一篇序言，即可省去千百頁的學術著作猜測他為什麼這麼寫。不過，這點就證明了他不寫序言的智慧所在，也為他的方法提供了一項線索。柏拉圖與他筆下的蘇格拉底喜歡問題以及問題所造成的心智狀態。

柏拉圖身為作者的姿態與蘇格拉底做為角色的姿態一致。柏拉圖從來不會直接說出他內心的想法。他躲在角色背後，而讓讀者疑惑猜想。他創造的主角，也同樣不提出答案，而是促使人更深入思考，並且重新考慮他們相信的事物以及他們的生活方式。其中暗示的意思是：在思索問題的時候，我們的心智處於最敏銳的狀態，而不是在問題獲得解答以後。對話錄在每個層次上都會幫助我們進入並且保持在那樣的狀態。吸收對話錄裡教導的教訓，就是在沒有閱讀對話錄的時候也能夠讓自己保持在那樣的狀態。蘇格拉底方法的實踐者以提問的方式思考，對於不確定性安之若素，也懂得怎麼評價一項沒有盡頭的追尋。

第二與第四章提到蘇格拉底方法能夠矯正心智在獨處狀態下的壞習慣。我們可以把對於問題的強調視為一個例證。在這個案例中，心智的壞習慣就是喜愛持有意見。知道自己的想法會讓人覺得很得意。一般人一旦轉向哲學，通常都是想要得到更多的那種快感——如果不是讓自己原本抱持的想法有更多獲得證實，就是得到其他確切無疑的觀念。蘇格拉底不肯合作，所以令人感到沮喪——他的哲學思想在哪裡？不過，從他的觀點來看，我們最迫切的毛病在於對自己不該感到確定的事物深感確定，對於自己不知道的事情也自以為知道。這就是為什麼蘇格拉底的哲學主要不是一套信念，而是一種活動。蘇格拉底方法不會把你既有的意見取代為比較好的想法，而是會**改變你和自己的意見之間的關係**。蘇格拉底方法會把喜愛持有意見取代為喜愛檢驗意見。

思考方式

關於問題是什麼——亦即問題如何能夠做為一種思考工具——且讓我們來看看幾個加以思考的方式。一個問題一旦由一個人向另一個人提出，通常是要求對方說出或者做出某件事。問題有時候很容易，其中提出的要求也不難。不過，蘇格拉底式的問題卻非如此，這種問題會逼迫人。提出以及回答這樣的問題，就像是操作泵浦一樣，需要花費力氣。這種問題有可能揭露潛藏的信念，而令其持有者大感意外。這種問題能夠把理解擴大到遠超出原本的起點。如水滴般持續不斷提出的問題，有可能填滿杯子，也可能鑿刻出一座峽谷；任何一座思想大廈都可以被視為許多這類問題的提問與回答所造成的結果，見證了那種過程逐步累積出來的力量，而且那種過程經常都是發生於個人內在。那種提問與回答的過程，可以是一股創造力，也可以是一股反駁與修正的力量。

簡言之，問題帶有宣言所不具備的**生產力**。不過，大部分思考的構成元素都是意見與反應、擔憂與希望、滿意與懊悔，全都以半口語的方式表達，但多多少少帶有宣告性。蘇格拉底式的做法則是減少宣告，增加問題，尤其是針對在其他思考類型當中被視為前提的事物。你如果以宣告方式進行思考與言說，就什麼都學不到。如果以提問的方式進行思考與言說，就有可能學到東西。有個人說了你覺得不中聽的話，與其表示你不喜歡對方說的話，不如提出問題。那句話是什麼意思？和對方的想法是否具有一致性？那句話的內容可以比擬為什麼東西？你說出了別人覺得不中聽的話，在這種情況下，**與其為自己辯護，不如提出問題**。（你這麼說是什麼意思？）你放棄持有強烈意見所帶來的部分快感，但你確實持有的意見將會因此獲得比較穩固的基礎。

問題會把壓力施加在接受問題的人身上。你如果對自己提問，那麼你自己就會是那股壓力的承擔者。這樣很好。陳述意見大致上則是與此相反。陳述意見是一種釋放壓力的行為。壓力令人不舒服，所以大多數人都是以意見的方式進行思考與言說。然而，不去承受壓力的心智易於陷入鬆懈與墮落。真正的蘇格拉底式對話是一項具有高度壓力的習作：是一種全場緊迫盯人的活動。不過，這種壓力隨時都可以保持在比較健康的狀態，儘管這樣的強度可能會比較低。有些人的血壓低得危險，另外有些人則是承受的蘇格拉底式壓力太低。我們可以藉著多以問題的方式思考，而把蘇格拉底式壓力提高到比較適當的程度。

你每一次提出好的問題並且加以回答，就會獲得稍微深入的理解。你會更加理解事情的另一面，同時也意識到你這一面所帶有的缺陷。你會看出更多的複雜性。如果抱持蘇格拉底式的觀點，你就會喜歡這一切。反過來說，你也不太有興趣聽別人的迅速反應——至少是對任何有意義的事物所做出的快速反應——因為這類意見根本沒有什麼價值。這種意見相當膚淺。你寧可閱讀一份像樣的辯論，或是為了聆聽特定人士的話語而不惜等待，因為那個人的話語反映了如同辯論般的思考過程。這樣的喜好有可能很難滿足，而且會使得大部分公共評論者的話語都令人難以忍受。他們不論內在或外在都沒有承受蘇格拉底式的壓力。這就像是開車行駛在州際公路上，卻不想吃速食。這麼一來，你就必須忍耐很長一段時間不吃東西，不然就只能偏離主要道路，或者自己製作餐點。

以這些方式看待蘇格拉底方法，有助於使其顯得簡單，而且不讓人覺得奇異陌生。不論這種方法帶有其他哪些意義，最主要的重點就是提出更多問題以及提升問題的品質[1]。

步調從容

蘇格拉底方法從容不迫，就是藉著問題獲取小小的進展。每個問題都是對眼前的議題做出一部分的處理。讀者也許會納悶以前的人是不是注意力比較能夠持久，或者柏拉圖是否知道一連串的小問題有多麼擾人。不過，他的確知道這一點，因為他也把這樣的抱怨寫進了對話錄裡。

卡利克勒斯：高爾吉亞，這些沒有用的小問題就是蘇格拉底證明別人看法錯誤的典型手法。

高爾吉亞：你何必在乎？無論如何，卡利克勒斯，也輪不到你這麼評估那些問題的價值。就讓蘇格拉底用他想用的方法檢驗你的觀點吧。

卡利克勒斯：那就來吧。如果高爾吉亞希望這樣，那你就儘管提出你那些不值一顧的小問題吧。

《高爾吉亞篇》

所以，提出小問題是刻意為之的做法。那些小問題可以讓我們知道蘇格拉底認為什麼才是接近真理最好的方法，也就是以謹慎的步伐緩慢前進。讀者也許會想要快點跳到重點。如果我們知道重點就在下一頁，那麼這種想法當然很合理。不過，這並非思考實際上的運作方式。你在思考的過程中，沒辦法確定接下來會通往哪個方向，就像是靠著自己的手指攀爬山壁，一次只能向上移動幾公分。這就是蘇格拉底的做法。他針對一個點，通常是一個平淡無奇的例子，而對其獲得徹底的了解。達成目標之後，再繼續針對下一個點。一項對話所帶有的重大利害關係，與用來從事這項對話的小問題之間，存在著醒目的對比。

小問題還有其他優勢。這樣的問題使得蘇格拉底式對話比較容易理解，也比較容易建構。這點尤其有其用處，因為蘇格拉底方法在其他某些面向所具有的挑戰性是沒有辦法降低的。提出問題需要創意；你必須要能夠想出假設性的案例，而能夠把壓力施加於別人剛剛說的話，或是你自己剛剛說的話。你如果是讀者或是聽者，就必須集中注意力。有時候，一項邏輯推理在乍看之下很難確認是否真確無誤。此外，對話的主題也可能龐大又複雜。不過，至少用來從事這項對話的問題並不龐大複雜。

這些問題能夠把推理拆解成一個個清楚明白的步驟。如果這項推理有任何毛病，我們也能藉此找出毛病所在。而且，我們又能夠從這一切當中學到可以廣泛應用的教訓，也就是該怎麼討論困難的事情。**你如果要在概念上提出艱難挑戰，就不要使用艱澀的修辭。**問題愈難，就愈是必須要以明白而謹慎的方式談論這個問題。

小問題還有另一個好處，就是能夠放慢速度。這點之所以重要，部分原因是真理通常相當複雜。而我們不能匆忙地去檢視複雜性。真正理解一項論點——一個人為什麼會有這樣或那樣的想法，以及該想法是否成立——就像是把一部機器拆解開來再拼裝回去。絕不能丟失任何一枚小螺絲。此外，實踐蘇格拉底方法也需要有智識同理心。針對一個問題，必須採取和別人相同的看待方式。你也許當下就認為自己已經「懂了」，或是認為這個問題沒有其他需要探究之處。但這說不定是錯的；我們可能需要一點時間，才能夠真正了解別人說的話是什麼意思。提出許多小問題是個有用的習慣，或者也可以說是一種有用的練習。提問，然後聆聽，而不必忙著得出結果。

如果不是在聆聽別人說話，而只是在學習一項觀念——例如一項來自蘇格拉底或者其他任何來源的觀念——也能夠套用相同的原則。你可能只需要一小段時間就能夠對其獲得足夠的理解，而得以將其複述出來。不過，以蘇格拉底式的做法放慢腳步，就是懂得真正理解一件事物是怎麼回事。有些人（也許我們每個人有時候都會如此）看待觀念的方式，就像是博物館的遊客一樣，只因為自己的目光掃過了每一幅畫作，就認為自己已經看過了館內所有的展品。不過，你對一幅傑出的畫作必須仔細加以欣賞，並且不只一次，更重要的是靜下心來慢慢品味，這樣才能真正看出那是什麼樣的一幅畫，而且帶有什麼意義。蘇格拉底看待觀點的方式，就像是鑑賞家欣賞畫作一樣，而他也希望自己的聽者或讀者採取一樣的做法。

蘇格拉底式問題的緩慢步伐還有另一項吸引人之處。蘇格拉底告訴我們，他注重心靈的保養——包括他自己的心靈、他的對話夥伴的心靈，還有讀者的心靈（雖然他沒有這麼說，但讀者的心靈必然不免包含在內）。所謂的保養，意思可能是說以特定的速度運作心智。對話錄的步調即是以暗示的方法論述了這一點——讓我們知道何謂言說與思考的最佳步調。不同的步調會造就不一樣的人。蘇格拉底在各種情況下都展現了沉著冷靜的姿態，而他探究問題的緩慢步調也是其中一部分。他從不匆忙。

最強的法律引擎：交叉詰問

蘇格拉底式問題還有另一項要素：**這種問題帶有高度的開放性**。有時候，蘇格拉底提出的問題能夠以上百種不同的方式回答。他想要藉此知道對話夥伴心裡的想法，因此他們的交談在一開始很簡單。接著，他的對話夥伴確立一項主張，釐清其涵蓋範圍，然後蘇格拉底就開始加以追問。現在的問題不再是開放式的，而經常採取是非題的形式：你會承認X嗎？我們對於Y的意見一致嗎？對話至此實際上成為一項交叉詰問。法律學者威格莫爾（John Wigmore）把交叉詰問稱為「史上為了探究真相而發明過最了不起的法律引擎」[2]。蘇格拉底顯然認為這種做法在哲學中也具有同樣的效果。為什麼？

想想看交叉詰問遵循的規則。法院攻防與蘇格拉底式對話裡的規則在許多方面都頗為相似。首先，所有的問題只要沒有不妥，都必須回答。你不能說：「我寧可不答。」第二，法院裡的證人應當說實話，而這也是蘇格拉底式詢問裡的規則：說出你心裡的想法（見第十章）。第三，提問者可以提出引導性問題，換句話說，這種問題暗示了答案：「難道不是……？你不認為……嗎？」引導式問題沒有給人閃躲的空間，而是迫使證人必須正面回答。因此，交叉詰問可讓證人受到追問，揭露他們的弱點，找出他們的祕密。這些特質使得交叉詰問成為一項絕佳的工具，能夠檢驗真相以及證人或其他任何人的信念。

引導式問題也有其缺陷。提問者必須進行所有思考，證人只需證實或否認即可。有時候你要的不是這樣，而是想要知道證人心裡的想法。這麼一來，就應該採用直接詰問而不是交叉詰問。在這種情況下，你不能使用引導式問題，而必須讓證人自由述說，以他們認為最好的方法回答問題。等到對方提出這些回答之後，交叉詰問即可派上用場。這就是蘇格拉底採取的做法：他保持耐心，先藉著簡單的問題徹底搞清楚對方說的話，然後再開始進行交叉詰問。

在對話當中使用引導式問題還可能會有另一個麻煩，就是會導致你的對話夥伴採取防衛姿態。大多數人都不喜歡受到交叉詰問。任何人一旦被迫要說X，就會不想說X，也不想和強迫他們的那個人合作。所以，引導式問題必須在雙方都懷有高度善意的情況下才會讓人能夠忍受，不然就是要以充滿技巧的委婉措辭掩藏這種問題的性質，展現出絲毫不會令人聯想到法庭攻防的姿態。有時候，蘇格拉底會特別花費心力這麼做，有時候則不會。這麼做的重要性取決於你打算如何利用這個方法：推促別人，還是質問自己。

對立的觀點

還有另外一個方法可以看待剛剛提出的論點。在法庭裡，交叉詰問通常是用在對方傳喚的證人身上。律師與證人具有對抗關係。對抗行為尋常可見，並不需要一個文學模範。不過，對抗性的思考——也就是在你自己的思考當中採取對抗做法——並不常見，但非常具有建設性。我們大多數人解讀這個世界，都是藉此證實自己原本就對世界抱持的想法，以及我們所懷有的希望。認知的演進也許是為了說服我們自己以及其他人這麼認為：一切對我們有所幫助的東西，都是最好的東西。或者，我們之所以會出現動機性推理、確認偏誤以及其他無可計數的長期誤判形式，也可能有其他原因。無論如何，找出那些原因並不是獨自運作的心智最喜歡從事的活動。

蘇格拉底式質問是一種矯正手段。如果要獲得良好的治理，就必須採取這種手段。自我內部必須要有個反對黨，針對你認為自己知道的事情提出反駁論點。內化的蘇格拉底相當於一個可敬的對手。以上所述乃是重複了第四章的論點，而本章的重點則是在於那個對手所採取的方法：不是破壞或者自我厭惡，而是藉由探問——不論是多麼強硬的探問。我們的自我就像國會一樣，也必須要有質詢的時間。

蘇格拉底尤其喜歡質疑他的對話夥伴視為理所當然的信念。這又是另一個充分的理由，顯示了你自己的思考當中為什麼應該要有個對手。這樣才能夠打破對於自己抱持的觀點所懷有的認同感。我們對於這個世界或是自己都不免會抱持一些錯誤的信念——這類信念絕對禁不起蘇格拉底式的檢視，但是通常不會受到這樣的待遇。這類信念是我們不全然有意識的想法，但又被視為理所當然，所以我們也就不太會注意。蘇格拉底式的質問能夠揭開那層偽裝。一項看來太過清楚明白或者太過神聖而不該受到質疑的信念，就此被叫上證人席。在質問進行期間，這個信念不再是你的一部分。這個信念在過去一再透過你說話，現在則是你對它說話。對抗性的思考可把我們和我們的偏見及預期區分開來。

柏拉圖後期的對話錄

柏拉圖早期的對話錄雖然使用蘇格拉底方法，卻沒有針對這種方法加以討論。他後期的對話錄較少使用這種方法，卻對其進行了更多的討論。到了那個時候，柏拉圖的其他觀念似乎也有所改變，所以很難知道他後期對於蘇格拉底方法所提出的評語，是不是都適用於早期對話錄裡的蘇格拉底所從事的行為。不過，我們應該至少看看柏拉圖在後期著作裡對於蘇格拉底方法提出的說法，因為從中可以看出他有多麼重視問與答的過程。

在柏拉圖筆下，「辯證（dialectic）」一詞在不同時刻有不同的意思③。不過，這個字眼一般來說指的是藉由問答方式追尋真理。柏拉圖後期的蘇格拉底將其描述為通往知識與發現的道路。

蘇格拉底：在這個國家或者其他任何一個國家裡，誰最能夠指引立法者執行工作，並且知道立法者的工作做得好不好？使用者是不是就是那個人？

赫摩給內斯（Hermogenes）：是。

蘇格拉底：而這個人就是懂得怎麼提問的人？

赫摩給內斯：是。

蘇格拉底：也懂得怎麼回答問題？

赫摩給內斯：是。

蘇格拉底：而懂得怎麼提問以及回答問題的人，你會把他叫作辯證者？

赫摩給內斯：是，我會這麼稱呼他。

《克拉梯樓斯篇》

在《理想國》裡，蘇格拉底描述了一個由哲學家統治的理想而公正的社會，而那些哲學家統治者最重要的特質，就是提出以及回答問題的才華。這項技藝被稱為通往真理的道路，不只是道德哲學的真理，而且是一切重要事物的真理。蘇格拉底在其中這麼質問格勞孔（Glaucon）：

你的理想要是真的實現，那麼你絕對不會希望這個理想國家當中的兒童，也就是你努力培養與教育的那些對象，你絕對不會允許這些未來的統治者變得像木樁一樣，全然沒有理性，卻又負責職掌最高層次的事務，對吧？

當然。

那麼你會制定一項法律，規定他們接受必要的教育，而這樣的教育將可讓他們獲得提問與回答問題的最高技藝，對吧？

是，他說，你我將一起制定這樣的法律。

那麼，你一定同意辯證是科學的最高等級，凌駕於其他所有科學之上；沒有其他任何科學的位階能比辯證更高——知識的本質也不可能比辯證更加深入，對吧？

我同意，他說。

《理想國》

柏拉圖不只把辯證視為一種方法，而且是一套哲學體系，在其中可以透過問與答的探究找出事物的本質④。本書沒有要探討哲學家國王、他們所認為的真理，或是柏拉圖後期的其他創新。不過，那些討論將會讓我們看到柏拉圖是多麼終生著迷於問與答的過程。他可能隨著年齡增長而對問答的用處有不同的解讀，但問答在他的願景當中一直都居於中心地位。

懷疑的副作用

蘇格拉底式的質問可讓你對一項主題獲得更明智的理解，讓你以比較緩慢的步調得出結論，並且能夠遏阻許多種類的愚行。不過，你必須付出的代價是放棄輕易確知自己的想法、自認沒犯錯的那種滿足感。這就是蘇格拉底式的取捨，而且其中涉及一項風險，也即如此一來，你自以為確知的事情不再是太多，而可能會變成太少。如果要決定這兩害何者為輕，也許你可以想想通常是犯下哪一種錯誤的人會造成比較多的傷害或者帶來比較多的好處：是聲稱自己什麼都知道的人，還是不這麼聲稱的人。也許你在這兩方面都可以想得到例子，但就歷史上而言，我會主張抱持懷疑態度的人通常會得到比較高的評價。

蘇格拉底式的取捨最令人擔憂之處，就是爭論雙方對於這一點的實踐如果程度不一，就可能會造成不公平的結果。我們每個人都希望對手能夠做出比較多的這種取捨。不過，所有人自然都不免擔心，如果我們對自己提出困難的問題，敵人卻沒有這麼做，那麼敵人必然會在爭論當中獲勝。這種做法看起來就像是單邊卸除武裝一樣。習於自省的蘇格拉底式人物將會遭到納粹式人物壓制，因為後者顯得對一切肯定無疑，從而擁有大批的追隨者。我們將得到詩人葉慈描述的那種結果：「品德崇高者猶疑不決，卑劣人物／則是充滿了激切的狂熱。」如果你沒有確定無疑的信念，那麼一旦遇到敵人，你要為什麼而戰？

你大概還是會為你向來所支持的事物而戰。不過，現在你這麼做的時候會**對議題的複雜性具有更多認識，對於另一方的觀點也會有更深入的理解**。蘇格拉底式人物不會因為這種知識而喪失能力，並且會**羞於把戰鬥意志奠基在愚蠢、對於事物的過度簡化，以及對於敵人的妖魔化之上**。實際上，不論面對什麼挑戰，你也都同時對抗著這些傾向。你是為了對於真理的熱愛而戰，就算你不能對這種熱愛主張獨占權也沒有關係。如果這樣的理念聽起來太溫和，不像是任何人會為其踏上戰場或者犧牲性命的信念，那麼我們可以慶幸我們擁有的不只是蘇格拉底的話語，而是還有他的模範。

注釋

① 關於柏拉圖對於問答形式的喜愛，進一步的討論可見於Robinson, *Plato's Earlier Dialectic*, 65–67。

② Wigmore, *Evidence in Trials at Common Law*, § 1367。

③ 見Robinson, *Plato's Earlier Dialectic*, ch. 6，尤其是69–70；Kahn, *Plato and the Socratic Dialogue*, ch. 10。

④ 見這些著作的討論：Janssens, "Concept of Dialectic in the Ancient World," 175–76；Robinson, *Plato's Earlier Dialectic*, 71–75.

第六章 反詰法

- 勇氣的辯論II
- 羞愧的意涵
- 使用反詰法的多重目的
- 一致性與真理
- 持續一致的錯誤
- 自我檢驗

反詰法（elenchus）是蘇格拉底經常使用的一種程序。蘇格拉底不以「elenchus」一詞描述他的做法，但有時會使用這個詞語的變形。這個詞語的主要意義是「找尋」，其詞源還包含了測試、反駁，以及羞辱和取笑等概念。這個詞語有時會被別人用來指稱廣義的反駁，而蘇格拉底式的反詰法只是其中一個種類。另外有些人則是認為運用反詰法就是蘇格拉底方法。我認為這種想法是錯的，但這點顯示了反詰法在對話錄裡占有多麼核心的地位。

反詰法雖然名稱看起來陌生，卻不是一個晦澀難懂的概念。這是一種在爭論困難議題上有用且為人所熟悉的技巧，卻沒有被充分運用。本章說明這種技巧在對話錄裡怎麼發揮作用，第十七、十八章則是說明在實務上怎麼創造反詰法。

勇氣的辯論 II

蘇格拉底式的反詰法可以用幾種不同方式定義，而且有些學者認為這種手法有太多不同型態，因此根本無法定義。不過，關於這個用語所代表的意思，最常見的說法如下：你提出一項主張，蘇格拉底促使你同意另一項主張，然後他再證明你同意的這個新論點和你先前說的話並不一致，而且這樣的結果有時頗為出人意料。簡言之，他會造成你自相矛盾。

反詰法通常是一種細膩的手法，或者應該說是其獨特性相當細膩。你很可能會閱讀了一段反詰法卻沒有意識到這一點。以下是個簡單的案例，摘自我們在第三章概述過的那段對話。相信你還記得，蘇格拉底問了拉凱斯勇氣是什麼。

拉凱斯：我認為勇氣是一種心理上的堅持不懈。如果要界定勇氣在各種情境下的本質，那我會這麼說。

蘇格拉底：我們確實必須這麼做，這樣才能回答我們向自己提出的那個問題。好，我要告訴你我的想法：我不認為你會把所有堅持不懈的表現都視為勇敢。拉凱斯，之所以會這麼說，原因是我幾乎可以確定，你認為勇氣是一種令人欽佩的性質。

拉凱斯：沒錯……

蘇格拉底：可是不明智的堅持不懈呢？這樣的行為不是反倒危險又有害嗎？

拉凱斯：的確是這樣。

蘇格拉底：如果一個東西有害又危險，你會認為這東西令人欽佩嗎？

拉凱斯：不會。蘇格拉底，那樣的說法站不住腳。

蘇格拉底：所以你不認為這種堅持不懈是勇敢的表現，因為這種行為不令人欽佩，而勇氣是一種令人欽佩的性質。

拉凱斯：沒錯。

《拉凱斯篇》

注意其中的反詰法。拉凱斯說勇氣就是堅持不懈（這是一號主張）。接著，蘇格拉底促使他同意另一件事（二號主張）：勇氣是令人欽佩的性質，對吧？拉凱斯同意了這一點之後，他的定義即無法成立；一號主張與二號主張並不一致，儘管他花上一點時間才理解到這一點。蘇格拉底促使他同意堅持不懈有時是愚蠢的行為，意思就是說這種行為不令人欽佩，所以表示這種行為不是勇敢的表現。注意蘇格拉底在每一步都利用問題取得對話夥伴的贊同。你剛剛是不是說了這個，那你是不是也認為那樣——而這兩者是不是互相牴觸？這樣的做法非常重要，原因是如此一來，等到最終結果出爐的時候，拉凱斯乃是自我牴觸，而不是被蘇格拉底所牴觸。他必須為這個問題負起完全的責任。

蘇格拉底一旦發現不一致性，就表示你說的話至少有一點需要放棄或者修正。不過，究竟是其中的哪一點可能不是明白可見。在上述的例子裡，拉凱斯可以說：「嗯——也許勇氣終究未必是一項必然令人欽佩的特質。」不過，這樣的情形很少發生①。這有可能是對話錄令人感到洩氣的原因之一。有個人提出X這項主張，然後蘇格拉底證明這項主張與對方後續承認的Y不一致。他的對話夥伴通常因此捨棄自己的主張，而不是重新考慮自己後續承認的那件事。實際上也許應該更常是相反的狀況，而且原則上也沒有理由不該是如此。不過，蘇格拉底總是致力於把Y陳述為比先前的主張更加堅實的論點。

蘇格拉底在所有早期的對話錄裡都使用了反詰法。舉例而言，在《高爾吉亞篇》裡，卡利克勒斯主張美好的人生就是帶有最多快樂的人生。蘇格拉底沒有正面攻擊這項主張。他問卡利克勒斯，一個孌童的喜好如果受到滿足，那麼算不算是擁有美好的人生②（他所謂的「孌童」大概是指扮演順服角色的同性戀男子或者男妓——在希臘文化裡是地位非常卑下的人）③。卡利克勒斯無法承認他同意這個說法，但也沒有否認。他試著改變話題。於是，蘇格拉底引導卡利克勒斯陷入另一項比較沒有那麼尖銳的矛盾。他問，懦夫和愚人算不算是壞人。卡利克勒斯說是。蘇格拉底得到了他想要的坦承之後，完成反詰：懦夫和愚人是不是和勇敢又明智的人享有一樣多的快樂？（是。）啊哈！所以壞人也和好人擁有一樣多的善（因為他們享有一樣多的快樂）。由此可以證明善與快樂並不相同。卡利克勒斯只好捨棄自己原本的立場，而改採一項經過修正的立場：快樂即是善，但有些快樂優於其他快樂。於是，他們再接著後續的討論。

羞愧的意涵

蘇格拉底提出以上那項論點在邏輯上是否妥當，產生許多爭論④。無論如何，值得注意的是蘇格拉底提出的那些論點不必然能夠對卡利克勒斯以外的其他人證明任何事情。卡利克勒斯大可說他對於孿童或者懦夫沒有偏見。不過，這個選項對他不適用，因為他受限於自己的信念或是對於羞愧的恐懼。蘇格拉底用來辯贏卡利克勒斯的證據，其效力只緣於他的自我限制。蘇格拉底面對的如果是身在另一個時間與地點的卡利克勒斯，也許就必須利用不同的例子才能讓反詰法奏效。

請注意，羞愧在蘇格拉底式質問裡發揮的效力有兩種⑤。有時候，羞愧會迫使蘇格拉底的對話夥伴承認一件事物，原因是否認會令人太過尷尬⑥，可能是出於在意別人的看法。這類羞愧會因時間與地點而有所不同，而其是否理性也取決於個人所處的社群是否理性⑦。我們對自己或者其他人的一致性提出質疑的時候，必須要記住這一點。就蘇格拉底而言，恐懼於別人會怎麼說、怎麼想，不該在道德推理當中存在。恰恰相反，這種恐懼是對於真誠探問的一項威脅，因此必須確切排除在外。不過，你如果認為其他人是對的，那就又是另一回事。這麼一來，真正令你羞愧的事物就在你面前，其他人的觀點只是向你提醒了這一點。

出現在蘇格拉底式質問裡的羞愧，也有可能是你對自己的缺乏一致性所產生的反應⑧。這種羞愧不取決於時間、地點，或是你所處社群理性與否。這是一種不自在的感受，原因是你理解到自己根本不知道自己在說什麼，或是確信自己正確無誤，卻發現實際上並非如此。這是一種自己造成的羞愧，純粹存在於你和你自己之間，所以即便是時代相差數千年，而且置身於完全不同情境下的人，對於這種羞愧的感受也都是一模一樣。感覺到這種羞愧，代表你有所進步。

使用反詰法的多重目的

反詰法對於在對話裡受到質問的人可能會帶來不同的結果。首先，這種做法可能會證明那個人內心其實不相信自己聲稱相信的事情；也可能證明那個人其實不知道他自以為知道的事情、一項主張站不住腳。這種反詰法被稱為「滌清式」反詰法，原因是這種做法能夠滌清別人自以為擁有知識的自負，而以比較精確的無知感受取而代之⑨。

懷疑主義者喜歡滌清式反詰法，因為他們不想證明任何事情，只想要去除所有人虛假的確定感受（第十六章還會進一步探討這一點）。有時候，這似乎也是蘇格拉底所做的事情，而且這的確是他對部分讀者造成的影響。不過，也可以採取不同的方式來看待他追求的目標。他不只是致力於剝奪對話夥伴的確定感受，而是希望他們覺得自己受到了反駁，這兩者並不完全一樣。他可能也想要藉著言外之意而暗示其他主張的真實性⑩。

前述的這一點又能夠引導到反詰法的第二種用法：抵擋一項真實主張所受到的質疑。蘇格拉底說他認為X為真，然後向否認X的人證明他們自相矛盾。這種做法被稱為「防衛性」反詰法，因為這種反詰法的用途在於支持一項主張，採取的手段是證明這項主張有多麼難以反駁，而不是證明別人的無知⑪。說得白話一點，反詰法可以用來支持一項主張，做法是證明那項主張要被人批評不成立有多麼困難。再一次，《高爾吉亞篇》提供了一個例子。蘇格拉底利用反詰法證明作惡比身為別人作惡的受害者更糟糕。他沒有直接宣稱自己知道這點為真，但他說沒有人能夠成功提出與此相左的論述。

> 我的說法從來沒變過：我自己不知道這些事情的事實為何，但我從未遇過任何人能夠反對我說的話而又不至於讓自己顯得荒謬，包括今天在場的各位都是如此。
>
> 《高爾吉亞篇》

因此，蘇格拉底方法不只能夠證明別人（或者你自己）大言不慚的主張終究總是不免分崩離析，儘管揭露這樣的結果的確是蘇格拉底方法的一個傾向。蘇格拉底方法也可以是為一種觀念辯護的手段。或者，反詰法也可以用於檢驗一件事物所受到的解讀——例如當時的神諭，或是當今的一則訊息。如果有人加以否定，就可以看看接下來會有什麼樣的結果。

一致性與真理

反詰法主要是一種反駁主張的工具。這樣的說法乍聽之下似乎頗為無趣。誰會想要把所有時間都花在否證事物上？建設不是比拆毀來得好嗎？不過，以蘇格拉底的觀點來看，這兩者其實是一體的兩面。彌爾說得最為貼切：

當今的潮流是貶抑負面邏輯——這種邏輯指出我們在理論上的缺陷或是實踐上的錯誤，但不建構正面的真理。以終極的結果看來，這類負面批評確實極為不足；但做為一種能夠讓人獲取正面知識或者堅實信念的手段，這種負面批評再怎麼受到重視都不為過；直到眾人再度普遍習於採取這種做法之前，將難以出現偉大的思想家，而且除了在數學與物理思考的部門之外，平均智識水準也將極為低落。在其他任何主題上，一個人的意見如果要稱得上是知識，就必須在別人的強迫之下或是出於自己的主動，而經歷形同和對手進行積極爭辯的那種心智歷程。⑫

這是對蘇格拉底方法一項堅定而又高度推崇的觀點。蘇格拉底方法是否證的技藝。如果不精通這種方法，你就別想接近真理。

但另一方面，蘇格拉底看起來也確實抱有一些屬於他自己的正面信念。第十四章將會加以探討。他的那些信念來自何處，以及他對於反詰法的運用是否有可能推導出那些信念，是備受各方爭論的議題。有些讀者認為不會：任何的確切信念都必然來自其他地方，而反詰法唯一能夠證明的，就是他的對話夥伴提出的言論並不一致⑬。這樣也許能夠證明他們其實不是真的知道，或者相信他們所以為的那些事情，但是沒有證明哪些信念是對的（也有可能都是錯的）。簡言之，蘇格拉底單純只是反駁別人，而不論是他還是我們，都無法由此得出任何肯定的結果。不過，另外也有一些人——其中以弗拉斯托斯最為著名——則是抱持不同觀點。他們認為蘇格拉底藉著運用反詰法來收集知識⑭。怎麼說呢？

首先，蘇格拉底有時候說的話，確實會讓人覺得反詰法似乎能夠證明信念的真實性，也就是在揭露矛盾並且加以化解之後，仍然成立的那項信念即是真的。回到我們先前談及他所提出的那項主張，亦即對別人作惡（並且逃過懲罰）比起身為別人作惡的受害者更糟糕。他的對話夥伴波魯斯（Polus）不同意這個說法，但他的立場後來被證明與他所坦承的其他看法並不一致——這正是典型的反詰。接著，我們看到了這段交談：

> 蘇格拉底：我剛剛說，不管是阿奇勞斯（Archelaus）還是其他任何人，如果作惡而不受到懲罰，下場可能會比別人都還要糟；作惡為人帶來的痛苦，總是比遭到別人作惡更嚴重；而且比起付出受罰的代價，逃過懲罰總是會讓人覺得更悲慘。我剛剛是不是這麼說的？
>
> 波魯斯：是。
>
> 蘇格拉底：那我的話是否證明是正確的？
>
> 波魯斯：看起來顯然是這樣。
>
> 《高爾吉亞篇》

你如果明白反詰法的功效和侷限，那麼這段交談應該會讓你感到震驚。蘇格拉底顯示波魯斯的反駁會自我牴觸，但這樣要怎麼證明蘇格拉底是對的？首先，他只證明了波魯斯相信兩件互相牴觸的事情，但沒有證明何者必須受到捨棄。不過，假設波魯斯同意必須捨棄自己原本的觀點，這樣看起來還是沒有確立任何事情。你針對我的觀點所提出的反對論點如果證明是錯的，我的觀點不會因此得證為真。至少表面上看起來是這樣。

有些學者把《高爾吉亞篇》的這項主張視為一個異常現象[15]。蘇格拉底通常只是反駁別人說的話，而不會主張自己證明了任何事情。不過，假設我們堅持要為這段交談提出解釋。弗拉斯托斯提出的解決方案如下：依據蘇格拉底的觀點，每個人都擁有一些真實的信念。這可能是因為我們天生就懷有那些信念（如同蘇格拉底在《米諾篇》裡指出的），或者也許每個人都有個至少偶爾確切無誤的良心[16]。無論如何，你抱持的虛假信念如果擴展到一定的程度，將會與部分的真實信念產生衝突。如果發現有一項信念不會和你抱持的其他任何信念產生衝突，那麼這種欠缺衝突的現象——這種一致性——就多多少少證明了那項信念的真實性。那項信念歷經眾多考驗而沒有遭到淘汰。

根據這項理論，蘇格拉底的個人計畫就是要累積真理。只要持續找到更多相互一致的觀念，他的收集成果就會慢慢增長。隨著他收集的一致主張愈來愈多，他就會愈容易辨識出虛假而加以排除。然後，像波魯斯這樣的人對他提出相反的立場，結果事實證明沒有成功，原因是那項立場與波魯斯抱持的其他想法還有蘇格拉底可能懷有的想法不一致。如此一來，蘇格拉底的那套信念就又有一個挑戰者鎩羽而歸，那套信念正確無誤的可能性又上升了一點點。隨著一項命題陸續在不同條件下得以成立，我們對這項命題的信心就會逐漸提升。反詰法因此成為一項追尋真理的工具，而不只是用於反駁別人說的話。反詰法能夠造就累積式的一致性。

累積的一致性不只具有令人安心的效果，還會增廣你的知識以及你對自身知識的信心；這種效果會如滾雪球般愈滾愈大。如此一來，反詰法就有助於自我的形成，能夠促使你釐清自己的道德良知。你抱持的不同觀點相互矛盾，因此必須決定要留下哪一個並且捨棄哪一個。這就像是一項內在的錦標賽，由各種觀念互相競逐爭勝。經過許多回合的比賽之後，你會增進對自己的了解⑰。因此，蘇格拉底方法有助於達成德爾菲阿波羅神廟入口上方銘刻的那句箴言：**認識你自己**⑱。

這項理論也可解釋蘇格拉底為何能夠一方面聲稱自己什麼都不知道，卻還是對困難的問題擁有信念——例如作惡比身為別人作惡的受害者更糟糕，或者其他各種觀點。那些信念算不上是他知道的事情，而只是在他眼中看來真實無誤，原因是那些信念通過了截至目前為止一切的檢驗。未來的某項論點或是某個對手，還是有可能證明蘇格拉底提出的主張在某個面向並不成立。所以，如果說一致性是真理的試金石，那麼這個方法永遠不會徹底確立一個問題的真偽，而是會迫使你抱持暫時性的觀點，而永遠必須追尋更多的證實或反駁。

持續一致的錯誤

可是，一致性做為真理的檢驗到底有多可靠？再次強調，根據弗拉斯托斯的說法，蘇格拉底的假設是每個人都至少擁有一些真實的信念——一些可靠的基礎道德直覺。虛假的信念終究不免與這些直覺牴觸，尤其是你如果受到蘇格拉底檢驗的話。這項假設在許多情境當中都非常有效，但不表示在所有情境當中都必然如此。一個引人入勝的問題是，一套引人反感的觀念有沒有可能具備內部的一致性，不論是橫向比較還是從上到下的縱向層次都是如此，以致即便是最堅決要在這套觀念的持有者身上找出矛盾的嘗試，也不免以失敗收場⑲。在柏拉圖筆下，蘇格拉底就提出了這個一般性的問題。

克拉梯樓斯：你有明確的證據顯示他沒有錯失真理，而那項證據就是他具備完全的一致性。你是不是曾經表示，你說的一切話語都帶有相同的性質與目的？

蘇格拉底：可是，我的朋友克拉梯樓斯，那不算是答案。因為如果他的起點就是錯的，那可能會迫使後續的話語和起初的錯誤還有他自己相符；這點絲毫沒有任何奇怪之處，就像幾何圖形也經常在一開始出現一項不易看見的細微缺陷，從而導致後續漫長的演繹一直不斷錯下去。這就是為什麼每個人都應該把主要的思考與注意力投注於檢視自己的基礎原則：這些原則是否正確？一個人一旦適切篩選了自己的這些原則，其他的一切就會水到渠成。

《克拉梯樓斯篇》

或許你記得類似的經驗，也就是與你爭論的對象所抱持的信念雖然駭人，卻是極為一致。問題在於那樣的信念是否的確真實無虛，還是只是因為你缺乏蘇格拉底的天分，以致找不出其中的不一致之處。這個問題在古雅典相當困難，在今天也是一樣。我們生活在極化情形嚴重的時代，不同的人對於這個世界各有不同的基礎直覺。蘇格拉底式問題的重點不只在於那些人表面上提出的觀點是否與他們內心深處抱持的觀點互相一致，而是他們內心最深處的信念是否都互相一致。不過，你愈接近那些深層信念及其一致性，對方就會擺出愈激烈的防衛姿態。這就是為什麼蘇格拉底式質問極少會造成政治立場的突然轉變——實際上根本是聞所未聞。緩慢的轉變也許有可能。

你可能會認為以上的陳述正是你對手的寫照：他們聲稱相信的事物其實與內心深處真正知道的事情並不一致，卻很難促使他們認知這一點。蘇格拉底會說，你這樣的想法大概沒錯。不過，他也會把同樣的說法套用在你所抱持一切看似毫無缺陷的信念之上，因為一般人常犯的毛病，就是認定蘇格拉底式質問如果真的有效，終究會促使所有人認同你的意見或者政治立場。蘇格拉底式實踐當中一項重要的初期目標，就是要消除這類幻想。**懷疑主義最該瞄準的第一個對象不是別人，而是自己**。

以更寬廣的眼光看待這一點：如果每個人的態度都變得遠比現在更具蘇格拉底色彩，你可能會想像他們在致力於和相同的主要真理達成一致的過程中，應該會全部逐漸趨向共同的觀點——或者應該說，除非你是火星人，才會這麼想。在地球上，這是不太可能發生的情形。不過，一個蘇格拉底方法蔚為流行的世界——儘管這種情形同樣難以想像——仍然會是一大進步。眾人將會遠比目前更能夠認知到自己有可能是錯的，或者自己的理解可能有所不足。這麼一來，他們將會對彼此較為寬容，對話的時候也比較可能會有所進展。自以為是的霸道態度會令長者感到厭憎與難為情，年輕人則是會對其嗤之以鼻，認為這種態度就蘇格拉底式的觀點而言並不正確。相較於完美的蘇格拉底式和諧，這自然只能算是小幅的進步，但和我們當前的狀態比較之下，則是極為重大的改善。而且，就算我們沒辦法擁有那樣的世界，那麼在當前的世界裡建立少數幾個像那樣的小基地應該不算是太過分的要求。

自我檢驗

不過，說到自我懷疑，你怎麼能夠把反詰法運用在自己身上？就某些方面來說，這是不可能的事，或者近乎不可能；另外就某些方面來說，雖是困難卻非不可能。先就前者來說：在對話夥伴之間，反詰法的作用就像是陷阱。蘇格拉底促使對話夥伴對一項看起來沒有問題的命題表示同意，然後再往回推導，從而證明這項命題與對方先前提出的主張互相牴觸。不過，你要布下這樣的陷阱，就必須在提問的時候預先看出其中的矛盾。蘇格拉底誘使對話夥伴對一項有害其自身立場的命題表示同意，原因是蘇格拉底知道這項命題後續會帶出什麼樣的結果，但他的對話夥伴並不知道。這種做法在你比對話夥伴更清楚預見後續發展的情況下，自然能夠發揮效果，但你沒辦法對自己這麼做。這就像是要嚇唬自己一樣，是不可能的事。

不過，雖然沒辦法把這種反詰型態應用在自己的思考上，卻還是能夠應用其中的要旨。反詰式思考就是找出你當下說的話與你相信的其他事物之間的矛盾。這種探究隨時隨地都可以進行。你檢視自己的信念，盡可能將其含義推導到極致，並且在你感到畏縮之後仍然持續前進。你以極端案例加以測試；從不同觀點加以檢視，想像你的觀點在檢驗後，其勝敗結果要是翻轉過來，你又會怎麼看待這個觀點；除此之外，我們在第十八章以及其他地方還會看到別的問題。

我們很難有效地對自己提出這些問題。每個人都有盲點，也很善於說服自己是唯一的例外；我們的不一致看在別人眼裡極為刺眼，自己卻沒有感覺。聰明的人都認為自己比別人更善於避免這項危險，但他們恐怕是情況最嚴重的一群。由於他們頭腦靈巧，能輕易找出方式讓他們的觀點在自己眼中顯得諧調合拍。也許這就是為什麼最聰明的人向來不以「最有道德」或者「最可敬」等特質著稱。

對於這些問題的回應曾在第四章討論過，也是本書的整體主題：在心智裡發展出一項蘇格拉底功能，不但抱持懷疑態度，而且堅持追問不懈。理解反詰法與這個主題的關聯性為何？我們能藉此更明白，發展蘇格拉底功能需要花費多少力氣。一個內化的蘇格拉底必須從事一項由兩個人做起來遠遠比較容易，而且也會溫和許多的工作。如果是由一個人對另一個人使用反詰法，揭露不一致感覺可能不會那麼痛苦。這樣的做法是藉由一條迂迴的路徑揭露出你的矛盾，而且你在過程中對於每個步驟都表達同意。一名親切的夥伴一面推動這項程序，一面又讓你覺得你們是共同思索著一個問題。如果你沒有對話夥伴，就沒有人能夠以這種方式推進或者柔化此一過程。反詰法勢必為蠻力所取代。

所以，以蘇格拉底姿態看待自己的思考，是心智的英勇表現。第四章把蘇格拉底方法的個人版本比擬為在沒有教練協助的情況下運動。現在，我們可以看出這種做法更像是對自己進行手術，而且遠比由別人動手還要困難得多，不但在實務上如此，而且也是因為根本不可能麻醉。一旦失去勇氣，不會有夥伴幫助你完成切割工作。這項比喻聽起來很嚴苛，原因是這項程序一旦認真施行起來，確實就是如此。最好的補償——也就是說，要把對於自我的蘇格拉底式檢視變得讓人能夠忍受，最好的方法就是對於自己總是犯錯的事實抱持正面態度。本章先前的部分顯示，這樣的態度也許能夠讓別人比較容易忍受我們。同時也能夠讓找尋真理變得比較容易，因為這麼一來，你就不會那麼迫切地緊緊抓著自己的觀點不放。你會習於這樣的概念：你的想法不但經常是錯的，而且出錯的頻率也比自以為的還要高（這是你犯的另一個錯）。這樣可以讓你在挖出下一個例子的時候不至於感到那麼痛苦。

注釋

① 舉例而言，見《卡米德斯篇》164c；《高爾吉亞篇》482de。
②《高爾吉亞篇》494e。
③ 如欲探索這項議題，見Kahn, "Drama and Dialectic in Plato's *Gorgias*," 3:80。
④ 卡利克勒斯沒有注意到這項論點當中的一個問題：蘇格拉底對於用來描述人與經驗的「善」沒有做出區別。這個問題也許能夠克服，但也有可能不行。關於這一點的討論，見Kahn, "Drama and Dialectic in Plato's *Gorgias*," 3:82；Santas, *Socrates*, 270–78。
⑤ 關於羞愧在反詰論述中扮演的角色，見Woodruff, "Socrates and the Irrational," 132–35 and 143–46；Kahn, *Plato and the Socratic Dialogue*, 134ff。
⑥ 見Kahn, "Vlastos's Socrates," 1:173。
⑦ 關於這點的進一步探討，見Woodruff, "Socrates and the Irrational," 133。
⑧ Woodruff, 144–45。
⑨ Woodruff, "Skeptical Side of Plato's Method," 26–28。
⑩ 見Woodruff, "Expert Knowledge in the *Apology* and *Laches*," 107。
⑪ Woodruff, "Skeptical Side of Plato's Method," 26, 28–29。
⑫ *On Liberty*，收錄於Robson, *Collected Works of John Stuart Mill*, 18:252。
⑬ 見Grote, *Plato and the Other Companions of Sokrates*, 292。
⑭ Vlastos, *Socratic Studies*, 17–29。關於弗拉斯托斯的理論所引起的許多反應，見這篇文章的評論：Wolfsdorf, "Socratic Philosophizing"。
⑮ 舉例而言，見Kraut, "Comments on Gregory Vlastos, 'The Socratic Elenchus' "，以及Benson, *Socratic Wisdom*, 57–95，其中檢視了許多反詰法的例子，而發現蘇格拉底從來不曾明確聲稱（就算有也是少之又少）這種做法能夠讓他得出確切的結論。
⑯ 這項提議出現於Woodruff, "Socrates and the Irrational," 145–46。
⑰ 見Brickhouse and Smith, "Socrates' Elenctic Mission," 126–27。
⑱ 關於這一點，見Brickhouse and Smith, *Plato's Socrates*, 101–2。
⑲ Rorty, *Philosophy as Cultural Politics*, 67–68提出了一項類似的說法：「沒有人會想要和納粹的艾希曼或者蘇聯的蘇斯洛夫

同桌用餐，但我們可以輕易想像這些人針對自己是什麼樣的人以及他們從事的行為所提出的說法，必然與歐威爾和特里林針對自己的人生所提出的敘述，以及我們對自己述說的人生故事，都具有相同的一致性。」

第七章　一致性

- 內部批判
- 多功能的內部批判
- 不一致性與真理
- 照顧心靈
- 抗拒心態
- 對一致性漠不關心的人
- 隨時可以應用

我們已經見過反詰法的運作方式。反詰法透過**證明你的話和你所抱持的另一個想法互不一致**來達到反駁的目的。本章從更廣泛的角度進一步思索一致性的議題，因為這在蘇格拉底方法當中占有核心地位。我們將思索蘇格拉底為什麼認為一致性如此重要、一致性與真理的關係，還有一致性的問題為什麼有時候在我們眼中看來並沒有他認為的那麼迫切（以及這個問題是否應該更受到關注）。

內部批判

我們都自然而然地想像哲學家——例如蘇格拉底這樣的人——必定會試圖說服你接受、打從心底加以認同他的想法。不過，蘇格拉底方法不是這麼一回事。或者，你可能會認為蘇格拉底如果要證明你是錯的，就會攻擊你說的話，指稱你的話不符合事實或者在道德上令人反感。蘇格拉底方法也不全然是這麼一回事。蘇格拉底方法在其古典形式下，乃是由**內部批判**構成。**這個方法會檢測你是不是與自己一致，以及你是否真的相信你認為自己所抱持的所有信念**。蘇格拉底不會對你說「你錯了」；他是向你證明、讓你認為自己錯了。這點可以解釋蘇格拉底這項做法的價值，也就是在對話過程中經常停頓下來，讓夥伴說：「我同意。」那些停頓表面上看起來也許顯得沒什麼意義，但實際上並非如此，因為他最終的目標是要證明，他的對話夥伴並不同意自己原先的想法。

這才是反詰法的核心：**以被質問者的觀點做為與對方爭論的主要資源**。曾經有一名旁觀者要求蘇格拉底指出泰鄂提得斯提出的一項理論有什麼問題。蘇格拉底答道，這不是他的行事方法。

蘇格拉底：你認為我就像是觀念的貯藏庫，能夠從中直接挑出一種觀念，而主張那個理論錯了。我雖然喜歡這種想法。但你忽略了當下發生的狀況：所有的觀念都不是來自於我，而總是來自於和我對話的人。我的知識僅限於對從別人身上得到的觀念懷有合理的理解，而且是聰明的觀念。所以，在這個例子當中，我也不會試圖表達我自己的意見，而是設法獲取泰鄂提得斯的觀點。

《泰鄂提得斯篇》

蘇格拉底誇大了自己的被動性。的確，他是利用別人的坦承加以反駁對方說的話。不過，他們承認的那些事情卻是由他提出，而要提出那些事情可能需要發揮高度的想像力。儘管如此，他的確是以對話夥伴的信念做為起點，然後在推動對話前進的時候持續採行那些信念。你如果對他說你不信服他說的話，他就會找出其他你信服的東西，再用來和你爭論①。他的對話夥伴一旦發現自己被困住了，就是受困於自己的信念，或是他們認為自己抱持的信念——他們有時甚至是接受提問之後才意識到自己懷有那些信念。蘇格拉底以繩索把他們綁縛起來，而那些繩索正是由他們自己的同意所構成，甚至是他們自己造就的結果。

多功能的內部批判

內部批判的使用，有助於說明蘇格拉底方法為何歷久不衰。首先，這樣的做法使得任何人都能夠掌握權力，因為運用內部批判不需要什麼重大理論，也不需要多少哲學知識或事實知識。不過，運用內部批判確實需要想像力與技巧；你必須懂得如何聆聽，以及如何想出好的問題。此外，你也必須要有能力看出一項原則能夠通往什麼結果，以及在什麼地方會遇上問題。不過，施行這種方法的材料全都在你的對話夥伴或者你自己身上，依照情況而定。就像是一種身材瘦小的人也可以精通的武術，因為這種做法乃是借力使力，以對手自己的力量對付他們。他們的主張之所以失敗，原因是其中帶有的含義超出了他們的承擔能力。

第二，內部批判是一種隨時適用的方法。這項方法要奏效，並不取決於任何特定的情境或信念。蘇格拉底尋求的目標是要讓自我的不同面向攤牌，而這樣的對決總是有可能受到安排。這就像是為樂器調音，但不是使用調音叉，而是檢測那件樂器本身的調音是否和諧。這種調音天分是萬用的。任何人都可以把這樣的技藝應用在自己或其他任何人身上，不管是在西元前四〇〇年還是今天都不例外。

不一致性與真理

接下來，且讓我們想想蘇格拉底為什麼認為不一致是如此嚴重的問題。首先，不一致即是一種錯誤。假設你發現自己抱持兩項信念，這兩項信念卻是無可否認地互相牴觸，顯然不可能兩者都是對的。這麼一來，就表示你相信一件虛假的事情，不然就是你聲稱自己抱持這兩項信念的說法並不真實。從這個角度來看，內部不一致性並不是特殊的問題。這只是一種證明方式，但證明的力道相當強烈。反駁一項主張的做法，通常就是證明那項主張牴觸某件事物——可能是牴觸事實，或者牴觸邏輯規則，或者牴觸你其他的話。最後的這種不一致性，正是蘇格拉底最喜歡使用的方法，而且也確實深具說服力。別人如果證明你的觀點牴觸某項新資訊，你可能會懷疑那項資訊的真實性；可是你的信念如果互相牴觸，即是以更直接的方式令你感到不自在：你無法攻擊那項研究的作者。

一致性的測試有助於遏阻真偽任人操弄的擔憂。這樣的擔憂有時會在經過長時間暴露於蘇格拉底式質問之後出現。以蘇格拉底的方式追尋真理，是極為辛苦的事情。蘇格拉底是反駁大師，所以會令人對於一切重要的事物都感到難以確定。沒有受到反駁的結論僅是暫時成立，因為這些結論仍有可能被駁倒。不過，至少對於何謂虛假的追尋是確切無疑的。你要是說出兩件不可能同時正確的事情，那麼你就是錯了。對於蘇格拉底方法的實踐者而言，確切的錯誤反而令人覺得安心，甚至是歡迎這樣的感受。確定性不論來自何處，都一樣令人欣喜。

不過，我們現在應該要為不一致即等於必然錯誤的那個說法加上限定條件。首先，那個說法是針對互不一致的命題而言。有時候，其他類型的不一致性可能毫無問題地存續下來，而這種情形通常表示那些不一致性其實不是真的不一致。舉例而言，**一個人完全有可能在理智的狀況下同時支持兩項看起來互不一致的政策，因為這兩項政策有可能是在不同利益之間經過理性思考之後的妥協結果**。第二，一致性的主張（或是其他任何主張）不一定是支持某項觀點的必要條件。有時候，我們會基於和理性完全無關的理由而抱持特定的道德信念。蘇格拉底自然會對這樣的信念提出問題，也會質疑你是否確定這樣的信念具有足夠穩固的基礎，但他有時也會聲稱自己受到上帝以及某種內在的神聖聲音所指引②。這也不是我們現在探討的問題。

對於蘇格拉底方法的目的而言，之所以會有一致性的問題，原因是你提出了兩項不可能同時都正確的信念。你試圖針對一個問題進行推理，想要提出真確的說法，卻難以讓這些說法相符。這就像是一份資產負債表，經過計算之後發現最後的總額不正確。由此可見其中一定出了什麼錯誤。你如果不在乎，那當然是你自己的事情——但你要是不在乎，又為什麼要使用資產負債表？只要在意理性，矛盾就會令你感到不自在，甚至是羞愧。如果矛盾不會帶給人這樣的感受，那麼蘇格拉底也許就必須再回頭努力工作了。

對於一致性的重視，植根於蘇格拉底計畫的核心價值。我們可以圍繞著任何一種這類價值而建構一套倫理體系，諸如平等、效益、自由等等。蘇格拉底以真理做為起點：追尋真理，熱愛真理，陳述真理，不論這麼做有多麼危險。

> 蘇格拉底：我捨棄世人追求的榮譽，只渴望得知真理，並且盡我所能活出最好的人生，在我死的時候也是盡我所能以最好的方式死去。此外，我也竭盡全力敦促所有人這麼做。
>
> 《高爾吉亞篇》

像這樣的文字，顯示蘇格拉底認為研究倫理問題可以找出真理，而不只是意見或者觀點。你不必抱持這樣的立場也可以有效運用蘇格拉底方法，但認真研究這種方法至少會促使你面對他的立場。蘇格拉底擁有一套罕見的信念組合：一方面認定真理存在，同時卻又對自己是否知道真理抱持謙遜態度（想想看與此相反的狀況在目前已變得多麼常見）。這就是不一致如此重要的部分原因。不一致不只證明你錯了，而且也證明你有可能會錯。關於一道倫理問題的答案目前錯了，還是可能存在正確的答案，或者至少是比較好的答案。我們如果有可能因為不一致的拙劣推理而遠離那些答案，那麼應該也能夠藉著一致的良好推理而趨近那些答案。

照顧心靈

我們已經看過不一致如何顯示推導出這種結果的推理必定有問題。不過，在蘇格拉底的眼中，不一致性不只代表這一點，而是也顯示了**自我當中存在著問題**，就像是X光片裡的黑影一樣。的確，蘇格拉底把內部矛盾視為一種道德疾病。先前的討論提及蘇格拉底式探究就像是樂器依據自己的音準從事調音。這個樂器走音的比喻，是蘇格拉底提出的。卡利克勒斯說，作惡卻沒有被人逮到是一件好事。蘇格拉底於是引導他對其他一些論點表示同意，最後才發現那些論點與他說的話互相牴觸。然後，蘇格拉底提出警告，指稱卡利克勒斯對於擺在自己面前的這項論點如果找不到出路，將會有什麼後果：

> 蘇格拉底：卡利克勒斯，你如果不反駁這項論點，那麼我憑著埃及的聖犬向你發誓，這項論點絕對會造成你與卡利克勒斯的摩擦；你的內心將會終生處於不和諧的狀態。不過，我的朋友，在我看來，我寧願是個彈奏著走音的里拉琴的樂手，寧願是個領導著嘈雜刺耳的合唱團的團長，我寧願全世界的所有人都發現我的信念是錯誤的，也不願只有我這個人和我自己牴觸衝突。
>
> 《高爾吉亞篇》

這段話比當今大多數人會用來談論不一致性的用字遣詞更加強烈，源自蘇格拉底對於美好人生所懷有的特殊觀點：**一個人如果相信兩件不可能同時正確的事物，那麼這個人要不是處於昏睡狀態，就是陷入了瘋癲**。這麼一個人實際上沒有什麼想法，只是自以為有而已。他對於自己是什麼人缺乏理解，因此也就荒謬而不自知。

> 蘇格拉底：簡單說，荒謬就是一種特定的名稱，用來描述一種特定習慣的惡性型態；在所有的惡行當中，這種習慣最是與德爾菲神廟的銘文相左。
>
> 普羅塔克斯：蘇格拉底，你指的是「認識你自己」。
>
> 蘇格拉底：沒錯；而與此相反的則是「不認識你自己」。
>
> 《斐利布斯篇》（*Philebus*）

根據蘇格拉底的觀點，如前所述，自己相左的人，也會遭遇一些很實際的問題。內在衝突可能會導致他們無法在這個世界當中果斷行事，或者就算他們果斷行事，那也非常危險。所以，蘇格拉底才會針對自我內在的不義提出這項說法：

> 不義就算只是存在於單一個人內在，不也一樣致命嗎？首先，不義會導致他無能行事，因為他與自己不一致；第二，不義會使得他成為自己以及公正的敵人。
>
> 《理想國》

因此，蘇格拉底方法代表的就是比尋常更認真思考也更關注一致性。

不一致對於自我造成的威脅，不該被視為一項晦澀的哲學問題。因為對於許多人而言，這種威脅乃是立即又迫切。他們的生活與自己的深層信念不一致——也可以說是不協調——不論那些信念為何。他們因此感到迷失、停滯不前，或是悲慘痛苦。他們納悶著為什麼會這樣。而在蘇格拉底眼中，這些後果則是再自然不過了，而且也很容易理解。不過就算患有這種毛病的人沒有完全意識到，蘇格拉底還是會在當中看出問題所在。就某些方面來說，這反倒更嚴重。這是一種近似於失智的可怕狀態。我們將在第十四章多花些時間探討這一點。無論如何，可別搞錯了：以更認真的態度看待一致性——不只是在理論上如此，而且也實際加以實踐——有可能帶來很大的影響，具有建設性與啟發性，同時又會造成顛覆與痛苦。蘇格拉底式探究的引擎一旦完全發動，絕不可能不造成改變。

抗拒心態

不一致性不必然都會像蘇格拉底說的那樣令我們感到驚駭。如果有人指出你犯了不一致的毛病，也許你不會當一回事。這種反應可以用幾種不同方式加以解讀。第一是別人宣稱你不一致的說法感覺不具說服力。證據的某些面向看來有瑕疵，你感覺得到，只是還無法說明而已。有時候，那樣的感覺確實沒錯：你的直覺正確察覺到對方的邏輯雖然看似健全，實際上卻不是如此。一個可能的例子出現在《費多篇》裡，在蘇格拉底與柯維斯（Cebes）對於自殺的討論中。蘇格拉底接受「自殺是錯誤的行為」這種看法，但也指稱有些情況會讓人寧可尋死也不願求生。柯維斯指出這點的怪異性，於是蘇格拉底答道：

我承認我說的話聽起來並不一致，但實際上可能沒有任何真正的不一致性。有一項私下流傳的信條指出，人是無權開門逃跑的囚犯；這是個我不太理解的巨大謎團。然而，我也相信神明是我們的守護者，而且我們屬於神明所有。這點你同意嗎？

我同意，柯維斯說。

要是你自己擁有的財物，例如一頭牛或是一頭驢子，在你沒有暗示牠應該死的情況下擅自奪走自己的性命，你難道不會對牠感到生氣，而且要是可以的話，你難道不會懲罰牠？

當然會，柯維斯答道。

那麼，我們要是這麼看待這件事，也許就有理由說人應該等待，不該預先奪取自己的性命，而應該等到神召喚他，就像神現在召喚我一樣。

《費多篇》

這項論點現在看來雖然可能沒什麼了不起，但是展示了面對不一致性的一種回應方式：不一致性也許可以用尚未完全釐清的條件予以解釋。這樣的可能性，有時候會使得暫時堅決抱持兩項看似互相衝突的信念成為一種理性的行為，尤其是遭到質疑的那項信念如果受到長久以來看似成功的使用所支持的話。彌爾這麼說：

從古到今，大多數人都必須大幅提升自己的教養程度，才能夠信賴自己評估論點的能力，而不至於一遭遇自己無力憑藉邏輯抗拒的論述攻擊，就立刻捨棄自己生長於其中的那些實用原則，同時也是世界大部分既有秩序奠基於其上的原則。③

彌爾在此處論述的是女性應該擁有與男性相同的法律權利。他知道自己的論點難以為他的讀者接受，也認定這些論點應該難以為一般人接受。我們絕不該因為別人提出了一項我們不知道怎麼回應的論點，就立刻放棄自己的生活方式。我們的舊習慣說不定比那個新論點更有道理，只是我們不善於爭論而已。

不過，當然也有可能是與此相反。說不定你的觀點真的有問題——存在著真正的不一致性。你抗拒看出這一點，因為你安於自己的觀點。你已習於自己所抱持的想法，而且這種想法在此之前也都不曾造成問題，所以你不免對於質疑這種想法的論點感到不信任。這種情況下，理性比感覺來得明智，所以感覺必須跟上（彌爾提出上述那段話的時候，心裡就是這麼想的）。不過，邏輯要能夠穿透信念的防禦工事，可能需要花費許多時間以及反覆努力，而且即便如此也不一定會成功。蘇格拉底對這種情形也有所體認。

卡利克勒斯：蘇格拉底，我沒辦法解釋，但我確實認為你論述得很好。儘管如此，我還是和一般人總是對你懷有的感覺一樣：不是完全信服。

蘇格拉底：卡利克勒斯，那是你內心對於慣俗的喜愛抗拒著我。我們要是一次又一次辯論這些議題，你一定會被我說服。

《高爾吉亞篇》

這兩種情形有可能很難分辨。你在自己對於一件事物的想法當中看出一項令人困擾的衝突，但還不覺得是個問題。你不確定到底是邏輯出了錯，還是純粹是你冥頑不靈。蘇格拉底式的回應是繼續進行推理，直到揭露其中的缺陷，或是直到你深切體會到那項衝突所帶有的含義為止。要做到這一點，比較需要的是耐力而不是邏輯能力。對話錄即是對這種耐力與勇氣的探究。大多數人都會放棄而把問題推到一旁，但蘇格拉底不會。

對一致性漠不關心的人

在你遇到的人當中，總是不免會有些人抱持了超越前述那種抗拒程度的觀點。他們公然宣稱自己根本不在乎一致性。抱持這種觀點的人，可能會引用——或是誤用——愛默生或路易斯·卡羅（Lewis Carroll）的話，用以支持自己這種漠不關心的態度。或者，他們也可能說這樣的態度與量子力學有關，或是這種態度來自於主張客觀真理不可得的哲學論述。

面對這樣的人，最好是秉持正面的蘇格拉底精神——恭喜他們得以和這些令許多人困擾許久的問題和平共處。你可以問他們是否願意回答一些問題，然後針對那些讓你感到困擾的不一致性探詢對方。真正對一致性漠不關心，就是對理性漠不關心。有些人可能會說這就是他們的立場，但終究將會發現這種立場其實難以維持。抱持這種觀點的人，通常會在接受質問一段時間後轉頭離開，就像柏拉圖對話錄裡的有些人物會在對話錄結尾所做的那樣。

人如果宣稱自己對一致性毫無興趣，一旦追根究柢，通常會發現其實是有其他問題。他們可能是在一種虛無縹緲並且對別人而言毫不重要的形上抽象層次當中說這樣的話，不然就是以出人意料的方式界定一致性，或是認為一項主張可以同時為真又為偽，原因是一項主張可以在某個意義上為真，又在另一個意義上為偽。不過，如果真是這樣，那其實就沒有不一致的問題，只是那項主張不夠精確而已。不論他們聲稱的那種漠不關心究竟出自什麼原因，回應這種人的程序都是一樣的，蘇格拉底會探究他們所說的話是不是出自真心。一個人如果對此完全嗤之以鼻，毫不理會一致性，也無意加以探究，那麼這個人絕對有權抱持這樣的觀點，也該被同情。

隨時可以應用

一致性的非凡之處，就是這種特點做為一種價值或者目標所帶有的力量。這項價值如果連結於蘇格拉底式質問的機制，不只會造成毀滅，也能夠具有建設性。這項價值能夠破除錯誤的觀念，但也有助於認證健全的觀念。這項價值能夠推翻一種生活方式，然後再產生另一種比較好的生活方式。此外，這項價值也和我們做出的每個小選擇有關，而不只是關乎重大的選擇。因此，追尋一致性使得蘇格拉底方法在各種情境下都有其用處，而不只是能夠應用於我們通常認為與道德哲學有關的情境。普魯塔克說：

> 蘇格拉底扮演哲學家不需要有形式上的安排，不必坐在椅子上，也不必與同事安排固定的時間從事討論或論述。不論他是在和你說笑、一起喝酒，或者可能共同推行活動，或是和你一塊上市集，還有最後身在牢裡喝下毒藥的時候，都是在扮演哲學家。因此，他率先證明了人生在每個時刻、每個細節、每個感受與每個情況當中，都提供了從事哲學思辨的空間。
>
> 普魯塔克，《論公共生活中的老者》（*On Old Men in Public Life*）

這段描述乍看之下可能顯得討人喜歡又令人困惑。我們大多數人因應問題的時候，基本上都不會意識到哲學的重要性，也不覺得少了什麼東西。這是因為我們很容易把哲學問題想成日常生活中不需要的東西。當今許多被貼上哲學標籤的學術著作，確實都符合這種說法。不過，在蘇格拉底眼中，哲學與一切事物都有關，不論那些事物崇高還是卑微。哲學不是一組有些人關注而有些人不在乎的問題。哲學代表的是，仔細思考你是否相信自己所說的一切，以及你說的話是否真實。哲學是一項保持清醒的努力。

注釋

① 如同理查．羅賓森（Richard Robinson）所言：「反詰法的技藝就是找出特定的前提，一方面受到回答者信服，但同時又含有和他的論點互相牴觸的元素。」Robinson, *Plato's Earlier Dialectic*, 15。

② 舉例而言，見《申辯篇》23ab，31cd；至於相關討論，見 Woodruff, "Socrates and the Irrational"。

③ Mill, *Subjection of Women*，收錄於 Robson, *Collected Works of John Stuart Mill*, 21: 262–53。

第八章

收斂與擴張

- 收斂與擴張
- 收斂式思考的定義
- 擴張式思考
- 做出區別的工具
- 看到就知道
- 柏拉圖式的聚合法與劃分法

你如果認為對話錄的重點不在於特定主題，而是提供了如何思考的模型，那麼對話錄看起來就再也不會一樣了——就好像把對話錄的主題取代為一個X，於是那部對話錄就轉變為一個分析事物的範例。你可能會把對話錄的主題視為希區考克所謂的「麥高芬」（MacGuffin），也就是劇情的必要元素以及角色的動機來源，但其本身並不重要。《拉凱斯篇》探討勇氣的意義，但你現在閱讀這部對話錄不太可能主要是為了了解勇氣，而是推理模式。

本章探討的就是蘇格拉底經常使用的一種推理模式。你提出一項觀點，蘇格拉底請你說明這項觀點背後的原則——也就是**你賴以推導出這個結果的前提**。接著，他提出問題，證明你的原則太狹隘，沒有涵蓋應該要涵蓋的東西；或是指出你的原則太廣，包含了不該包含的東西。你不斷修正自己的話，以便更接近真理。你可能永遠不會達到真理，但終究會比剛開始之時更加接近。這個簡單的過程，具體而微地呈現了更佳的思考方式。這種做法很容易理解，卻極少有人實踐。蘇格拉底則是在每一部對話錄裡都實踐了這種做法。

收斂與擴張

蘇格拉底方法經常運用心智的兩種運作方式。第一種方式是**在看來不同的事物之間看出相似性**。第二種方式是**在看來相近的事物之間看出差異**。蘇格拉底很常說的兩句話是：「你做出太多區別了」，以及「你做出的區別不夠多」。第一個類別的例子如下：

- 他的對話夥伴提出勇氣或其他某個概念的例子。蘇格拉底說他要的不是例子，而是要一項單一定義，能夠涵蓋所有例子的共通之處。

- 他的對話夥伴提出一件事物的定義。蘇格拉底舉出一個案例，而這個案例本來應該、卻不涵蓋於那項定義當中。於是，那項定義必須加以擴張。
- 他的對話夥伴談及兩件事物，並且將其視為不同的事物。蘇格拉底說，你要是以正確的方式來理解，那麼那兩件事物其實相同。

注意以上這些例子的共通之處。在每個案例當中，蘇格拉底都希望減少區別。他要求把被人視為不同的東西看成相同的，希望促使別人看出這些東西之間的共同點。

第二個類別的例子如下：

- 他的對話夥伴提出一件事物的定義。蘇格拉底舉出一個案例，這個案例包含在該項定義內，但也許不該如此。因此定義必須縮減範圍。
- 他的對話夥伴提出關於一件事物的定義。蘇格拉底說那項定義裡的關鍵詞帶有不只一個意義。他要求對話夥伴釐清自己所指的意義確切為何。
- 他的對話夥伴指稱兩項概念其實一模一樣。蘇格拉底說，你要是以正確的方式加以理解，就會發現那兩者並不相同。

注意以上這些例子的共通之處。在每個案例當中，蘇格拉底都希望做出更多區別。他要求把被人視為相同的東西看成不同，希望促使別人看出這些東西之間的差異。

但願能有兩個字眼，分別用於指涉心智的這兩種運作方式。我將借用希臘文，把第一種思考稱為「收斂式思考」（systole），第二種則是稱為「擴張式思考」（diastole）。「Systole」在希臘文裡帶有

「聚攏」的意思，「diastole」則是帶有「分開」的意思。這兩個詞在現代英文裡使用於生物學當中，分指心搏週期裡的「收縮」與「舒張」這兩個階段，對我們而言也是個相當不錯的比喻。這兩者乃是蘇格拉底式分析當中不斷往復的節奏。

收斂式思考的定義

首先從收斂說起：蘇格拉底一旦要求定義一個詞語，他的對話夥伴通常會先舉例說明那個詞語的意思。蘇格拉底總是回應說他不要例子。他要的是一個能夠涵蓋所有例子的定義。所以，《拉凱斯篇》裡的問題就是勇氣所代表的意思。拉凱斯說勇氣的意思就是「在敵人逼近的時候堅守陣地」。蘇格拉底不確定這是勇氣的一個良好例子，但無論如何，這對他的問題而言並不是正確的回答。他要的是別的東西。

蘇格拉底：我要問你的不只是重裝士兵所具備的勇氣，也包括騎兵以及其他每一種士兵的勇氣；此外，我要知道的不只是在戰爭當中的勇氣，而包括在海上面對危險，或是面對疾病與貧窮，甚至是在政治生活當中的勇氣。我要知道的不只是面對痛苦或恐懼的勇氣，也要知道抗拒欲望或快感的那種勇氣（他們究竟是藉著堅守陣地還是轉身逃跑做到這一點）。畢竟，拉凱斯，也有人在這些情況下展現出勇氣。

拉凱斯：確實如此，蘇格拉底。

蘇格拉底：所以這些人全都很有勇氣，只是有些人展現勇氣是在涉及快感的情況下，有些是在涉及痛苦的情況下；有些在涉及欲望的情況下，還有些則是在涉及恐懼的情況下。「懦弱」想必也可以是一般人在這些情況下展現出來的性質。

拉凱斯：是，這些都是。

蘇格拉底：那麼，勇氣和懦弱這兩種性質到底是什麼？這才是我想知道的事情。所以，我們先從勇氣開始。可以請你再告訴我一次，這些情況有什麼共通之處嗎？

《拉凱斯篇》

這是收斂式思考的一個典型例子。蘇格拉底想要理解一項性質，意思是說他必須知道**這項性質具有哪些特徵**。要思考這一點，不能只著眼於一個案例，而是必須檢視每個案例，找出能夠涵蓋所有這些案例的文字。你需要減少區別，或是採用廣角鏡來看待問題。許多對話錄都是由類似於這樣的交談展開①。蘇格拉底總是試圖從某項特定案例推導出能夠解釋所有案例的原則。

消除區別的工具

在對話錄裡，收斂式思考還會以其他許多方式出現。某個人說兩件事物不一樣，蘇格拉底則說那兩件事物其實一樣。《拉凱斯篇》針對這點也提供了一個很好的例子。尼西亞斯說勇氣代表懂得對哪些未來事件感到害怕，哪些則不必。蘇格拉底說，這項主張的涵蓋範圍可以變得更廣：應該害怕的事物就是惡，不該害怕的事物則可以稱為善。因此，勇氣就是對於未來的善與惡所懷有的知識（這項觀念比原本的涵蓋範圍更廣）。可是等一下——你如果知道善與惡在未來所代表的意義，就必定也知道善與惡的一般意義，因為善惡不會受到時間影響而導致其意義有所不同。所以，勇氣不代表懂得未來的善與惡，而是純粹就是懂得何謂善與惡（這項觀念的涵蓋範圍又更加廣泛）。如果這麼說確實沒錯的話，那麼看起來勇氣就與智慧或者德行是同樣的東西（範圍又進一步擴大）。注意在這段過程中發生的狀況：他抹除了一個接一個的區別，把小類別整合成比較大的類別。

有時候，蘇格拉底也會透過其他步驟從事收斂式論述。他在《普羅塔哥拉篇》裡主張智慧與節制必然是相同的東西。為什麼？因為相異的東西不可能有同樣的相反事物，而智慧的相反以及節制的相反卻都是同一個東西：愚蠢（這個論點經過翻譯之後不免有些變調，因為我們使用的字眼和他使用的字眼不是完全相等）。後來他又談及另外兩項看似不同的概念：知道什麼才是最好的做法，以及禁不起誘惑而背離那種做法。他再度指出，此處看起來似乎有兩件不同的事物，一個是知識，另一個是軟弱，實際上這兩者卻是同一個東西：也就是具備知識或者缺乏知識。你如果屈服於誘惑，就表示你不是真正明白自己的行為會造成什麼後果（相關討論請見第十四章）。

這些論述全都是以不同的方式表達這一點：你的思維太狹隘，無中生有地提出不重要的區別，或是被別人提出的虛妄區別所干擾而分心。試著把這些看似不同的東西視為同一個東西。這些做法全都是收斂式思考。

擴張式思考

與前述相反的思考模式，則是擴張式思考。兩件事物看起來一樣，但蘇格拉底證明那兩者其實不同。我們看到他對拉凱斯提出一項要求：為勇氣提出一項定義，能夠涵蓋所有我們稱之為英勇的案例。於是，拉凱斯嘗試提出一項籠統的定義：勇氣代表心智的堅持不懈。蘇格拉底說，這項定義的涵蓋範圍太廣，包含了不該包含於其中的案例。有些心智的堅持不懈不是愚蠢的表現嗎？那樣不算勇氣，對吧？拉凱斯同意他的說法，於是修正了定義：勇氣是心智聰明（或者「睿智」）的堅持不懈。他們的對話如此持續下去：

蘇格拉底：可是，讓我們來考慮一下聰明的堅持不懈會在什麼樣的情境下發生。這種堅持是不是發生在不論大小的任何情況裡，你都會稱之為勇氣？舉例來說，如果有人堅持花錢，而且是秉持著明智的態度這麼做，也就是說他知道自己藉著現在花這些錢，可以在日後得到更多的錢。這麼一來，你會說他是個有勇氣的人嗎？

拉凱斯：老天爺，我絕不會這麼說。

蘇格拉底：那麼如果說有個醫生，他的兒子（或是任何一個人）罹患了肺炎，而向他乞求著說自己想要喝水或者吃東西，但那個醫生堅持拒絕滿足他的要求呢？

拉凱斯：不會，那樣也不算是有勇氣的舉動，一點都不算。

《拉凱斯篇》

拉凱斯發現自己對於勇氣的定義必須更加精確，因為他提出的定義涵蓋了不該包含於其中的案例。證明這一點的過程很簡單：這裡有些案例涵蓋在你的定義裡，但是看來不像是勇氣的表現。你的意思是要把這些案例也包含在內嗎？那麼，再試一次吧，提出比較有限的定義。

在《高爾吉亞篇》裡，也可以看到同樣的模式②。蘇格拉底詢問修辭是什麼，於是高爾吉亞提出了一個答案：修辭涉及言說。可是，醫生也會對病患進行言說，那樣的言說算是「修辭」嗎？（不是——這麼一來就產生了一次擴張，或者說是區分。）這兩者有什麼不同？高爾吉亞說，修辭和醫療不一樣，修辭純粹只涉及話語。可是蘇格拉底並不滿意。關於數學的言說有可能只涉及話語，所以你的意思是說數學也是修辭嗎？（不是——再一次擴張。）高爾吉亞說，這一次的差異是，修辭當中的言說是關於最重要的人類事務，而數學並不是。蘇格拉底說這樣還是不行：每個人都認為自己的事情最重要。那些主張必須區分開來（更多的擴張）。高爾吉亞說，那麼修辭的重點就是，以說服的方式影響握有權力的人。蘇格拉底說，這樣不錯，接下來我們可以討論修辭是針對什麼事情說服別人。

做出區別的工具

看看蘇格拉底用來造成擴張的技巧。他的對話夥伴試圖說明修辭代表什麼意思：「言說」，或是「不取決於實質後果的言說」，或者「關於最重要事物的言說」。和先前一樣，蘇格拉底想出了這些定義所涵蓋、但是不該屬於其中的例子。有時候，他舉的是歷史上的例子，有時則是舉日常生活中的案例。此外，也可以藉由假設性的案例造成擴張的效果。在《高爾吉亞篇》中，波魯斯主張權力就是對別人為所欲為的能力。蘇格拉底認為這個說法太簡單，而以一項思想實驗證明自己的觀點。

蘇格拉底：想像我在人山人海的廣場上，而且腋下夾著一把短刀。我對你說：「波魯斯，我最近獲得了難以置信的大量權力，和獨裁者的權力一樣大。你看這一大堆人。我要是決定其中一個人必須要死，那麼他就完蛋了，就是這樣。我要是決定其中一個人的頭應該要被劈開，他的頭就會當場遭到劈開。我要是決定一個人的斗篷應該被撕成碎片，那麼那件斗篷就會化成碎片。所以，你看得出我在這個社群裡擁有很大的權力。」假設你不相信我，我就把我的短刀拿給你看。我打賭你一定會說：「蘇格拉底，如果是這樣的話，那麼每個人都擁有很大的權力，因為你如果決定放火燒掉我的房子，你就也能夠這麼做——此外，還有雅典的船塢和戰艦，以及一切公有及私有的商船隊也都是這樣。」所以，想做什麼就做什麼的能力並不代表擁有巨大的權力。

《高爾吉亞篇》

蘇格拉底證明了殺人的能力（這是每個人都有的能力，因為任何人都可以買到一把刀）本身不算是什麼巨大的權力，因為運用這種能力對我們沒有任何好處，反而還會導致我們遭受懲罰。當然，波魯斯提到為所欲為的權力之時，意思是能夠那麼做而不受懲罰。不過，蘇格拉底想要進一步釐清波魯斯的主張：只有在使用權力對你實際上有好處的情況下，權力才有意義。接下來，蘇格拉底可以詢問一項行為對你有好處是什麼意思，於是對話也就這麼繼續進行下去。這個例子顯示了假設案例在蘇格拉底式質問當中所帶有的價值。你提出的假設案例可以非常極端，直指重點，而迫使所有人都不能不同意。這樣的案例也許必須發揮別出心裁的創意才能設計得出來，但不需要符合現實，只需要展現出一項原則會導致提出那項原則的人所不希望看到的後果即可。

擴張性論述還會使用其他技巧。蘇格拉底有時候會指出，把兩件實際上不同的事物視為相同會產生邏輯上的問題。卡利克勒斯在《高爾吉亞篇》裡主張善和愉悅是同樣的東西（惡則是與痛苦相同）。蘇格拉底說這樣不可能是對的：善與惡是相反的兩極，愉悅與痛苦則不是，而且在某些案例當中會混雜在一起。如此一來，即表示善和愉悅必然是不同的概念。接著，蘇格拉底利用我們在第六章看過的方法說明這一點：愚人和懦夫是惡人，對吧？（對。）可是他們在人生中享有的愉悅也有可能和好人一樣多，對吧？（毫無疑問是這樣。）既然如此，善和愉悅必然是不同的東西。

一如過往，我們在這裡最好不要聚焦於蘇格拉底所提的論點是否具有說服力。他的論點有其本身的問題，要注意的是，他總是會先取得對話夥伴的同意，然後才繼續前進。若對話夥伴猶豫不決，蘇格拉底就會進一步解釋自己的論點，或者嘗試另一個說法。他要是和你對話，肯定也會採取一樣的做法。

看到就知道

收斂式與擴張式論述都是趨近真理的方法。你主張一件事物是如此，或者是另一件事物的例子：這是英勇的表現，那是不正義的現象；這是公平的，那是不公平的。收斂式與擴張式論述迫使你解釋自己的意思，也會檢驗你的說法是否成立。如果不採用這種分析，當然你也可以說，根本不需要這麼做，因為你只要看到，就會知道那是什麼東西——不管「那個東西」是什麼（勇氣、不正義、公平等等）。大多數人在大部分時候都是這麼想。如同彌爾想必會說的，這是「聽由理智自為」（intellectus sibi permissus）的做法。這種做法看來雖然頗具說服力，卻非常容易出錯。

然而，蘇格拉底有時候確實會允許他的對話夥伴採取「看到就知道」這個說法。他不得不如此，否則找尋定義的工作就很難展開。如果沒辦法指出你確定沒有問題的勇氣案例，又怎麼知道勇氣的定義應該涵蓋哪些案例？有些人說蘇格拉底確實陷入了這樣的矛盾[3]。他們認為他的主張是說，如果沒辦法定義「勇氣」或「德行」這兩個詞語，那麼你對於勇氣和德行就一無所知（這種觀念稱為定義優先）。可是這樣不可能是對的。就算沒辦法定義一項概念，也還是有可能辨識出那項概念的例子。「必須先提出定義」被人稱為蘇格拉底式的謬誤，不論這麼說公不公平[4]。提出這項批評的人指出，蘇格拉底會對年輕人說，他們如果沒辦法定義作弊這個字眼，就不可能知道作弊是不是錯誤的行為，而由於他們大概沒辦法定義這個字眼，所以就會認為作弊沒關係，從而長大成為以恐怖統治危害雅典的三十僭主。畢竟，三十僭主的部分成員確實曾是蘇格拉底的學生。

這的確是個令人擔憂的前景。不過，大多數學者都認為這項埋怨誤解了蘇格拉底要求定義的原因[5]。他的意思不是說你如果無法定義X，就對X一無所知。他之所以要求定義，是因為定義能夠幫助我們解決困難的案例。定義可讓我們處於專家的地位。如果沒有定義，我們並不會一無所知，但所知的內容畢竟不夠清晰。我們只有在看到的時候才能知道，而這樣的結果有時會帶來真實的信念，有時卻不會，所以不該為之感到安心。大部分的暴行，不論大小，都是由認為自己「看到就會知道」的人所犯下的。如果我們無法對一項概念提出無懈可擊的定義，還是可以獲得暫時性的知識，而曉得一件事物是另一件事物的例子——足以讓你這麼說：「我有個看來似乎正確的暫時定義；要是有人能夠提出充分的論點反駁這項定義，我就會放手，可是這項定義已經接受過不少檢驗，我到目前為止還沒聽到這麼一項令人信服的論點。」蘇格拉底心態也樂於接受概括性定義，包括有缺陷的概括性定義——只要你知道那些定義有缺陷，但認定你目前沒有更好的選擇，這樣就沒有關係。蘇格拉底無法忍受的是一個人相信一項概括性定義確實沒錯，卻不了解那項定義在哪些方面不正確⑥。

這種對於「看到就會知道」的有限使用方式，完全符合蘇格拉底的行事作風。他很樂於在沒有定義勇氣這個字眼的情況下，和拉凱斯互相交換勇氣的例子。這就是蘇格拉底沒有明說的立場：在倫理方面有些問題很困難，也有些問題很簡單；而我們在探究困難問題的時候，可以利用簡單的問題取得立足點。簡單的問題說不定比表面看來還要困難得多，但良好的蘇格拉底式判斷就是懂得什麼時候值得花費心力。的確，蘇格拉底有時會在探詢未果的情況下提議採取「看到就知道」的做法。舉例而言，在《卡米德斯篇》裡，他和他的對話夥伴無法對健全的心智（或者自制——這個字眼很難翻譯）⑦提出一個良好的定義。不過，蘇格拉底對於該怎麼繼續前進還是有他的想法，於是向年輕的卡米德斯提出以下的建議：

> 蘇格拉底：探究的結果雖然發現我們隨和溫順，還是沒有發掘出真理；實際上，這項探究嘲諷了真理，因為我們從中得出了這項離譜至極的結論：依照我們合意建構出來的定義，自我控制對我們一點好處也沒有……我不認為這是對的：我認為這只是顯示了我是個沒

用的探究者。因為在我的想法當中，自我控制是非常好的東西，能夠擁有自制力是很幸運的事情。所以，你何不檢查看看自己是不是擁有自制力呢？如果有的話……那麼我會建議你把我當作一個乖僻的蠢蛋，沒有能力對任何事物從事理智的檢驗，並且認為你擁有的自制力正與你的幸福程度成正比。

《卡米德斯篇》

在這部對話錄裡，卡米德斯是一名青年。歷史上真正的卡米德斯曾經是蘇格拉底的學生，而且是柏拉圖的叔父。據說他後來成了三十僭主的其中一員。

柏拉圖式的聚合法與劃分法

在後期對話錄裡，蘇格拉底使用了一種定義事物的方法，稱為聚合法與劃分法。這種做法比較常被人和柏拉圖聯想在一起，而不是蘇格拉底；不過，我們值得在此簡要地檢視一番，因為這種方法與我們當下的主題有關。聚合法與劃分法定義一項主題的方式，就是將其置入兩個類別的其中之一，然後再把那個類別劃分成更多類別。在《哲人篇》裡，我們可以看到這種做法的一個例子，用於定義垂釣者。這段對話長達許多頁，然後以這種方式總結（但提出這項總結的不是蘇格拉底）：

陌生人：你我已獲得了一項理解，不只是理解垂釣技藝的名稱，也包括垂釣技藝本身的定義。所有的技藝有一半要靠後天練習習得，其中有一半是關於征服或強制奪取的技藝，其中又有一半是捕獵，其中又有一半是捕獵動物，捕獵的動物中有一半是捕獵水中動物——在捕獵水中動物當中，有一半是捕魚，而捕魚有一半是採取刺射的方式；刺射有一部分是以倒刺捕魚，其中有一半是以魚鉤把魚從水底釣上來，而這就是我們尋求的技藝。這種行為因其本質而被稱為垂釣。

《哲人篇》

接著，辯士的工作正是重複這項過程，然後在下一部對話錄裡，這個行為用於定義政治家⑧。藉由劃分的方式界定概念，被人稱為「分割」（diairesis）。這種做法與柏拉圖的理型論有關。他似乎認為一個類別裡的物件是藉由存在於自然界當中的紐帶連結在一起。現在大多數人都不這麼認為，也不會利用分割方式界定任何事物。不過，藉著這種方式思考一項主題，還是有可能讓人從中學到東西，因為做出劃分將會迫使你把該主題拿來和其他事物比較，看出其中有何相似與不同之處。

不過，暫且把柏拉圖不屬於本書探討範圍內的形上學觀點擺在一旁，我們還是可以把這種聚合與劃分的做法視為另類的收斂式與擴張式思考。看看蘇格拉底在《斐德羅篇》（*Phaedrus*）裡針對這種方法提出的評論。

蘇格拉底：我本身非常喜愛這些劃分與概括的程序；這些程序能夠幫助我說話以及思考。要是有個人能夠在自然界當中看出「一與多」，那麼我就會追隨他，「跟著他的腳步走，彷彿他是神明一樣」⑨。至於具備這種技藝的人，我習於稱他們為辯證家。

《斐德羅篇》

這是看待本章這些觀念的另一個方法：收斂式思考意指把許多事物視為同一個東西，擴張式思考意指把一件事物視為許多不同的東西。我們在前一章提過柏拉圖終生喜愛提問與回答的過程。這個模式也可見於他對收斂式與擴張式思考的著迷。隨著他的觀念逐漸發展，他把這兩種思考方式運用在不同的目的上。

注釋

① 舉例而言，見《泰鄂提得斯篇》146ce；《米諾篇》71c–72c。

② 450ac-453b。

③ Geach, "Plato's *Euthyphro*"; Robinson, *Plato's Earlier Dialectic*, 53。

④ Geach, "Plato's *Euthyphro*," 371。

⑤ 舉例而言，見 Santas, "Socratic Fallacy"; Beversluis, "Does Socrates Commit the Socratic Fallacy?"。

⑥ 對於概括性定義，有一項帶有蘇格拉底式精神的辯護，見 Schauer, *Profiles, Probabilities and Stereotypes*。

⑦ 由希臘原文音譯而成的英文是「sophrosyne」，在英文當中沒有能夠完全對應的詞語。這個字眼帶有良好秩序的含義（這是斯巴達人最喜愛的字眼）；與此相反的一個字眼可以是「狂熱」。彌爾將其描述為「整個希臘文裡最難翻譯的字眼之一。一般將其譯為『自我約束』，但這個譯法雖然對應了那個字眼的部分意思，卻遠遠不足以涵蓋其完整意義。禁欲、謙遜、適可而止也都有所不足。自我節制與自我控制比較好，但其中又隱含了以意志強制性格，但那個字眼實際上所指的卻是不需要受到強制的性格。那個希臘文字眼還隱含了秩序、中庸，以及也許能夠從這段對話當中看得出來的審慎，而這些意思在最近似的英文詞語當中都不存在。不冒失也是這項概念裡不可或缺的一部分；另外還有判斷力或聰明（或者說是理智）的含義……葛羅特先生數度使用的『清明』一詞，在其應用上的多元性也許最接近希臘原文字眼；不過，即便是這個詞語也難以在論述當中取代原文字眼，而必須不斷添加補充評論」。Mill, "Grote's Plato," 408。

⑧ 見 Lesley Brown, "Division and Definition in the Sophist" 當中的討論。

⑨ 此處引用的典故是荷馬的《奧德賽》。

第九章 類比

- 填空式類比
- 填空式質問
- 延伸比較
- 論述式類比
- 不成功的類比
- 為何要採用類比？
- 溯源法

蘇格拉底談論龐大而抽象的問題：何謂美好人生？知識是什麼？正義是什麼？但他避免以龐大而抽象的方式談論這些問題，而是以簡單的例子顯示一項主張何以奏效或者失敗。蘇格拉底尤其喜歡以類比的方式，把抽象問題拿來和讓人較為熟悉的日常事物比較。類比不是論點，只是提出相互平行的案例。不過，類比能夠使論點顯得更具說服力，並且使推理顯得更清楚明白。本章檢視蘇格拉底如何創造類比，以及怎麼加以運用。

填空式類比

蘇格拉底有時候會使用不完整的類比推進對話。他陳述一項類比的開頭，再由對話夥伴加以完成。我們在《拉凱斯篇》裡看過蘇格拉底詢問勇氣代表什麼意思。他的對話夥伴舉了一個例子。蘇格拉底說明自己要的不是例子，而是要一項能夠涵蓋所有例子的定義。他在此處使用了一個類比。

蘇格拉底：假設我問你速度是什麼。速度是一種呈現在眾多人類情境當中的現象（例如跑步、演奏音樂、說話，以及學習），也是幾乎每一種活動都具備的一項值得一提的性質，不管那些活動涉及雙手、雙腿、嘴巴、嗓音，還是心智。你同意嗎？

拉凱斯：是，我同意。

蘇格拉底：所以，要是有人問我：「蘇格拉底，你說的『速度』這項性質，不管發生在什麼地方，到底是什麼東西？」我會回答，「速度」這個字眼所指的意思，就是能夠在很短的時間內完成很多的事情，不管是說話、跑步，還是其他任何活動。

拉凱斯：你這樣說確實沒錯。

蘇格拉底：所以，拉凱斯，可以請你為勇氣做一樣的事情嗎？請告訴我們，在剛剛提到的所有情境裡（例如快樂與痛苦），到底有什麼共通的能力是一般人所謂的勇氣。

《拉凱斯篇》

蘇格拉底創造了一項類比，並且在全部的四個元素當中提供了三個，包括(a)速度的例子，(b)速度的定義，接著還有(c)勇氣的例子，但還缺了(d)勇氣的定義。接著，拉凱斯可以把這個空格填起來。

這個模式也重複出現在其他對話錄裡。在《泰鄂提得斯篇》當中，蘇格拉底詢問知識代表什麼意思。他受到告知，知識包含了像幾何學這樣的科學，還有像製鞋這樣的技術。蘇格拉底說這個回答不好，這樣就像是說黏土是一種製磚師傅還有陶匠使用的材料。但比較好的回答應該要說黏土是潮溼的土壤①。知識可以提出什麼類似的定義呢？

這些類比除了其他功用之外，主要能用於釐清。蘇格拉底使用類比協助對話夥伴在不需要抽象說明的情況下即可理解。類比之所以有效，部分原因是我們經常能夠立即看出以及感受到這種比擬所帶有的力量，然後才有辦法解釋為什麼（有時甚至沒有辦法解釋）。類比向我們呈現畫面，而不只是單純的陳述。與其說「再說得更籠統一點」，蘇格拉底選擇舉出例子，然後說「採取像這樣的說法」。

填空式質問

前述的這種類比可以使用於各種不同目的。在前一章裡，我們看到蘇格拉底與高爾吉亞談及修辭代表的意思。現在，我們可以回到那項討論，看看蘇格拉底怎麼使用類比推動對話前進。他剛被介紹給高爾吉亞之後，出現了以下的對話：

蘇格拉底：問他是什麼人。
凱勒豐：什麼意思？
蘇格拉底：我的意思是說，問他這麼一個問題，所以他如果以製作鞋子謀生，就會說自己是鞋匠。

《高爾吉亞篇》

高爾吉亞回答說自己是修辭學家。蘇格拉底又以類比的手法繼續追問：

蘇格拉底：既然你自稱是修辭學家，而且是修辭學家的造就者，那麼容我請教你修辭的重點是什麼。我如果問編織的重點是什麼，你就會回答編織的重點在於製作衣服，對不對？

《高爾吉亞篇》

（是。）音樂家則是創作旋律？（是。）那麼，修辭學家創造什麼？高爾吉亞說修辭學家創造言說，他們使用詞語。蘇格拉底回答說有很多活動都使用言說和詞語。數學家使用言說和詞語談論數字，天文學家使用言說和詞語談論星星②。修辭學家顯然是使用言說和詞語做別的事情——但究竟是什麼？請完成這項類比。高爾吉亞提出的回答是：最重要的事情。不過，如同我們先前看過的，蘇格拉底說這個回答不成立，因為各行各業的人都認為自己做的事情是最重要的。他又用了另一項類比：雅典公民大會如果有一項建築計畫需要協助，就會諮詢建築工；那麼，他們諮詢修辭學家會是為了想要知道或者從事什麼東西③？請完成這項類比。

注意他的問題如何吸引對話夥伴逐步深入。第一項類比不太有挑戰性：製作鞋子的人稱為鞋匠，那麼你稱為什麼？高爾吉亞受邀參與一項看來很簡單的遊戲。他開始回答，而且逐漸上手。接著，蘇格拉底提出的類比變得愈來愈難，也愈來愈具威脅性——我們知道鞋匠或建築工會造成什麼貢獻；請告訴我們你能夠帶來什麼貢獻。

這種探詢方式是個很好的例子，顯示了蘇格拉底如何藉著簡單又熟悉的事物開頭，而逐步深入推理困難又陌生的事物。先從你知道的事情著手，以你確知的區別與例子開始。然後，試著把這些區別和例子套用在你不是那麼確定的問題上。看看這樣的套用在哪些地方容易，在哪些地方困難，並且探問為什麼。如果有人難以給出你希望談論的那種答案，就以一種容易理解的方式向對方示範那種答案會是什麼模樣。

延伸比較

截至目前為止的類比都很簡單：A相對於B，就像是C相對於D。可是蘇格拉底也喜歡創造更繁複的比較。這樣的比較能夠釐清抽象觀念，方法是把抽象觀念的構成元素一一拿來和具體的觀念比對。這種做法可見於《普羅塔哥拉篇》，蘇格拉底把知識比擬為糧食，然後陸續針對幾個點做了比較。

> 蘇格拉底：知識是靈魂的糧食；所以，我的朋友，在辯士稱頌他所宣揚的事物之時，就像是販賣糧食的批發或零售商人那樣，必須確保他不會欺騙我們；因為他們會毫無差別地稱讚自己的商品，而不知道哪些東西是真的有益或者有害，而他們的顧客一樣不知道，除非剛好其中有人是訓練師或者醫生。同樣的，有些人攜帶著知識商品行走於各個城市，將其販賣或零售給任何欠缺這些知識的顧客，也同樣會一致稱頌自己攜帶的所有知識；但我的朋友啊，如果說其中大部分人完全不知道那些知識對於靈魂的影響，我可是一點都不意外，而他們的顧客也是一樣無知，除非其中有人剛好是靈魂的醫生。
>
> 《普羅塔哥拉篇》

蘇格拉底一一檢視這兩個主題的相似性，呈現出其中的相同之處。必須注意的是，像這樣的類比不具任何證明效果。知識雖然在某些方面與糧食類似，卻不表示在其他方面也一樣會如此。不過，隨著兩者之間的平行之處愈來愈多而且愈來愈鮮明，這樣的類比也會顯得更可信。「鮮明」不是論述，但運作的方式與論述相似，而且感覺上可能和論述具有一樣強的說服力，甚至更強。我們應該因此對鮮明性抱持戒心，同時也留意如何應用鮮明性。

蘇格拉底持續談論那項類比，但現在是從相反的方向：他描述了此一類比未能奏效的一個面向。

蘇格拉底：所以，假如你對於何謂善惡有所理解，即可向普羅塔哥拉或者任何人安然購買知識；但如果沒有的話，那麼我的朋友啊，請停下來，不要把你最切身的利益賭在一項靠運氣的遊戲上。因為，購買知識所帶有的危險遠遠超過購買肉類與飲料；你向批發或零售商人購買後者，用身外的容器帶走之後，可以先不要吃進肚子裡，而是擺在家中，找個有經驗的朋友幫忙看看哪些東西適合吃，哪些不適合，以及該吃多少，還有在什麼時候吃。這麼一來，購買那些東西的危險就不太大。不過，你沒辦法買下知識商品而用身外的容器帶走，一旦付費購買那些知識，就必須把那些知識吸收進你的靈魂裡，從而蒙受重大的傷害或者裨益。

《普羅塔哥拉篇》

這個例子顯示了類比一旦建立，可以如何加以翻轉並藉此提出總結。這兩件事物在許多方面都很相似，卻在最後這個方面有所不同。同樣的主張也可以在不用類比的情況下提出。蘇格拉底大可說你應該注意自己聆聽什麼人的話，因為你一旦吸收了一項不良的觀念，就很難拋棄這項惡習。不過，類比可以藉著建構出對比而加強效果。想想看吸收錯誤觀念的危險會比吃錯東西大上多少。

提供不同類比的選擇也能夠帶來進一步釐清的效果：這個主題比較適合比擬於這件事還是那件事？如果兩件事物彼此相似（或者不同），那麼是在這個方面還是那個方面？再一次，《普羅塔哥拉篇》提供了一個良好的例子。蘇格拉底說：

> 我要你誠實告訴我，德行究竟是一整個整體，而正義、節制與神聖都是其中的組成部分；還是說這些都只是同一件事物的不同名稱。這是在我心中一直徘徊不去的疑問。
>
> 蘇格拉底，這個問題很容易回答。你提到的那些性質都是一個整體德行當中的組成部分。
>
> 我說，那些性質屬於德行當中的組成部分，是不是就像嘴巴、鼻子、眼睛和耳朵是一張臉的組成部分一樣？或者是像黃金的組成部分，也就是說這些部分和整體以及相互之間的差異只有大小的不同而已？
>
> 蘇格拉底，我應該說那些性質的差異屬於第一種；那些性質相互之間的關係，就像是臉部的五官和整張臉的關係一樣。
>
> 《普羅塔哥拉篇》

這項類比迫使對方進一步釐清。蘇格拉底請普羅塔哥拉從兩種比擬當中做出選擇，而這樣的選擇迫使他必須解釋一組概念——也就是一系列德行——的相互關係。他做出了選擇：那些性質就像是一張臉的組成部分一樣。蘇格拉底藉由這項類比繼續追問下去。

那麼，你不會否認勇氣和智慧也是德行的組成部分，對吧？

確實沒錯，他答道；而且智慧是所有組成部分當中最崇高的一項。

所以這些組成部分全都彼此不同？我問。

沒錯。

另外，這些組成部分是不是像臉上的五官一樣各自有不同的功能，例如眼睛和耳朵不一樣，具備的功能也不同；其他的組成部分也都各不相同，不論就功能還是其他任何方面而言都是如此？我想要知道，這樣的比較在德行的組成部分當中是否也成立。德行的組成部分是不是在本質與功能上都各自不同？因為這項比喻看起來明顯隱含了這樣的意思。

是的，蘇格拉底，你假設那些性質互不相同確實沒錯。

那麼，我說，德行的其他任何組成部分都和知識不同，也和正義、勇氣、節制，或者神聖不同，對吧？

確實如此，他答道。

《普羅塔哥拉篇》

德行的組成部分就像一張臉的五官一樣；但如此一來，即表示德行的組成部分在功能上互相不同，就像眼睛和耳朵並不相同。這兩個案例當中的差異是相似的。

論述式類比

再次強調，比擬不是論點，但可以用來闡述論點。《高爾吉亞篇》裡的其他人物在最後問蘇格拉底自己認為修辭是什麼。他說那是一種技術而不是藝術，並且是一項聲譽不佳的技術。他同樣利用類比提出這項主張表示，烹調能夠把食物變得美味，就算是有害健康的食物也一樣；就這方面而言，烹調是一種欺騙人的奉承手段，而與此相對的則是藥物，雖然實際上對你有益，但是不好吃。化妝品或者「飾品」也是同一種形式的例子，這些東西能夠讓不健康的人也顯得容光煥發，偽造出運動所帶來的效果。修辭也與此相似——這時候，蘇格拉底不再請對話夥伴為他的類比填空，而是自己來。

> 蘇格拉底：正如飾品之於運動，烹調與藥物的關係也是一樣，或者應該說，正如飾品之於運動，詭辯術與立法程序的關係也是如此，而且正如烹調之於藥物，修辭與執法的關係也是如此。
>
> 《高爾吉亞篇》

和先前一樣，蘇格拉底也可以不用類比而提出他的論點。他大可說修辭學家總是投人所好。不過，他的類比為自己的論點添加了力量，因為其中的相似之處非常鮮明，並且將抽象的主張連結到每個人的感官經驗。類比利用聽者的直覺發揮效果，也就是說，類比訴諸的對象是感知器官，而不是理性。類比也能夠以間接的方式把侮辱加諸討論主題。蘇格拉底談到化妝品的時候，使用了相當苛刻的字眼：狡詐，虛偽，卑劣，狹隘。這麼說很安全，因為他身邊沒有化妝品商人，不會遭到他們抗議。

不過，化妝品令人厭惡的性質一旦確立，這些字眼即可輕易轉移到修辭上。這兩者的關係如果是平行的，那麼那些醜陋的意涵也自然隨之而來。這段篇章不是非常強而有力的邏輯論述，卻是（說來反諷）一項絕佳的修辭。

不成功的類比

蘇格拉底要求他的對話夥伴完成一項類比時，隱含的意思是，在那項類比當中互相比較的事物是彼此相似的。實際上也許並非如此。有時候，面對一項類比的最佳回應不是加以完成，而是提出質疑，指出那項類比仰賴的相似性實際上根本不存在。在蘇格拉底針對自我控制的意義與克里提亞斯唇槍舌劍的時候（《卡米德斯篇》），我們就可以看到這一點。蘇格拉底嘗試了他慣用的類比伎倆，但克里提亞斯不肯接受。

蘇格拉底：你如果問我建築這種建造房屋的知識會造就什麼產物，我會說其產物就是房屋。而且，我對其他所有技藝也都能給出類似的答案。既然你說自我控制是理解自己的知識，那麼你必定能夠回答與此相當的問題。所以，假設有人問你：「克里提亞斯，如果自知就是理解自己的知識，那麼其產物是什麼，而這項產物算不算是令人嚮往？」且來聽聽你的答案會是什麼。

克里提亞斯：蘇格拉底，你探究這個問題的方法錯了。自我控制和知識的其他分支不一樣（而且知識的各個分支也都彼此不同）。不過，你探究這個問題卻是基於這些知識全都相似的假設。我是說，請你告訴我：算術或者幾何學有什麼產物會相當於建築當中的房屋，或是編織當中的衣服，或是各種技藝當中的類似產物？

《卡米德斯篇》

蘇格拉底又進一步追問，且再度遭遇類似的回應，於是放棄了這項攻擊手法。柏拉圖願意呈現這麼一個案例，顯示蘇格拉底的類比遭人以這種方式駁回，實在是相當值得讚賞。這個案例提醒了我們，類比雖然看似僅是觀察，實際上卻是提出了主張。把主張潛藏在表面之下有可能使其更為有效，因為這麼做不會促使人直接檢驗該項主張。這樣的問題要求對話夥伴假定此一平行類比的真實性，並加以完成。而質問這種平行是否真的存在，會是一種不同的做法，可能產生不同的討論。如同《卡米德斯篇》的這個段落所示，雙方都可以提出這一點。

為何要採用類比？

我們已經看過，類比是蘇格拉底式言說當中一個慣常的部分。柏拉圖相當自覺類比法很常為蘇格拉底所應用，由他筆下的其他人物提到這一點。一個重要的例子如下：

卡利克勒斯：你總是不停說著鞋匠、漂洗工、廚師和醫生，彷彿他們和我們的討論有任何相關性。

《高爾吉亞篇》

另外也有比較贊同的觀點：

亞西比德：就連他的想法和論點，也像那些中空的西勒努斯（Silenus）雕像一樣。你要是聆聽他的論點，乍聽之下會覺得荒謬至極；包裝那些論點的詞語，都粗俗得像是最粗野的半羊人披在身上的獸皮。他總是說著馱驢、鐵匠、鞋匠，或者皮匠；他總是以同樣那些老掉牙的詞語重複著那些老掉牙的論點。你要是愚蠢，或者單純對他不熟悉，必定會覺得他的論點不可能不惹人發笑。不過，要是你看到他的論點像那些雕像那樣打開來，要是看透那些論點的表面，就會意識到其他論點都不合理。那些論點確實匹配得上神明，內部充滿了德行的元素。如果想要成為真正正直的人，那些論點十分重要——不對，應該說是具有最高的重要性。

《會飲篇》

蘇格拉底為什麼使用那麼多類比？首先，他是想要促使自己的對話夥伴以他們不習慣的方式認真進行思考。類比可使這樣的過程讓人比較熟悉。他利用日常事物與活動做出比擬，包括鞋匠與黏土。這些意象可讓人跳脫抽象，而稍微覺得比較安心。此外，類比也顯示任何人都可以這麼做，不是只有專家。蘇格拉底說：用你習慣的說話方式談論你所知道的事情，但在這麼做的同時，可以思考更重大的事物。

第二，蘇格拉底關注的主題——例如正義或德行——恐怕會顯得只是空泛的話語，乃至重要性比不上我們在日常生活中接觸的具體事物。蘇格拉底擔心那些觀念對我們而言會顯得不夠真實。看看他對於死亡的推想：

如果靈魂在脫離肉體的時候處於受污染而且不純潔的狀態，原因是靈魂向來都與肉體連結在一起，而深深關懷並且鍾愛肉體，也著迷於肉體及其激情和愉悅，以致認為只有摸得到、看得見、能夠吃喝並且可以用於獲得性快感的實體事物才具有真實性，同時又習於厭惡、害怕以及迴避那些眼睛看不見但可由哲學理解的事物——你認為處於這種狀態的靈魂能夠獨立脫離肉體而不受污染嗎？

《費多篇》

（不可能。）蘇格拉底認為觀念的重要性絲毫不亞於我們看得見、摸得著的東西——實際上還更加重要——所以致力於要讓別人也以這種方式看待觀念④。他希望大家都能夠把投注於自己的肉身以及他們所看見的其他事物上的那種精力與專注力，用來關懷自己的內在（心靈，靈魂）。蘇格拉底可以說是致力於挑戰一項偏見：比起僅有心智能夠思索的事物，我們更認真地看待感官能夠察覺到的東西。他對這種偏見發起抗戰，而類比即是他使用的其中一項武器。

溯源法

我們已經提過類比不能證明其所做出的比較是正確的，但能夠因為訴諸直覺而頗具說服力。此外，兩件事物如果在某些方面類似，也許就真的在其他方面也一樣類似；也許這兩者當中存在一項共通的原則。一旦以這種方式看待，類比就有可能像是一種「溯源（epagoge）」推理——這是蘇格拉底使用的另一種論述方式，而且我們最好在此簡短討論一下。

溯源法這種論述方式，就是由個別的例子導引出一般性的結論。《普羅塔哥拉篇》提供了一個例子（首先發話的是蘇格拉底）：

我說，有任何東西是美麗的嗎？

有。

而那種東西唯一的相反就是醜陋嗎？

的確如此。

那麼，有任何東西是善的嗎？

有。

而那種東西唯一的相反就是惡？

的確如此。

說話的聲音當中有所謂的急迫態度嗎？

沒錯。

而其唯一的相反就是沉著的態度？

的確如此，他說，就只有這麼一個相反的態度。

所以，每件事物都只有一個相反的事物，就是這樣而已？

他表示同意。

《普羅塔哥拉篇》

溯源法通常被認為是歸納推理的另一個名稱——**所謂的歸納推理，就是從個別例子導引出一般性的結論**。儘管蘇格拉底在運用這個一般性的模式時，有時會需要更多詮釋⑤，他確實經常會提出幾個在特定方面有效的案例，然後聲稱所有的案例都像是這樣，一如前述這段文字所示。不過，他主張自己的例子與結論所帶有的關係經常並不清楚可見。他的意思（至少就理論上而言）可能是：我們已經檢視了所有相關證據，而這是能夠加以解釋的規則。也可能是：我們已經檢視了部分證據，而這項規則看來可能行得通。或者可能是：我們已經看過一些例子，而這是那些例子一致闡述（但沒有證明）的一般論點，或者這是那些例子共同代表的普遍觀念。《普羅塔哥拉篇》的那個例子可以被視為是從幾個例子推論出一項規則，或是依據一項看似發自直覺的規則提出幾個例子。這些模式當中有哪些適合描述對話錄裡的哪些段落，是一項引起了不少爭辯的議題。我們不在這裡探究那些爭辯，但讀者應該要注意這些可能性。

溯源法與類比是蘇格拉底式論述當中的基本元素。這兩者之所以相似，是因為這兩者都涉及來回參照熟悉的個例與陌生的概念。蘇格拉底式道德推理當中的許多思辨都是以這種由下而上的方式進行：**一個既有的案例比較像是這個還是那個？我們可以從我們知道的事物當中推斷出什麼？蘇格拉底尋求對話夥伴對於簡單的主張表達同意，然後再利用那些同意提出重大主張。**

注釋

①《泰鄂提得斯篇》147ac。

②《泰鄂提得斯篇》451c。

③《泰鄂提得斯篇》455bc。

④見《費多篇》83c。

⑤見 Robinson, *Plato's Earlier Dialectic*, 33–38；Vlastos, *Socrates, Ironist and Moral Philosopher*, 267–60。

第十章 蘇格拉底的對話規則

- 沒有受到認真看待的規則
- 尋求真理（辯證與爭辯）
- 重點在人，而不只是在於主張
- 理性的優先地位
- 坦誠很重要
- 單一見證人原則
- 善意理解
- 不冒犯，也別動怒

蘇格拉底設定了從事對話的規則，本章將檢視其中幾項：⑴致力於找尋真相，而不是致力於贏得辯論、⑵檢驗人，而不只是主張、⑶針對論點本身進行判斷，不論提出論點的人是誰、⑷坦白說出你心中的想法、⑸單一見證人原則，也就是把對話當中的另一方當成對話證明結果的裁判、⑹善意理解原則、⑺不冒犯人也不因別人說的話而生氣。這些規則沒有在第三章裡當成蘇格拉底方法的核心要素加以討論，原因是其中有些只算是細節，有些則是不像其他要素固定受到遵循。不過，這些規則還是相當重要。

沒有受到認真看待的規則

部分蘇格拉底提出的規則只能勉強稱為「規則」，因為他自己與規則的關係就頗為緊張。他訂定規則，然後又違反規則。他要求自己的對話夥伴不要長篇大論，接著自己卻長篇大論起來①。他使用了一些拙劣的論點，乃至後來引起眾人辯論——他這麼做是不是刻意為之②？他有時顯得極為真誠，有時又顯得心口不一。他把諷刺帶入哲學，後來又為哲學犧牲性命。蘇格拉底乍看之下雖然率直又理智，但他（或是柏拉圖，或者他們兩人都是如此）也相當喜愛自己性格中不完全符合這些特徵的面向，以及逗趣和促狹的言詞。巴斯卡（Pascal）是這麼說的：

> 我們只能想像柏拉圖與亞里斯多德身穿引人敬仰的學術袍。他們是正直的人，就像其他人一樣，和朋友一起談笑，而他們藉著撰寫《法律篇》（*Laws*）與《政治學》（*Politics*）自娛之時，則是

> 把這樣的活動當成消遣。這是他們人生中最不具哲學色彩也最不嚴肅的部分；至於哲學色彩最濃厚的部分，則是過著簡單而平靜的生活。③

尼采說：

> 蘇格拉底超越了基督教的創始人，能夠保持愉快的嚴肅狀態，並且擁有充滿調皮的智慧，也就是構成人類靈魂最佳狀態的那種要素。④

這種能夠包含相反兩極的能力，是蘇格拉底精神的一部分。文學能力、哲學能力以及其他來自於在兩極之間移動的能力，而不是固著於兩極的其中之一。蘇格拉底式的哲學就是一個例子。這種哲學涉及的利害非常重大，但態度也相當輕鬆，而這正是其吸引力所在。愛默生說：

> 在一個醜陋的身體當中罕見地結合了這些迴異的特質：一方面滑稽逗趣，另一方面又具有烈士心性；一方面在街頭與市集熱切與人辯論，另一方面又是當時有史以來最和善的聖人。這樣的組合深深引起柏拉圖的注意，因為他的心智非常能夠容納這些對比……蘇格拉底性格中的奇特融合，為柏拉圖心智當中的融合設定了上限。⑤

不過，如果說蘇格拉底的部分對話規則看似不免遭到違反，也還是有其用處。那些規則帶有智慧，自有其道理，而理解那些道理有助於改善思考能力。你唯一需要做的，就是記住蘇格拉底方法也有另外一個分支，心即有時並不會認真看待自己的規則。

尋求真理（辯證與爭辯）

原本的蘇格拉底方法是對於真理的追尋，而不是一種辯論活動。蘇格拉底有時把追尋真理稱為辯證——相對於純粹為了樂趣或是為了爭勝而從事的爭辯（eristic）⑥。

> 蘇格拉底：如同你可能觀察到的，年輕人一旦初嘗這種滋味，就會為了娛樂而辯論，並且總是模仿自己所受到的反駁而駁斥別人；如同幼犬，他們也樂在對所有接近他們的人又咬又扯……不過，一個人一旦年齡漸長，將不會再耽溺於那樣的瘋狂當中；他會模仿尋求真理的辯證家，而不是為了娛樂而駁斥別人的爭辯者；這麼一來，將會提高他在性格上的節制，而不是降低這項追尋的榮耀。
>
> 《理想國》

如同這段文字所示，「爭辯」可以用於描述一場爭執或是引起爭執的人⑦。這個字眼似乎主要帶有貶義⑧。蘇格拉底式對話本身可能顯得具有爭辯性；讀者有時從中獲得的印象，也會覺得蘇格拉底為了打倒對方的主張不惜提出任何論點。無論這樣的批評正不正確，蘇格拉底與柏拉圖這兩人之一（或是兩人皆有）可能曾經遭人批評具有這種傾向。我們在對話錄裡就看過這樣的說法，例如克里提亞斯這麼指控蘇格拉底：

你現在做的，就是你剛剛否認自己有做的事，也就是致力於反駁我，而不是聚焦於論點之上。

《卡米德斯篇》

卡利克勒斯：蘇格拉底，你假裝自己追求的目標是真理，實際上卻是把討論導向這種倫理理想——這種觀念簡單淺薄得足以對大眾具有吸引力，而且完全取決於慣俗，而不是自然界……你設計的那種聰明但不公平的辯論手法，實際上就是由此而來：一個人如果依據慣俗的觀點發言，你提出的問題就帶有自然觀點的前提假設；而對方如果談的是自然，你就改談慣俗。

《高爾吉亞篇》

這類批評可能就是為什麼蘇格拉底對於這一點頗為敏感（柏拉圖可能擔心這類批評確實沒錯），也是為什麼蘇格拉底會刻意指出自己所提的並不是爭辯式論述——他追求的向來都是要得出正確的結果，而不是要取勝。

重點在人，而不只是在於主張

原本的蘇格拉底方法不只檢驗主張，也檢驗人。這是一種個人化的活動⑨。蘇格拉底在《申辯篇》裡描述自己的活動時，說的是「檢驗我自己和別人」，而不是檢驗命題⑩。此外，對話錄探討的主題雖是勇氣或虔誠這類概念，標題卻通常都不是《論勇氣》或《論虔誠》。那些對話錄通常都是以人為名——《拉凱斯篇》、《游敘弗倫篇》、《卡米德斯篇》等等。我們不知道這些標題是不是柏拉圖自己取的，但無論如何的確是相當適切。那些人物不只是用來談論哲學的藉口，而是主題的一部分。

尼西亞斯：任何人只要與蘇格拉底關係親近並且和他進行對話，都很有可能會被誘入辯論當中；而這個人在開頭不論提起什麼主題，都會不斷被蘇格拉底牽著走，結果就必須交代自己當下與過往的人生；而且他一旦身陷其中，蘇格拉底就會緊抓不放，直到對他徹底篩檢過後才肯罷休。

《拉凱斯篇》

現代的哲學家通常會以抽象方式辯論問題，並且試圖找出確切無疑的答案。蘇格拉底不同，因為他不只對一般問題感興趣，也想要知道那些問題在他所檢驗的人身上會帶來什麼結果。他的方法隱含了這樣的觀點：要把這兩者區分開來並不容易，而且可能不是我們應該追求的目標⑪。這點有時可以視為具有療癒性⑫。蘇格拉底的目標在於找尋真理，也致力於照顧心靈，或者靈魂。他把這兩者視為哲學實踐當中不可區分的部分。

蘇格拉底：我四處走動唯一做的事情，就是敦促各位不論老少好好照顧自己，但除了身體或者錢財之外，更要照顧你的心靈，並且盡力把你的心靈提升到最佳狀態。

《申辯篇》

由希臘原文音譯成英文的「心靈」一詞是「psyche」，而這個詞有時也翻譯成「靈魂」或者「心性」（英文為mental nature，這是彌爾的譯法）。蘇格拉底明顯是以這個詞語指稱個人的真實自我或者智力，他並沒有區別這兩者[13]。

有些學者把蘇格拉底式質問描述為「訴諸人身」（ad hominem）。這個詞語現在通常指人身攻擊，也就是藉著攻擊一項觀念的持有者來攻擊一項觀念。這種人身論述在蘇格拉底式言說當中沒有存在的空間，這點我們等一下將會看到。不過，在蘇格拉底式的言說裡，這個詞語有可能代表不一樣的意思。首先，這項觀念指的是蘇格拉底除了檢驗一項主張本身之外，也總是會檢驗那項主張的持有者。他通常會發現那名持有者說的話前後不一致，但這只是證明了那名持有者有問題，而不必然表示那項主張有問題。第二，蘇格拉底是藉著對手本身的前提進行辯論。他不說那些前提是否有效[14]，而是說：**假設你相信X，那麼我們就來看看這樣會引導出什麼樣的結果**。在實務上，蘇格拉底通常藉著提供一些額外論點而推動對話前進，但他總是會取得對方的同意，所以還是沒有偏離訴諸人身的精神。這樣的辯論不是一條直接通往真理的道路（甚至可能不是一條道路），只是顯示出對方在何處搞混了。不過，這點對於蘇格拉底來說相當重要，因為他對於自己身為哲學家的使命，以及探究眾人及其心智的使命，並沒有加以區分。

蘇格拉底式探問的個人面向也能夠解釋道德哲學的進步為何如此緩慢。有些在數千年前就對人類造成困擾的問題，到了今天也還是持續困擾著我們。我們要是以蘇格拉底的眼光看待哲學，應該就不會對此感到意外。蘇格拉底式的哲學必須由每個實踐的人各自從頭來過。

理性的優先地位

但在其他重要的面向，蘇格拉底則是把探問視為一項客觀事務。首先，他不會提出我們現在所謂的人身攻擊論述，從來不會攻擊直接對話夥伴。嚴格說起來，我們也許可以說，蘇格拉底根本不與對話夥伴辯論，只是促使他們與自己辯論。不過，他確實會質疑對話夥伴所說的話，並且有時鍥而不捨的程度會令對方不禁感到惱怒，甚至也可能會惹惱讀者。然而，蘇格拉底也總是彬彬有禮，從來不會以苛刻的修飾語形容一項論點或是提出那項論點的人（一個例外出現在《大希庇亞篇》裡，他在其中確實使用了強烈的語言——不過是使用在自己身上）。

此外，保持理性客觀也比避免侮辱對話夥伴的原則更重要。在蘇格拉底眼中，一項論點的價值與這項論點是由什麼人提出無關。這就是為什麼他願意和任何人談話，也願意聆聽任何人說的話。他不怕反駁權高勢大者，也願意接受任何人的反駁，只要推理健全就行。

> 我容許任何人質疑我，不論貧富；或者他們如果願意的話，也可以回答我的問題，以及聆聽我說的話。《申辯篇》

> 波魯斯：蘇格拉底，你說的話很不容易反駁，可是你剛才那項陳述是不是連兒童都有可能加以反駁？
>
> 蘇格拉底：那我會非常感謝那個兒童，而且你要是願意反駁我，讓我從愚蠢當中解脫出來，那麼

我也會同樣感謝你。

我說，那麼，親愛的先生，請你打起精神，對我剛剛問的那個問題提出你的意見，不管這樣是否是在反駁克里提亞斯還是蘇格拉底；只專注於那個論點上，然後看看這樣的反駁會帶來什麼結果。

《高爾吉亞篇》

《卡米德斯篇》

這項原則隱含了兩個面向的意義。首先，蘇格拉底考慮一項論點的時候不會屈意聽從任何人的意見。就算是最聲名顯赫的人，在他眼中也一樣可以接受探問；他的質問對象包括將領與貴族。《申辯篇》記述了他如何尋求富有智慧、並因此有資格獲得別人尊敬的人⑮，結果他一無所獲。第二，蘇格拉底認為任何人都有資格反駁他。窮人不因他們的地位或者欠缺教育而不具備這樣的資格，而富人也一樣不因他們的地位而不具這種資格。在對話錄裡，有時他身處高位的對話夥伴會提出符合自身利益的觀點，但蘇格拉底從不對這一點有意見。他根本不在乎。符合他們利益的論點，一樣可能是有效的論點。一項主張的價值，純粹是根據推理的品質以及支持該項主張的證據加以判斷。

在合理的基礎上可以打破這個規則。舉例而言，在《理想國》當中，蘇格拉底與格勞孔一度談起什麼樣的快樂才是最大的快樂：來自物質利益、來自榮譽，還是來自智慧的快樂？他們認定最能夠回答這個問題的人，應該是這三種快樂都體驗過而能夠加以比較的人。而且，他們認為最有可能具備這種條件的人應該是個有智慧的人。於是，格勞孔在這樣的引導之下得出結論：在這個面向，「有智慧的人一旦贊同自己的人生，即可提出權威性的意見」⑯。這是一項合理的結論，因為此處的問題與理性無關。他們問的是哪種快樂最強烈，而這是個涉及觀察的問題。觀察過那些快樂的人會比沒有觀察過的人知道得更多。他們可以更清楚看出證據。

這些要點可以轉變為實用準則，而供蘇格拉底方法的使用者遵循，不論他們是以正式還是非正式的型態使用蘇格拉底方法。提出主張的那個人的內部一致性，是蘇格拉底方法關注的核心焦點。換句話說，蘇格拉底注重的是一個人提出的各項主張是否彼此一致。不過，那個人的身分與這項分析無關。蘇格拉底使用的語言不包括這句質疑：「你憑什麼身分提出那個論點？」應該可以聆聽任何人說的任何話。一個論點如果取決於一項與證據有關的主張，那麼知道那項證據的人也許就有資格受到不知道那項證據的人所尊重。不過，要在這樣的基礎上受到尊重，也一樣需要有正當理由。因此，蘇格拉底方法不論在任何問題上都遵循理性的優先性。

坦誠很重要

蘇格拉底的另一項對話規則：說出你心裡真正的想法，而不是別人想聽的話⑰。這是他主張自己會採取的做法。

> 蘇格拉底：我拒絕說出最能夠討你們開心的話。你們一定想聽我流淚號哭，做出以及說出各種你們早已習於在別人身上看到，但我認為不符合我格調的事情。不過，我當時不認

為自己應該因為身處危險就卑躬屈節，現在也不後悔以那樣的方式為自己辯護。我寧可因這樣的辯護而死，也不願採取其他方式的辯護而活。

《申辯篇》

他也要求自己的對話夥伴必須這麼做。

蘇格拉底：你能不能確切告訴我，在你的看法當中，宜人與善是不是相同的東西，還是說有些令人開心的事物其實是不好的？

卡利克勒斯：我不能以一致的立場說那兩者彼此不同，所以我只能說那兩者是相同的東西。

蘇格拉底：卡利克勒斯，你違背了你原本的承諾。你說的話如果牴觸你內心真正的想法，那麼你就不再是我追尋真理的夥伴了。

《高爾吉亞篇》

「在我看來，」普羅塔哥拉回答道：「正義與神聖並非明顯可見是相同的東西。這兩者在我看來有所不同；可是如果你想要的話，那我們就姑且說這兩者是相同的東西。」——「『如果你想要』對我來說毫無用處，」蘇格拉底說：「我無意檢視或者反駁『如果你想要』或者『如果你這麼認為』。我只想檢視你內心的想法，以及我內心的想法，而不要有『如果』。」

《普羅塔哥拉篇》

我們為什麼需要這樣的規則？首先，因為堅持要求對話參與者說出內心的想法，能夠把焦點維持在應有的重點上，也就是真實⑱。不說出你真實的觀點，也有礙對於心靈的照顧。這就像是對醫生或治療師撒謊一樣。這麼一來，你其實無法得到治療，因為你不會受到治療體驗的影響。如果一段對話不會對任何人造成影響，那就純粹是浪費時間。從老師的觀點來看，這其實是一種很熟悉的現象。如果你希望學生能夠在課堂上有所改變，最好促使他們表達自己的真實意見。他們如果只說自己認為老師想聽的話，就不可能學到多少東西。

不過，那種情形當然經常發生。遭受訊問的人總是不免受到說假話的誘惑。他們想要討好訊問者、讓訊問者對他們留下印象，或是想要對訊問者表現出禮貌的態度，避免冒犯對方或者令自己尷尬。這一切的壓力導致人很容易提出虛假的同意，尤其在一個引導性問題引誘贊同的回答的時候。不過，蘇格拉底式的交叉詰問者不要你提出不是發自真心的同意。與其壓迫對話夥伴表示同意，蘇格拉底反倒會逼迫對方，在確定無疑之前不要表示同意。

> 蘇格拉底：克里托，你要注意的是，在做出這些個別的同意之時，可別到最後對於違反你真實信念的事情表達了同意……我甚至希望你要非常仔細地考慮自己是否認同我的觀點，以及我們的討論是否能夠奠基在這項確立的假設上：作惡絕對不會是正確的行為，就算你作惡是為了回應別人的惡行，或者藉由報復以保護自己不受傷害，都一樣是不正確的行為。當然，你也可以完全不接受以這種觀點做為討論基礎。我抱持這個觀點已有很長的時間，至今也還是如此，可是你如果有任何其他意見，請說出來讓我知道。

《克里托篇》

坦誠對於在一個社群裡促成倫理的進步也很重要。卡利克勒斯說明了自己的觀點，亦即最好的人生就是滿足最多欲望的人生。蘇格拉底相當欣賞他對於這一點的表達。

> 蘇格拉底：卡利克勒斯，謝謝你慷慨而坦率地闡述自己的立場。你現在做的事情，就是明白陳述了別人心中懷有、但不願說出來的想法。我求你竭盡全力維持這樣的態度。
>
> 《高爾吉亞篇》

不論在什麼地方都是這樣。眾人會談論某些信念，另外有些只藏在心裡而不肯拿出來談。但除非這兩種信念都能夠坦白提出來，否則就不可能在對話中達到真正的進展。所以，蘇格拉底式質問者一部分的工作，就是要鼓勵誠實。要做到這一點，最好的方法就是實踐蘇格拉底示範的方式。誠實的主張雖然會受到質疑與探究，但是提出主張的人不會遭到譴責。恰恰相反：一個人如果說出令人震驚的話，我們應該因此感謝他，因為他把這項主張端上了檯面，從而能夠受到理性的談論以及檢驗。這麼做是一種為了裨益社群而不惜承擔個人風險的行為。其他人可能也有同樣的想法，卻沒有說出來。而那個沒有說出的想法，可能比說出來的想法更接近真實。

蘇格拉底方法當中的坦誠規則，並不比其他大部分的規則更為絕對[19]。有時候，蘇格拉底會為了在對話夥伴放棄之後繼續推進論述，或是因為其他原因，而暫時把這條規則擱在一旁[20]。此外，質問者也不受到相同的坦誠要求；儘管有上述那段引自《申辯篇》的文字，蘇格拉底本身的真誠有時卻不免引人懷疑㉑。這是無可避免的情形。要成為一名有效的蘇格拉底式質問者，你經常必須抗拒別人提出的主張，就算你心裡認同那項主張也不例外——或許這時更該加以抗拒，因為做出自利性確認的風險非常高。「魔鬼的代言人」原本是指天主教裡負責針對封聖候選人指出缺陷的人員，而蘇格拉底式質問者面對普及的信念時，就經常必須扮演這樣的角色。

坦誠必須自我監督，而這樣的監督有可能會失效。你可以在蘇格拉底式的探問當中造假而不被逮到。這種現象甚至也可能發生在你檢測自己的信念時。在這種情況下，坦誠的規則可能顯得頗為愚蠢，因為你和自己對話時，當然沒有理由不坦率面對自己。不過，沒有什麼是理所當然的。**誤以為自己相信一個你其實不相信、但希望自己相信的信念，是相當普遍的情形**，而這時又沒有別人能夠指出你的想法其實是一派胡言。你的自我形象可能會受到如公開形象一樣的細心呵護，所以坦誠的迫切性與難度可能在面對自我的時候反而最高。蘇格拉底曾對這點表達擔憂。

> 蘇格拉底：沒有比自我欺騙更糟的事情，因為欺騙者總是在家，總是和你在一起。
>
> 《克拉梯樓斯篇》

蘇格拉底也提到我們有可能多麼努力說服自己相信可能不真實的事物：

> 蘇格拉底：在這一刻，我明白自己沒有哲學家的脾氣；如同平民百姓，我也只是個盲目支持者。

盲目支持者一旦與人爭論，根本不在乎問題的對錯，只一心想要說服聽者接受他自己的主張。在當下這一刻，盲目支持者和我的差別純粹只有這一點——他尋求的是說服聽者接受他所說為真，我尋求的則是要說服自己；對我來說，說服聽者只是次要的目標。

《費多篇》

單一見證人原則

實踐蘇格拉底方法的另一項規則：數字不代表任何意義。一個意見受到超過半數的人支持，或甚至是受到全世界支持，都絲毫不重要。真正重要的觀點，是對話參與者抱持的觀點。真理只要有一位見證人就足夠了。

蘇格拉底：針對我們討論的這些議題，我如果沒辦法爭取到你來當我的見證人——儘管只有單單一個人！——證明我的立場所帶有的真實性，那麼我就不可能達到任何重要的成果；我敢說，如果我不同意你的立場，你也一定不會認為自己達成了任何重要成果。只有一個人並不重要；你只要能夠爭取到我擔任你的見證人，一定會放掉其他所有人。

《高爾吉亞篇》

波魯斯：蘇格拉底，你難道不認為自己說的話所帶有的怪異性就足以構成反駁了嗎？你何不問問這裡的任何一個人是否同意你說的話？

蘇格拉底：波魯斯，我不是政治人物……我的專長僅限於造就單獨一名支持我想法的見證人——也就是和我從事討論的人——而我絲毫不在乎為數眾多的他人，只知道怎麼請求單獨一個人的投票支持，根本不懂得怎麼對大批群眾說話。

《高爾吉亞篇》

單一見證人的觀念有幾個作用。首先，如果擔心全世界的人會不會喜歡，就不可能說出內心真正的想法。單一見證人的觀念試圖藉由訂定規則而把這種社會壓力排除於對話之外。第二，蘇格拉底式對話應當單純只仰賴參與對話者的推理。單一見證人規則可避免他們把其他人視為權威來源㉒。這點也提醒了我們，健全的推理和廣受喜愛的推理是完全不同的兩回事。

蘇格拉底：你想要把法庭裡的人認為有效的那種修辭性反駁用在我身上。在法庭裡，他們也認為自己只要能夠找出一大群聲名顯赫的證人支持他們提出的論點，而另一方卻只能提出單獨一名證人或者根本沒有證人，那麼他們就證明了對方是錯的。不過，這種反駁方式在真理的領域裡毫無價值，因為在法庭裡，只要有一大群外表看來體面的人共同對一個人做出偽證，那個人就會因此敗訴。

《高爾吉亞篇》

所以，以「大家都知道……」或者「沒有人認為……」這樣的話證明一項論點是無效的做法。你知道嗎？

第三，我們已經看過蘇格拉底式探問是一項個人化的過程。單一見證人原則也是那種做法的另一個部分。喚醒自己或者喚醒別人認知到真理的部分特質，是一項極為巨大的成就。不過，檢驗是否清醒的唯一方法，就是被喚醒的人是否體認到自己清醒了。這個檢驗方法使得探問的成功與否很容易衡量。沒有必要考慮旁觀者怎麼認為，重點只在於對話夥伴是否同意。

蘇格拉底：我們如果藉著提出道德所有的好處來反駁他的主張，接著他又針對我們的說法提出回應，那麼我們就必須把各種好處加總起來，衡量雙方提出的清單各自有多長，然後又會需要找一群陪審團來幫我們做出裁決。另一方面，如果我們從事剛剛的這種探究，也就是致力於贏得對方的同意，那麼我們就可以同時擔任自己的陪審員以及原告。

《理想國》

這些論點大都可以直接挪用於沒有對話夥伴的蘇格拉底思考上。蘇格拉底式的人物總是不斷與通行的意見對話，毫不畏懼地反駁，也不會因為別人都怎麼說或者可能會怎麼說而屈服。以下這段話不但適用於我們和別人對話的情境，也同樣適用於和自己爭論。

蘇格拉底：你如果想要找證人來宣稱我錯了，那麼你大可認定雅典幾乎所有人都會支持你的立場……儘管如此，還是會有一個表達異議的聲音，就是我——儘管只有單獨一人。你沒有提出令人信服的理由，說明我為什麼應該同意你的觀點；你所做的只是找來一大群反對我的假證人，憑藉著他們的支持而試圖剝奪我承繼的遺產，也就是真理。
《高爾吉亞篇》

群眾不可信。這點在當今尤其重要，因為任何人都可以在網路上號召「一大群假證人」（必須注意的是，蘇格拉底雖然認為在對話裡只要有一名見證人就已足夠，但集體意見一旦以法律的型態呈現，以致個人必須決定該怎麼做，因應集體意見的問題就會變得比較複雜——他在《克里托篇》裡討論了這個議題）。

善意理解

蘇格拉底通常以寬容的態度對待他的對話夥伴。首先，他理解對話夥伴所說的話時，總是試圖以最合理的眼光加以看待。舉例而言，高爾吉亞指稱修辭是專精於以言語產生結果，而且是單純只憑言語。蘇格拉底的用意是要在整體的層面上質疑高爾吉亞對於修辭的想法，但他首先想要盡可能幫助高爾吉亞。蘇格拉底指出人在各式各樣的領域裡——諸如算術與幾何學——都會使用詞語傳達觀念以及完成工作。高爾吉亞對此表示同意。他們的對話繼續下去：

蘇格拉底：可是我相信你一定不會想要把修辭和那些領域的任何一個畫上等號。我知道這聽起來就像是你說的話，因為你把修辭定義為一種依賴言語達成結果的專業領域。如果有人想要找你吵架，可能就會針對這一點說：「所以，高爾吉亞，你是把修辭等同於數學嗎？」但我敢說你實際上一定不是把修辭等同於數學或者幾何學。

高爾吉亞：蘇格拉底，你說得對。你正確解讀了我的意思。

《高爾吉亞篇》

這是對話當中一種良好的一般性做法：努力幫助你的對話夥伴，不論是真實還是想像中的對話夥伴，明白理解他們所說的話；而他們的意思如果不清楚，就要假設他們聰明而且用意良善，也要假設他們說的話有其道理[23]。

蘇格拉底在《泰鄂提得斯篇》裡也採取了這種做法，但是又更加積極。在這部對話錄裡，他意在質疑普羅塔哥拉的觀點。可惜普羅塔哥拉已經死了，所以蘇格拉底必須先描述普羅塔哥拉的觀念，然後再加以推翻。他首先把「人是萬物的尺度」這個觀點歸屬於普羅塔哥拉。這句話可以有幾種意思，其中有些看似可信，有些則不然。蘇格拉底針對普羅塔哥拉表示：「他是個聰明人，不太可能會胡言亂語；所以，且讓我們跟隨他的腳步。」[24]接著，他提出幾個案例，盡可能讓普羅塔哥拉的觀點顯得具有說服力，然後又以許多頁的篇幅證明普羅塔哥拉的觀點不具說服力。接下來，他又以更多頁的篇幅想像普羅塔哥拉可能會對此提出哪些熱切並且強而有力的回應。然後再以更多篇幅從事反方向的探討——如此等等。這部對話錄或其他任何一部對話錄的讀者，通常都會注意到蘇格拉底如何以巧妙的創意為自己的立場提出反對與支持的論點。這是測試蘇格拉底式進展的一個好方法：亦即一個人有多高的傾向與能力可以為自己的觀點提出強烈的反對論點，甚至比自己的對手做得更好。

在現代，以上所述的這種做法有時被人概括稱為善意理解原則，也就是盡力以最合理的方式解讀別人說的話，並且以最正面的觀點看待別人的論點。這項原則曾被人歸屬於許多作者，但如同大多數重要的智識程序，這項原則也可追溯到蘇格拉底。他質疑一項立場時，通常是針對那項立場最具說服力也最吸引人的型態，而有時候這麼做就等於是幫忙做辯論對手的工作。簡言之，蘇格拉底主動面對自身立場所遭遇的困難問題。把這點陳述為從事對話的實際建議，就是考慮對於你的對手或對話夥伴而言最好的狀況，而不是對你自己而言最好的狀況。

不冒犯，也別動怒

蘇格拉底方法的實踐者會避免冒犯別人，也會避免因為別人說的話而生氣。你如果試圖要在與另一個人的對話當中找出真理，那麼冒犯對方就是很嚴重的風險。針對重要主題所從事的對話，經常會涉及雙方都懷有強烈感受的論點。那些強烈的感受對於別人的質疑會非常敏感，一旦遭遇不認同，不管對方的論點有多麼理性，都可能被視為人身攻擊，不然就是會引起被質疑者的憤怒回應。如此一來，原本的探究即不免偏離正軌，對話也因此轉變成別的東西。

蘇格拉底談過這個問題。他告誡高爾吉亞注意以下這種情形，也就是兩個人在爭論的時候——

其中一人指稱對方錯了或是說話內容不清不楚，於是兩人都因此生起氣來，認為自己的觀點遭到對方惡意誤解，從而雙雙都想要在這場爭論當中獲勝，而不再檢視他們原本著手討論的議題。有時候，對話會因此在最後落入極糟的狀態，只見雙方互相辱罵對方，說出各種不堪入耳的話，導致旁觀者不禁責怪自己為什麼會認為這兩人的對話值得一聽。

《高爾吉亞篇》

（即便過了幾千年之久，這樣的情形仍然絲毫沒變。）蘇格拉底之所以說出自己的擔憂，原因是他反駁了高爾吉亞，而想要確保自己的對話夥伴知道他這麼做並非針對個人。高爾吉亞如果覺得受到冒犯，那麼他們就該停下來，改談別的題目。蘇格拉底在別的地方也採取過類似的步驟。

我不會再針對你朋友的演說繼續發表意見，以免讓你覺得受到冒犯；不過，我認為那項演說對於人應當避免的事情提供了其他許多例證。

《斐德羅篇》

這樣的做法展現了良好的判斷力。你在一場對話裡如果想要達到任何成果，就要避免會戳中別人痛處的論點，使用的例子也不要太具針對性，而且你的表達方式也不能激起對話夥伴的防衛心態。換句話說，要表現出謙恭有禮的態度。以不冒犯人的方式表達困難的論點是一種技藝，這點在本章裡已經討論過。要做到這一點，就必須精心挑選自己使用的話語和例子，並且表達出對於對方的尊重。如果發現情勢有升溫的跡象，也絕對可以明白指出你的意思是X，而不是Y。這就是蘇格拉底的做法。

所以，蘇格拉底盡量不冒犯人。不過，這個問題有兩個面向。如果你想要從事一段理性的討論，那麼感到被人冒犯就也和冒犯別人一樣是個問題。因此，蘇格拉底也明白表示自己不會因為遭到反駁而生氣。他說：「我很高興有人能夠證明我的錯誤觀念是錯的。」㉕實際上，蘇格拉底把別人的反駁視為一種恩惠。

> 如果有人證明我錯了，帶給我的開心程度絕對不亞於我證明別人錯了，因為在我看來，我得到了最好的結果：因為沒有任何東西會比我受到拯救而擺脫的那種狀態更糟，所以那樣對我來說比起拯救別人更好。
>
> 《高爾吉亞篇》

他後來也對卡利克勒斯提出同樣的論點：

> 如果你確實證明我錯了，我不會像你生我的氣那樣對你生氣，而是會確保公共紀錄把你登載為我最大的恩人。
>
> 《高爾吉亞篇》

在後來一部蘇格拉底沒有出現於其中的對話錄裡，柏拉圖藉著書中的其他主角，以較為平鋪直敘的語言提出同樣的論點。

> 雅典人：在追求真理與良善的過程中，我們其中一人很有可能必須反對別人的法律，屆時我們絕不能因此感到不悅，而應該和善接受對方說的話。
>
> 《法律篇》

這種態度對於蘇格拉底式探究的成功至關緊要。冒犯別人以及感到被人冒犯不只在實際發生時才是問題，造成冒犯的風險本身就會預先造成問題，因為這種顧忌會使人言不由衷。一個人如果擔心自己說的話會冒犯別人，就不會說出內心真正的想法，於是邁向真理的進程即告終止，因為每個人都會對自己不認同的觀點假裝表示同意。不僅當時如此，這也是現在常見的問題。拋開這種恐懼是蘇格拉底方法的一部分。這麼做需要勇氣，也需要雙方都致力於不把爭論視為人身攻擊，不論他們探討的觀念最後得出什麼結果。

此處的討論看起來可能和讀者心中蘇格拉底粗魯無禮的印象互相牴觸。不過，他的行事作風乃是因情境而異。我們看過他對自以為是或者好鬥的對話夥伴表現出嘲諷挖苦的態度（而且他對自己也極為嚴苛），但他的許多對話都是秉持和善的精神與朋友一同進行。他曾以開誠布公的態度指出這兩者之間的分別。

米諾：如果有人說自己不知道顏色是什麼，而且對於形狀也是同樣迷惑不解，那麼你認為別人會怎麼回答他？

蘇格拉底：我會對他據實以告。如果向我提出這個問題的人是那種聰明而且愛好爭論的人，總是喜歡在口舌上爭勝，那麼我會對他說：「你聽過了我要說的話。我要是錯了，你就必須質疑我，迫使我解釋自己的觀點。」另一方面，如果對方願意加入像是你我現在所從事的這種友善對話，那麼就應該提出比較平和、比較適合對談。

《米諾篇》

這種做法也可以運用於自我檢視。內在的蘇格拉底功能就和對話當中一樣，具有類似於陀螺儀的效果，能夠幫助我們維持方向，能夠提供互補。蘇格拉底的對話夥伴如果缺乏自信，他就會鼓勵對方。對話夥伴如果過於自我膨脹，他就會洩對方的氣。自我當中的蘇格拉底直覺也可以採取相同的運作方式。在自我尖酸刻薄的時刻，蘇格拉底功能可以扮演莎翁劇作裡的丑角或者宮廷弄臣的角色。蘇格拉底功能的職責，就是在自我過度高估自己的時候對其不留情面，在自以為是與狂妄自大的時候加以奚落，並且認真找尋國王的新衣，確認那襲新衣並不存在。此外，國王一旦因此生氣，蘇格拉底功能也會表現出驚訝與懊惱。

注釋

① 舉例而言，見《高爾吉亞篇》449bc、464b-466a。

② 見以下這些著作的討論與引據：Vlastos, *Socrates, Ironist and Moral Philosopher*, 132–56；Cohen, “Aporias in Plato’s Early Dialogues”；Sprague, *Plato’s Use of Fallacy*。

③ Trotter, *Blaise Pascal: Thoughts*, 116。

④ Levy, *Friedrich Nietzsche: Human, All Too Human*, 242。

⑤ Emerson, *Representative Men*, 77。

⑥ 針對「爭辯」的意義所進行的探討，見Vlastos, *Socratic Studies*, 136。

⑦ 見Nehamas, *Virtues of Authenticity*, 112–13。

⑧ 見Grote, *Plato and the Other Companions of Sokrates*, 1:554 n。

⑨ 見Robinson, *Plato’s Earlier Dialectic*, 15–17；Tarrant, “Socratic Method and Socratic Truth,” 256–63；Talisse, “Misunderstanding Socrates,” 52–53。

⑩《申辯篇》28e。

⑪ 見 Brickhouse and Smith, *Plato's Socrates*, 12–14。

⑫ 見 Vlastos, *Socratic Studies*, 10。

⑬ 針對這個詞語在當時的意思所從事的討論，見 Guthrie, *History of Greek Philosophy*, 467–70。

⑭ 見 Annas, "Plato the Skeptic," 316–22。

⑮《申辯篇》21c-22e。

⑯《理想國》583a。

⑰ 這點充分討論於 Vlastos, *Socratic Studies*, 7–11；Irwin, "Say What You Believe"；Robinson, *Plato's Earlier Dialectic*, 78–79。

⑱ 見 Vlastos, *Socratic Studies*, 8–9。

⑲ 見 Vlastos, 10–11；Kahn, "Vlastos's Socrates," 170–172。

⑳ 見《普羅塔哥拉篇》333bc；《理想國》349a。

㉑ 關於這一點的討論，見 Fink, *Development of Dialectic from Plato to Aristotle*, 7；Brickhouse and Smith, *Plato's Socrates*, 14–16；Kahn, "Vlastos's Socrates," 169–73。

㉒ Robinson, *Plato's Earlier Dialectic*, 79。

㉓ 關於從蘇格拉底的觀點討論這種做法，見 Boghosian and Lindsay, *How to Have Impossible Conversations: A Very Practical Guide*, 26–27。這本書對於良好的對話還提出了其他許多實用的建議。

㉔《泰鄂提得斯篇》152b。

㉕《高爾吉亞篇》458a。

第十一章　無知

- 概觀蘇格拉底式無知
- 反諷
- 知識的種類
- 對於無知的無知
- 蘇格拉底的助產工作

蘇格拉底對話探討的主題各不相同，但也可以說全都是關於相同的主題，也就是知識與無知的關係。蘇格拉底不論做了其他什麼事情，通常也會證明一個看似專家的人其實不具備他以為自己擁有的知識。這點有助於我們看出自己也不具備自以為擁有的知識。蘇格拉底顯示了真理有多麼難以獲取，而要是幸運的話，這點將會使我們渴望更接近真理，同時也讓我們更加謙遜。對於蘇格拉底而言，無知也可以是一種策略性姿態，一種從事質問的方式，一種引誘別人提出觀點的方法，也是一種開放接受反駁的態度。本章將探討無知在蘇格拉底方法當中扮演的不同角色。

概觀蘇格拉底式無知

哲學可以有許多起點，也可以有許多終點。蘇格拉底哲學始於「我不知道」，也終於「我不知道」。在這兩點之間有一段進展與進步的過程，但不是從問題到答案，而是從一個問題到另一個問題。這也是一種方向的變化。與其經歷一連串的確定性，你會習於在缺乏確定性的情況下探尋。床墊底下有個凸起物，令你翻來覆去難以入眠，而你終究也接受自己永遠不可能安睡的事實，並且不以為忤。那個凸起物就是無知。在蘇格拉底哲學當中，無知可以代表許多東西：一項令人震驚的發現、一種長久存在的狀況、一項激勵人的動力、一名敵人，也可能是一個無可避免的結果。

蘇格拉底探究的起點就是察覺自己的無知，察覺你距離自己希望擁有的智慧有多遠，察覺你在最迫切的問題當中距離確切的答案有多遠。《申辯篇》就確立了這一點。蘇格拉底於他自己的審判上提出的演說裡，憶述了自己一生的努力始於何處。駐在神廟裡的女祭司皮媞亞（Pythia）告知德爾菲神諭的一名造訪者，世上沒有人比蘇格拉底更有智慧。蘇格拉底描述了自己聽聞這個消息之後的反應。

我在心裡想著，阿波羅神這麼說會是什麼意思？他的謎語該怎麼解讀？因為我覺得自己對於大大小小的事物都不擁有智慧……認真思考之後，我心想只要能夠找到一個比我更有智慧的人，那麼我也許就能夠帶著這項反駁證據去找阿波羅神……於是，我找上一位以富有智慧著稱的人物，細細觀察他——我不需要在此指出他的名字，他是一位我選擇做為檢視對象的政治人物——而我得到的結果如下：我一開始和他說話，就不禁認為他其實不是很有智慧，儘管許多人都認為他富有智慧，而且他自己更是這麼認為。因此，我試著向他說明雖然他認為自己富有智慧，實際上卻不然；如此一來，他就開始恨我，而有幾個當時在場並且聽到我那些話的人也對我懷有相同的敵意。然後，我轉身離開，並且在離開的時候這麼想著：我雖然認為我們兩人都不知道任何真正美麗而良善的事物，但我還是勝他一籌——因為他什麼都不懂，卻以為自己懂；我則是同樣什麼都不懂，也不認為自己懂。

《申辯篇》

蘇格拉底繼續質問別人，而一再得到同樣的結果。蘇格拉底特有的智慧原來是：他不以為自己擁有智慧，這是對話錄裡一再出現的一項主題。他一再強調自己的無知①。

蘇格拉底：我在這方面與我國同胞一樣貧乏，只能羞愧地承認自己對於德行一無所知。

《米諾篇》

蘇格拉底認為自己的使命是要揭穿一切虛妄的智慧感受。

我順服阿波羅神，在世界各地找尋任何看似富有智慧的人，不論他們是公民還是陌生人，然後探究他們的智慧；那個人如果實際上缺乏智慧，那麼為了證明神諭所言不虛，我就會向他證明他缺乏智慧。《申辯篇》

我們如果把蘇格拉底視為心智的一項內化特徵，那麼其第一要務而且持續不斷追求的目標，就是根除自以為擁有知識的虛妄自負。否則，那些自負心態就會像雜草一樣阻礙其他一切更好的東西生長出來。蘇格拉底認為真正的智慧與自以為擁有智慧的感受呈現負相關。

反諷

學者投注了許多時間思索蘇格拉底聲稱自己無知的主張。那些主張由於兩個原因而難以就字面意義看待。第一、那些主張有時聽起來帶有反諷意味。蘇格拉底的話語經常潛藏著一股促狹與嘲諷，彷彿他與自己的對話夥伴——還有他與讀者之間——玩著遊戲，因為他的反諷何時出現以及何時消失實在難以判斷②（前引的《申辯篇》內容就是這方面的例子）。蘇格拉底的對話夥伴如果自稱擁有知識，這時他話語中的反諷色彩就十分明白可見。蘇格拉底會先以誇大的言詞恭維他，接著向他提出幾個問題，然後在對方答不出來的時候進一步奉承。游敘弗倫聲稱自己知道虔誠與不虔誠的差別時，蘇格拉底說：「我所能夠做的最好的事情，就是成為你的學生。」③過了幾頁之後，游敘弗倫的論點遭到推翻，蘇格拉底接著說：

蘇格拉底：我相信你一定認為自己清楚知道何謂神聖，何謂不神聖。所以，無與倫比的游敘弗倫，請你告訴我，而且不要向我隱瞞你對那件事的判斷。

游敘弗倫：改天吧，蘇格拉底，因為我現在趕時間，不走不行了。

蘇格拉底：我的朋友，你在做什麼？你難道就要這麼離去，粉碎我向你學習何謂神聖以及何謂不神聖的期望嗎？

《游敘弗倫篇》

蘇格拉底請求希庇亞教導他美或者優雅，因為他說自己無法對這個主題從事明智的討論。他對希庇亞說：「你當然熟知這項主題；在你擁有的眾多知識當中，這只是一項很小的學問而已。」④他們討論這個主題長達好幾頁的篇幅，希庇亞最後顯得惱火不已。蘇格拉底則是頗為沮喪。

蘇格拉底：希庇亞，我的朋友，你很幸運，因為你知道人應該從事哪些活動，而你自己也從事了那些活動——並且如你所說的相當成功。不過，我顯然遭到我的瘋狂運氣所阻礙。

《大希庇亞篇》

蘇格拉底在這些時刻看起來都不太吸引人。沒有人會認為他的讚美是發自真心，頂多可能除了希庇亞以外。要平心接受這種風格，最簡單的方法就是假設真實的蘇格拉底並不會這麼說話——但他要是真的說起話來是這種方式，也許就能解釋他為何不受歡迎。此外，我們也不需要把這些例子視為柏拉圖對於人該怎麼說話所提出的建議。我們只需要記住，遭到蘇格拉底冷嘲熱諷的那些人，都是自以為是的大嘴巴（他對其他人就客氣得多）。我們可以把他對待那些人的方式解讀為一種可供效法的模範，而以同樣的鄙夷姿態對待我們自己內心的自負，如同第四章所述。

無論如何，蘇格拉底顯然不總是心口如一。有些人認為他聲稱無知的主張也是同樣的表現，是一種教學用的把戲⑤。「蘇格拉底式反諷」是一種常見的說法，意指假裝無知的模樣而促使別人說話。蘇格拉底有時確實會為了促成討論而誇大自己的無知。然而，這種聲稱自己缺乏知識的主張，其實有著相當認真的意旨⑥。蘇格拉底之所以看似反諷，原因是他聲稱自己無知，接著卻證明別人更是如此，從而使得他自己看起來不那麼無知。不過，奚落那些聲稱自己知道某些事物的人，並不表示蘇格拉底知道對方所不知道的事。他對此做出了明確的區分。

> 蘇格拉底：別人說我有智慧，因為聽我說話的人總是以為我擁有別人所欠缺的智慧：但各位雅典公民啊，事實是只有神才擁有智慧；而祂提出該回答的用意，乃是在於證明人類的智慧根本毫無價值；祂其實不是在談論蘇格拉底，只是用我的名字做為舉例，彷彿是說：人類啊，最有智慧的人就是像蘇格拉底這樣知道自己的智慧其實毫無價值的人。
>
> 《申辯篇》

蘇格拉底確實相當瞧不起自己的智慧，只是他更瞧不起其他所有人的智慧，原因是他們不懂得該瞧不起自己的智慧。

我們之所以會感受到反諷意味的另一個原因，則是蘇格拉底雖然聲稱自己什麼都不知道，接著卻展現出自己充滿了他的對話夥伴從未想過的想法與洞見。不過，充滿想法並不等於知道答案。蘇格拉底如果知道他聲稱自己所不知道的答案，那麼我們也許可以預期他會以咄咄逼人的證據宣告結果，從而令他最驕傲自大的對話夥伴臉上無光。不過，他並沒有這麼做。在對話錄裡（至少是我們在本書裡所感興趣的那幾部對話錄），蘇格拉底從來不曾解決他們所探討的主要問題。他要是知道那些問題的解答，大概就會提出來。

想像一位西洋棋大師，在面對一個困難的棋局而百思不得其解之際，突然有個自以為是的旁觀者跳出來說解決方法顯而易見。那位大師說：「真是讓我大大鬆了一口氣！我實在不知道解決方法是什麼，請開導我。」那個旁觀者提出一項思慮不周的建議，於是大師針對那項建議的不足之處提出令人炫目的解說。這位大師是不是從一開始就抱持著反諷的態度？只有一部分而已。他說自己沒有答案，而且會很樂於得知答案是什麼，這的確是他發自肺腑的感受，但他其實相當確知那個旁觀者自以為知道的答案必定是錯的。儘管如此，他仍然比大多數人都更了解面前的這個問題（以及針對此一問題所提出的許多答案所帶有的毛病）。他已投注許多時間仔細推敲，看透了接下來十二步的發展。這是我們可以想像蘇格拉底內心狀態的一個方法。他四處找人交談，裝作預期對方懂得他所不懂的事物，這其實是他裝出來的姿態。不過，他說自己不知道答案，則是他的真心話。

所以，蘇格拉底如果說自己不知道他希望自己知道的事情，我們可以假設他是真心這麼認為。但儘管如此，我們還是不禁要問：他這麼說到底是什麼意思？

知識的種類

我說學者對於蘇格拉底聲稱無知的主張感到困惑難解有兩個原因，第一個是剛剛探討的反諷意味，第二個則是他說起話來經常顯得自己確實擁有一些知識。有時候，他會區辨他所知道的小事與他不知道的大事。

> 我知道許多事情，但都不是什麼重要事。
>
> 《歐緒德謨篇》

但他不時也會說出一些話，讓人覺得他畢竟也擁有一些關於大事的知識。

> 我確實知道，以不公正而且不順服的態度對待優於自己的對象，不論那個對象是神還是人，乃是一種邪惡而可恥的行為。
>
> 《申辯篇》

> 我絕對不認為知識與真實信念之間的區別只是一項可信的推論。我會說自己知道的事情不多，但針對這一點絕對會這麼主張；我認為這是我知道的少數事情之一。
>
> 《米諾篇》

有人試圖匯集蘇格拉底指稱自己知道事情的所有案例（弗拉斯托斯找出九例），以便找出其中共同的特點，並且確認這些案例和他在其他地方聲稱自己缺乏知識的主張互不牴觸⑦。此外，他偶爾聲稱自己擁有知識的這些主張也引發學術上的辯論。這些主張所涉及的事物，可能是蘇格拉底暫時認為成立，直到被反駁為止；也可能是他主張自己徹底確知的事物⑧。或者，他聲稱自己具有知識的主張也可能是一時口誤。或者，那些主張可能是關於他自己的經驗，而不是普世的真理。或者，他雖然缺乏整體道德知識，卻擁有零碎的知識⑨。又或者，他提及自己「知道」這件事或那件事，以及說自己什麼都不「知道」的時候，這兩者的意思並不相同⑩。

前述的最後一項觀點看來最可行。蘇格拉底對於自己的觀點懷有我們在第六章（關於反詰法）討論過的那種自信。他擁有的知識，就是在他的推理當中截至目前為止看來真實無誤而且尚未遭到反駁的事物。或者，他可能擁有我們所有人都不敢自稱專家的那種知識⑪。我們會對一件事物感到確切無疑，並且依循這樣的感受行事。不過，他不具備應當為他人聽從的那種知識，也找不到有任何人具備這樣的知識。不論這些推測何者正確（如果其中有任何一者正確的話），結果由此看來是相同的：他擁有的知識不是那種不必再加以探究的知識。

順帶一提，前述的這項解讀有助於我們理解一個問題。蘇格拉底說德行是一種知識（見第十四章），而且又否認自己擁有任何重要的知識。這是否表示他缺乏德行？如果他對於「知識」一詞的使用如同前述那樣帶有不同的意思，那麼這項結論就不成立。具有終極的確定性，而且能夠讓人再也不必從事更多探究的知識，是他所欠缺而且也找不到的東西。不過，他擁有許多「截至目前為止成立」

的知識，其一致性已經受到多次檢驗，並且尚未出現沒通過檢驗的情形，而這點即讓他得以擁有一定程度的德行。根據這種觀點，「知道」的重點在於程度高低。蘇格拉底竭盡全力求取進步：進步幅度也許不大，但已超越大多數人。

對於無知的無知

暫時找出了蘇格拉底聲稱自己無知是什麼意思之後，我們接下來可以考慮這樣的無知為什麼會在對話錄裡如此高度地被強調，以及這樣的無知有可能帶來什麼樣的幫助。

首先，蘇格拉底認為無意識的無知是重大惡行的來源。無知是我們犯錯的原因。人之所以會從事惡行、犯下錯誤，搞得自己悲慘不已，原因是他們其實不了解自己所做的事情，也不明白自己為什麼會那麼做。他們沒有認真思考自己的行為。不過，還有一種特別令蘇格拉底感到恐懼和鄙夷的東西：雙重無知，也就是不懂卻又自以為懂的人所懷有的那種無知。每個人都不免落入那樣的處境。我們可能會懷有一股根基不穩的自信，儘管那股自信絕對禁不起交叉詰問，卻從來不曾受到檢驗。處於這種狀態的人，不但自身的處境非常糟糕，也會對他人造成危險，就像是自以為清醒的酒醉駕駛一樣。

我們在《申辯篇》看到這項觀念。蘇格拉底在其中表示，知道自己無知，至少比不知道自己無知來得好。而這點又更為堅定地在後期對話錄提出，包括蘇格拉底在其中露臉機會不多的對話錄裡。

陌生人：在我看來，我確實看到了一種非常重大而且糟糕的無知，不但和其他無知頗為不同，而且帶來的壞處可能比得上其他所有無知加總起來的結果。

泰鄂提得斯：那是什麼？

陌生人：一個人如果不知道，卻以為自己知道；這看來似乎是智識當中所有錯誤的來源。

泰鄂提得斯：確實如此。

陌生人：我如果沒錯的話，那麼這種無知尤其應該被冠上愚蠢的頭銜。

泰鄂提得斯：的確。

陌生人：那麼，能夠促使人擺脫這種無知的教導應該稱為什麼？

泰鄂提得斯：陌生人，我認為你所說的這種教導應該不同於教人學習手工藝，而是多虧了我們而在世界上被人稱為教育的這種東西。

《哲人篇》

這項原則相當值得做為哲學的起點，或者如同這段引文所言，相當值得做為教育的起點。雙重無知可以連結於人性當中一個更基本的問題：自利性偏誤。自利性偏誤的其中一種型態，就是認為自己是宇宙的中心。佛洛伊德認為哥白尼、達爾文以及他自己的發現構成了一項傳統，一再打擊人類的「幼稚自愛」⑫。蘇格拉底式探究與精神分析有哪些交會處（精神分析本身也是對於某種雙重無知的抨擊），不是我們此處要探討的議題，但我們目前至少可以看出這項傳統能夠追溯到柏拉圖。

雅典人：對於自我的溺愛，實際上是每個人一切惡行的源頭；由於愛人對於自己所愛的對象是盲目的，因此也就會對公正、善良與崇高做出錯誤的判斷，而認為他對自己的重視隨時都應該高於對真理的重視。不過，如果一個人想要成為偉大的人，就不能重視自己或者自己的利益，而必須重視公正的行為，不論那項行為出自他自己還是別人。由於類似的錯誤，人也經常傾向於以為自己的無知乃是智慧，以致實際上什麼都不知道的人，卻以為自己什麼都知道。

《法律篇》

雙重無知會造成實際上的後果。如果你錯了，但清楚知道這樣的風險存在，也願意為此負起責任，那麼犯錯就不會是多麼嚴重的問題。但要是一個人錯了，卻滿心認定自己正確無誤，就會因此失去學習意願，而終究導致自己陷入災難。這樣的人如果擔任任何事物的負責人，他們的雙重無知也會對所有人造成災難。大部分的政治災難都可以用這種方式看待。柏拉圖一再回頭探討這項觀念。

雅典人：無知……可以由立法者輕易分為兩類：一種是單純的無知，也就是輕度惡行的來源；另一種是雙重無知，伴隨了自以為擁有智慧的自大心態。受到後者影響的人，會對一無所知的事物自以為無所不知。懷有這種無知的人一旦握有權勢和力量，就應當被立法者視為重大駭人罪行的來源；但這樣的人如果軟弱無力，就只會犯下兒童與老人才會犯的錯誤。

《法律篇》

> 蘇格拉底：存在於權高勢大者身上的無知不但令人厭惡，而且非常可怕，因為這種無知在實際和虛構的層面都會對人造成傷害；至於缺乏勢力的無知，則可以被視為荒謬，而且實際上也確實如此。
>
> 《斐利布斯篇》

蘇格拉底哲學始自對於真理之愛，但在行動方面，這種哲學的第一項任務卻是負面的：除去自以為擁有智慧的錯覺。在忙著添加自己的知識之前，你必須先搞清楚——而且是比任何人都積極——自己有哪些不知道的事情，以及你自以為確切無疑的虛妄感受存在於何處。這些感受很難看得出來，而且拒絕受到挑戰。要對抗這種感受，最好的策略就是有個內化的蘇格拉底，對你說著你並沒有自己眼中看來的那麼富有智慧。這是我們能夠達到最接近於智慧的感受與姿態。古斯里教授（W. K. C. Guthrie）說得好：

> 身為蘇格拉底主義者的重點不在於遵循任何一套哲學學說。蘇格拉底主義首要隱含的是一種心智態度，一種極易被誤認為是傲慢的智識謙遜，因為真正的蘇格拉底主義者不只堅信自己無知，也堅信全人類都同樣無知。⑬

蘇格拉底的助產工作

無知的姿態除了可以抵禦自身的愚蠢之外，也有可能具備另一種價值。這種姿態會鼓勵人從事實驗。你等於是向你的討論夥伴說：「假設我什麼都不知道。說出你的想法，並且加以完整發展。我會提出問題，其中有些會是很幼稚的問題，然後再看看答案會把我們帶到什麼地方。」這種做法讓新觀念有被接納的機會。這麼一來，便先排除了原本會因為地盤本能與習慣而受到捍衛的舊信念，於是新觀念也就不會被伴隨著那種舊信念而來的偏見所阻礙。聽者暫時放棄那些信念，而能夠自由接受新觀念或者加以駁斥。我們可以把這種做法想成一場公平的選舉。新觀念雖然還是會受到挑戰，但至少不會為現任者挾著既有資源加以排拒。

無知的這種用途，《泰鄂提得斯篇》的描述十分著名。蘇格拉底把自己形容為一名助產士，雖然不會生小孩，但能夠幫助對話夥伴產出一項觀念，或是在必要的情況下把有缺陷的觀念流掉。

蘇格拉底：我的助產工作具備所有的標準特徵，唯一的不同是我這項工作的施行對象是男性而不是女性，我協助他們心智上的生產，而不是身體上的生產。此外，我的技能當中最重要的面向，是運用一切想像得到的檢測方法，確認那個年輕人的心智產物究竟是虛幻而偽謬，還是可行又真實。不過，我有一項特質倒是與助產士一樣——我自己在智慧上乃是貧瘠不孕。我經常遭到的批評確實完全沒錯，也就是說我之所以向別人提出問題，自己又從來沒有任何具有建設性的話語可說，是因為我欠缺智慧。我為什麼會表現出這樣的行為？因為神迫使我關注別人的生產活動，卻又不准我產出任何產物。因此，我自己徹底欠缺智慧；我的心智從來不曾產生出任何能夠被稱為明智的觀念……

和我往來的人還有另一項與懷孕婦女相同的經驗：他們會遭遇產痛。實際上，他們日日夜夜承受的痛苦遠比婦女經歷的更為難熬；而引發以及緩解這種痛苦，就是我的專長所在。

《泰鄂提得斯篇》

在蘇格拉底的幫助下，泰鄂提得斯針對知識提出了一項定義——知識就相當於知覺。這項理論受到漫長的檢驗，結果未能成立。

蘇格拉底：我們現在是不是還處於懷孕狀態？我的朋友，現在還有沒有任何與知識相關的事物持續造成我們的痛苦，還是我們已經把一切都生產出來了？

泰鄂提得斯：我的確是一切都生產完畢了：多虧了你，我以言語表達出來的東西還多過內心懷有的想法。

蘇格拉底：我們的助產工作是不是宣告我們所產出的一切都是死胎，沒有任何東西值得保留？

泰鄂提得斯：確實如此。

蘇格拉底：那麼，泰鄂提得斯，你往後要是又想到更多觀念，並且獲得成功，屆時將會因為我們的這場探究而懷有更好的觀念；而且就算你不再懷有觀念，也會比較容易與人相處，因為你將不會因為自以為知道你不知道的事情而惹人厭。這種自我責任是我的技能所唯一能夠帶給人的東西，僅此而已。

《泰鄂提得斯篇》

這是對話錄裡比較廣為人知的一項比喻⑭，而且能有許多不同解讀。我在此提出這項比喻做為蘇格拉底式無知的意象，並且藉此顯示這種無知如何能夠引出原本可能不會進一步發展的觀念。蘇格拉底過度誇大自己腦子的空洞程度，確實有他的充分理由。他扮演了助產士的角色：處於一種接收的狀態，接著再進行檢驗。就某個意義而言，他其實渴望一種特定的無知，因為這樣能夠促使他的對話夥伴提出觀念。這不是蘇格拉底從事對話的唯一方式。整體而言，他並不是一個非常小心謹慎的助產士；他會提出自己的觀念，在《泰鄂提得斯篇》當中也是如此⑮。不過，智識助產的確是蘇格拉底方法的其中一個面向。

助產士的比喻提議了一種聆聽別人說話的方法。然而，如同蘇格拉底提供的大多數工具，這項比喻較有可能應用於個人內在。你可以把這項比喻想成你在檢視一項觀念或者艱困問題時所擺出的一種心智姿態。你想要先完整檢視那項觀念，並且看到其最好的一面，然後再開始加以批評。蘇格拉底投注必要的時間幫助泰鄂提得斯釐清他的意思，以及怎麼用言語表達出來——**然後再加以推翻**。這種方式遠勝於一般人習慣的做法，也就是醜化對手的論點，先削弱其力道，然後再提出反駁。這也是一種自制型態，可讓你客觀評估一項牴觸你自身信念的觀念。你不只是努力記住自己有可能是錯的，而是努力暫時忘卻你原有的想法。

注釋

①關於蘇格拉底坦承自己無知的所有表白，還有用於解釋那些表白的理論，有一項概觀可見於McPartland, "Socratic Ignorance"。

②見Vlastos, *Socrates, Ironist and Moral Philosopher*, 21–44。

③《游敘弗倫篇》5a。

④《大希庇亞篇》286e。

⑤Gulley, *Philosophy of Socrates*, 39。

⑥舉例而言，這樣的觀點可見於Irwin, *Plato's Moral Theory*, 39–40；Bett, "Socratic Ignorance," 218；以及Benson, *Socratic Wisdom*, ch. 8。

⑦見Vlastos, *Socratic Studies*, 43–66；Bett, "Socratic Ignorance"；Lesher, "Socrates' Disavowal of Knowledge"；Wolfsdorf, "Socrates' Avowals of Knowledge"。

⑧比較Vlastos, *Socratic Studies*, 48–56與Lesher, "Socrates' Disavowal of Knowledge," 279。

⑨見C. C. W. Taylor, "Plato's Epistemology," 166；Bett, "Socratic Ignorance," 225–228。

⑩Vlastos, *Socratic Studies*, 39–66是這種理論當中最著名的一項；至於這種可能性與近代哲學家的著作之間的關係，相關討論可見於Goldstein, *Plato at the Googleplex*, 366–67。

⑪關於這方面的討論，見Woodruff, "Plato's Early Theory of Knowledge"。

⑫Freud, *General Introduction to Psychoanalysis*, 246–47。

⑬Guthrie, *History of Greek Philosophy*, 449。

⑭羅賓森認為這項比喻「深深植根在我們的心中，以致我們通常將其視為所有蘇格拉底文獻所具備的一項特質，也是真實的蘇格拉底所具備的特質」。Robinson, "Forms and Error in Plato's Theaetetus," 4。另見Burnyeat, "Carneades Was No Probabilist," 8：「在表面層次上，這個比喻和其他比喻沒有任何不同，也是基於心智與肉體創造力之間的相似性。不過，這種相似性看來極為合適，甚至極為熟悉，因此不禁讓人認為這項比喻在某個更深層的意義上合乎心理現實。」

⑮關於這一點的討論，見Annas, "Plato the Skeptic," 325。

第十二章

無解

- 無解的定義
- 雙重無知
- 消除錯誤的自信
- 無解的激勵
- 把無解視為持續不斷的追求
- 無解式的真理
- 虛妄的無解
- 自我肇致的無解
- 遭到浪擲的無解

如果受到蘇格拉底質問，他終究會說服你認為自己說的話全都不夠好。熟悉了蘇格拉底式的思考之後，你自己可能也會得出同樣的結論。針對一項大問題所提出的任何陳述，都有可能被證實為不正確、不完整，或者在某個方面有所不足。這種發現終究可能會導致一種懷疑態度（見第十六章）。不過，這種發現帶來的最直接結果乃是「無解」（aporia）。無解是一種僵局，字面上的意思是「找不到路」。你一旦嘗試說出一項真理，卻一再遭到反駁，以致不知道自己還可以再做什麼或者想什麼，就是處於這樣的狀態。有時候，無解被人形容為一種心理狀態，一種幻滅而且困惑的感受；但嚴格說起來，這兩種狀態都是對於僵局的反應。這兩種狀態是你不再有資源能夠回答一個問題所產生的感受。你想要找到一個堅實的立足點，卻找不到。本章將思索無解的意義與價值。

無解的定義

無解以及無解的感受，在對話錄的不同地方以不同的方式描述，而且通常以一項比喻解釋，如同米諾對蘇格拉底說的這段話：

> 米諾：我目前覺得你正在對我施行魔法與巫術，徹底迷惑住我，直到我淪為無助的一團。要是可以油嘴滑舌的話，我會說我認為你就像是海裡的魟魚，不只外表像，還有其他方面也是。每當有人接近那條魟魚，就會被牠麻痺，而你現在對我做的似乎就是這樣的事情。我的心智和嘴唇確實都陷入了麻痺，以致我沒有話可以回答你。然而，我以前已經談論過德行好

幾百次，也經常針對這項主題向大批聽眾發表長篇大論，而且說得相當不錯，至少我自己是這麼認為。可是，現在我根本說不出來德行是什麼。

《米諾篇》

這類時刻還有其他的記述：

游敘弗倫：我完全不知道怎麼把我的想法告訴你。不曉得為什麼，我們提出的一切都一直不斷繞圈圈，而且也沒有一個東西會保持在我們所放置的地方。

《游敘弗倫篇》

蘇格拉底：好吧，尼西亞斯。你要是有任何自己可以運用的資源，可否請你幫助你的朋友，因為他們都困在詞語的風暴當中，找不到出路。

《拉凱斯篇》

對於許多人而言，最熟悉的無解經歷就是來自於思考死亡。他們要是專注思索自己意識的終結，有時會因此陷入迷惑。思考任何無限或者矛盾的事物，也可能會帶來這種感受。理性已經耗竭。無法前進，卻又沒有處於穩定的地位，因此可能會覺得無話可說①。

無解是蘇格拉底對話常見的一種結束方式。有時人們也會認為蘇格拉底對話的目的就是產生無解的結果。這也可能是柏拉圖為何採取此種寫作方式的另一個原因。要產生無解的結果，比較有可能的方式是藉由參與或者閱讀一段對話，而不是直接闡述。看似沒有結果的對話，如果其目標在於產生無解而不是結論，那麼這樣的對話也可說非常具有生產力。

雙重無知

無解可以是一種徵象，顯示其持有者脫離了雙重無知的狀態。你以為你懂得某件事情，結果發現自己其實不懂；你本來對自己的無知一無所知，但現在已明白知曉自己的無知。這就是蘇格拉底在《亞西比德前篇》（*First Alcibiades*）當中對於無解的論述方式。人如果受到別人提問但知道答案，當然不會感到驚恐；他們如果知道自己不知道答案，也一樣不會驚恐；他們如果以為自己知道答案，接著卻發現自己其實不知道，這時他們就不免會感到驚恐。

亞西比德：蘇格拉底，我鄭重宣告我不知道自己在說什麼。實話實說，我現在處於一種奇怪的狀態，因為在你連續向我提出的問題裡，我的想法都一直不斷改變。

蘇格拉底：我的朋友，你是不是不曉得這種困惑的本質為何？

亞西比德：我確實不知道。

蘇格拉底：如果有人問你有兩個眼睛還是三個眼睛，或是你有兩隻手還是四隻手，或是其他類似的問題，你認為你會每次都出現不同的想法嗎？

亞西比德：我現在已開始懷疑我自己了，但儘管如此，我還是認為我應該不會。

蘇格拉底：你會覺得毫無疑問，而且是由於這個原因——因為你知道？

亞西比德：應該是吧⋯⋯

蘇格拉底：問問你自己；你對於自己無知的事物會不會感到困惑？舉例來說，你對於怎麼料理食物一無所知。

亞西比德：的確是這樣。

蘇格拉底：那麼，你會思考料理食物的問題而搞得自己困惑不已嗎？還是你會單純把這種事情交給懂得料理技藝的人？

亞西比德：我會選擇後者。

蘇格拉底：或者，你如果乘船出海，你會思索方向舵該往內還是往外轉而搞得自己頭昏腦脹，還是會什麼都不做，而把這個問題交給領航員去煩惱？

亞西比德：我會交給領航員去處理。

蘇格拉底：所以，你只要知道自己不知道一件事，就不會對那件事感到困惑？

亞西比德：我想應該是如此。

蘇格拉底：那麼，你難道看不出來嗎？人生與實務當中的錯誤也一樣可以歸因於自以為擁有知識的那種無知。

《亞西比德前篇》

如同我們在第十一章看過的，在蘇格拉底眼中，雙重無知是所有人在某種程度上都曾經身處於其中的一種夢遊狀態。接著，你撞上一道牆。那道牆就是無解。這種喚醒方式雖然粗暴，卻深具價值。無知的感受——理解到你知道的沒有你以為的那麼多——令人不悅，至少在一開始是如此。自我會把這種感覺解讀為一種喪失，因為自我對於本身的智慧具有與生俱來的高度評價。不過，蘇格拉底式的探究可讓這樣的發現比較不那麼令人抗拒。我們會因此理解，這樣的發現其實不是智慧的喪失，而是智慧的來臨。

消除錯誤的自信

我們可以把無解視為真正展開學習之前的一個必要階段。你發現你過去總是以為自己說的話帶有明白可見的意思，但其實並不了解自己說的話②。現在，你體驗到缺少了什麼東西的感覺。你對自己擁有知識的自信不見了。必須消除那樣的自信，才能騰出空間迎來更好的東西。在《哲人篇》這部不是以蘇格拉底做為主角的柏拉圖對話錄裡，有一項針對這種觀點提出的貼切陳述。

陌生人：一如醫生認為必須先去除身體內部的障礙之後，攝取食物才會有其效益，靈魂的淨化者也知道自己的病患必須先受到反駁，並且從這樣的經驗當中學到謙卑之後，才能夠藉著應用知識而獲益。這麼一名病患必須先清除自己的偏見，並且認知到自己所知僅限於自己知道的事情。

泰鄂提得斯：這無疑是心智最好也最明智的狀態。

陌生人：泰鄂提得斯，由於所有的這些原因，我們必須承認，反駁是最傑出也最首要的淨化手段，而不曾受到反駁的人，即是處於一種糟糕的不潔狀態，就算是國王本身也不例外。這樣的人在重要事物上處於缺乏指導而且畸形的狀態，但如果想要成為真正幸福的人，就必須在這些事物上處於最美好也最純潔的狀態。

《哲人篇》

這種意義的無解也能夠為你清除惹人厭的特質。回想一下第十一章對於《泰鄂提得斯篇》的討論。泰鄂提得斯產出了一項被宣告為死胎的想法。蘇格拉底鼓勵他繼續嘗試，但也說泰鄂提得斯的想法就算永遠沒有進步，他的境況也還是會有所改善。無解將會使他比較能夠令人忍受。乍看之下，這樣的謙遜也許不像是非常令人興奮的獎賞。不過，想想一般人有多麼常懷有過度的自信，在自己其實不聰明的情況下覺得自己聰明過人，再想想這樣的人有多麼令人難以忍受，有多麼危險，以及我們多麼有可能基於相同的原因而令別人感到無可忍受，而且又有多少問題會由此產生。看來明白可見的是，其他人要是理解到自己所知有多麼少，並且察覺到自己長期以來說出的大部分話語不免顯示出自己的愚蠢，這樣必定會使他們的境況有所改善。我們所有人也都是如此。如果接受一些震撼療法即可擺脫這類詛咒，這樣的代價只能說是相當輕微③。無解就是這種震撼療法的一個型態。

無解的激勵

無解不只能夠讓你做好學習的準備，也能夠促使你想要學習④。無解會令人感到挫折。實際上，蘇格拉底說：很好——現在開始找尋答案吧，這一次你會比較明白這麼做所必須投注的努力。你因為發現自己擁有的知識如此貧乏而對知識感到饑渴。蘇格拉底在《米諾篇》裡談到他質問的那個奴隸之時，就提出了這種觀點。

蘇格拉底：他以前不認為自己身陷困境，但現在理解到自己確實處於困境中，而且也不認為他知道自己實際上不知道的事情。

米諾：你說得對……

蘇格拉底：看起來我們提高了他找出真相的機會，因為現在他既然知道自己缺乏知識，就會樂於探究，而以前他則是一心認定自己能夠在許多場合上面對許多人侃侃而談一個兩倍大的圖形如何必定有兩倍的邊長。

米諾：看來是這樣。

蘇格拉底：你認為他當初以為自己具備這項知識的時候，會試圖去探究或者學習這件事情嗎？（儘管他並沒有。）還是要等到自己陷入困境，明白自己的無知之後，才會開始渴望知識？

米諾：蘇格拉底，我認為他當初不會試圖學習。

蘇格拉底：所以這樣的麻痺對他有益？

米諾：我會這麼說。

《米諾篇》

泰鄂提得斯在以下描述的感受，也可以被視為是對無解的一種類似反應：

蘇格拉底：我猜你以前就想過這些問題。

泰鄂提得斯：蘇格拉底，我確實想過，而且我現在想到這些問題也還是深感驚奇；憑著眾神發誓，我確實深感驚奇！我想要知道這些問題到底代表什麼意思；有時候我會因為思考這些問題而感到頭昏腦脹。

蘇格拉底：我親愛的泰鄂提得斯，我看得出泰歐多洛斯指稱你是哲學家，的確是洞悉了你的本性，因為納悶就是哲學家的感受，也是哲學的起點。

《泰鄂提得斯篇》

把無解視為持續不斷的追求

我們前述的討論彷彿探究問題都會有正確的答案，而無解可能促使人更努力追尋那些答案。不過，假設你經過許多輪的探究，得出了永遠不可能找到答案的結論。即便在這個時候，你也還是不該放棄。依照蘇格拉底的觀點，人永遠都不該放棄。比較好的做法，是接受我們的追尋可能永遠沒有盡頭，但還是要秉持著彷彿有盡頭的態度繼續追尋。畢竟，就算你不可能獲得真理，還是可以拉近自己與真理的距離。增進理解的論述因此成為最珍貴的東西，但如果要讓這種話語發揮最好的效果，就必須忘卻這一點，而擺出自己投入其中是為了追求真理的姿態。

蘇格拉底：我要是再說一次，每天討論德行，還有你們聽到我在自己與別人身上檢視的其他那些東西，乃是人最大的善，而且未經檢驗的人生不值得活，你們當然不可能相信我。但我說的都是真話，只是我很難說服你們相信這一點而已。

《申辯篇》

蘇格拉底：如果可以的話，有一項命題我會竭盡終生憑著論述與行動加以捍衛，也就是我們只要認為自己應該追尋自己不知道的事物，就會成為更好的人；但我們如果認為自己沒有機會發現自己不知道的事物，而且追尋那樣的事物也毫無意義，就會怯懦而懶惰。

《米諾篇》

無解式的真理

對於無解有一項比較激進的觀點，就是認為無解有時候之所以會令人無話可說，因為你達到了一項無法以言語表達的真理，這種觀念認為，有些真理無法闡說，無法以言語描述，因此可以稱為無可言喻⑤。那些真理也許可以說是口語版的無理數。不過，那些真理有時可以不經言語而察覺。舉例而言，正義也許無法為一項定義所概括，但我們可以藉著許多相當接近的定義勾勒出這項概念的範圍。與其把看似一團混亂的結果視為失敗，不如說那樣的混亂其實就是我們追求的目標。推理的目標不是要得到一個基於那項推理的結論，而是要理解某種更大的東西。我們由此得知，真理並不以我們談論真理的能力或是我們的理解能力為限。

這種看待無解的方式，也許可從早期對話錄的做法當中推斷出來。為什麼人們不斷追尋真理，而又從來不曾發現？也許是因為真理無法為人所發現；而這就是我們的發現。這項觀念可在柏拉圖的第七篇書信當中找到一些支持。這封信的真實性頗受爭論⑥，所以不該太過看重。然而，其中的相關段落還是值得一看。如果這封信是真的，我們即可獲得關於柏拉圖思考方式的直接敘述。如果不是，那麼至少也是一份頗為有趣的文件，可讓我們看到古人怎麼推測他對於哲學發現的思考方式。

有許多古往今來的作家都聲稱他們知道我致力追尋的那些事物，不論是藉著聆聽我或別人的教導，還是他們自己的發現。針對那些作家，我至少可以這麼說：根據我的觀點，他們不可能在這一點上擁有任何真正的技藝。我沒有針對這項主題寫過一部論著，也永遠不可能這麼做，因為這項主題無法像其他學問那樣闡說，而是只有在經過針對這項主題的眾多對話以及人生的體驗之後，才會有一道火焰從別人身上躍入我們的靈魂裡，在其中點亮一盞光芒，並且從此以後持續不斷燃燒。

《第七篇書信》

彌爾談論了對話錄裡提出的難題之後，接著寫下這項評論以及改述：

〔柏拉圖〕認為我們遭遇無可解決的難題之後，必然就不再把解決那些問題當回事。我們要是認為他的第七篇書信確實可信，那麼他無疑認為任何事物的口語定義都不可能確切命中紅心，而且對於一件事物究竟是什麼的知識，雖然唯有在經過一場漫長而多樣的辯證討論之後才有可能得知，卻也從來不會是討論的直接結果，而是在最後才會因為某種瞬間的頓悟而得出（但也只有在比較適當的性格當中才會如此）。⑦

其他人對於第七篇書信的解讀，還有對於柏拉圖是否認為有些真理無法以言語描述所推斷而出的結論，則是採取比較保守的姿態⑧。讀者也許可以依據自己的經驗來判斷對話錄（或是任何仿效對話錄的辯證過程）是否能夠達到前述的那種成功。得到一個單一或者概括性的答案大概不太可能。如同彌爾所言，任何這類結果都可能取決於尋求答案的人本身的能力與性情。

虛妄的無解

根據一般的說法，我們如果具有一項無法解決的哲學問題，就觸及無解的狀態⑨。不過，必須注意的是這種情形有多麼主觀。處於這種狀態的人，可能是針對自己缺乏能力而不是問題當中的困難之處做出反應（無解向來不同程度地兼有這兩個面向）。大多數老師與學生都可以想出這類案例，也就是學生因為拙劣的指示而陷入無解般的狀態。這種風險也可見於對話錄裡。有時候，我們看到蘇格拉底利用謬論擊敗他的對話夥伴，或者令對方感到不知所措⑩。另外有些時候，蘇格拉底的對話夥伴則是指控他利用文字遊戲或者不良的論述混淆對方。

卡利克勒斯：他什麼時候才會停止胡說八道？蘇格拉底，請告訴我，你在這個年紀還這樣整天抓別人的語病，一聽到別人無意間用錯了字眼就沾沾自喜，難道不覺得丟臉嗎？
《高爾吉亞篇》

在這類時刻，柏拉圖可能是在警告讀者注意陷阱，但也可能是在提醒自己避免這樣的陷阱。他要求自己必須採取正當的做法。

由於蘇格拉底面對無解的做法從不包括放棄，因此不以正當方式得到無解的結果可能就不算是太嚴重的風險。如果無解會促使人更努力找尋真理，那麼這樣的無解是否來自不良的論述也許就不重要。此外，無解如果會讓你對自己的智慧產生比較謙卑又比較準確的看法，那麼不管從何而來，可能都無礙於其益處。不過，從蘇格拉底式的觀點來看，不以正當方式得到的無解似乎就和其他任何虛妄狀態一樣不可取（你自己不會想要這樣的東西，對不對？）。也許無解的主張應該和其他任何主張一樣受到相同的檢驗。

自我肇致的無解

本書把蘇格拉底方法視為一種對於自身思考相當有用的工具。蘇格拉底談論無解的方式也合乎這種觀點。無解不是他為別人布下陷阱，然後站在一旁看著別人落入其中。他本身也經常遭遇無解的狀況，然後再與別人分享。

蘇格拉底：我並不是自己知道答案而故意造成別人困惑。實際上，我是以自己感到的困惑感染他們。

《米諾篇》

蘇格拉底：他看得出我卡住了，而且我的感覺是，由於我的不解，他也在違背自己意願的情況下陷入了困惑——就像我們看到別人打哈欠之後，也不由自主的跟著打起哈欠一樣。

《卡米德斯篇》

蘇格拉底如果是以自己對於無解的反應感染別人，那麼他本身是怎麼陷入無解的？藉著自我檢驗。

遭到浪擲的無解

關於無解帶來的良好影響，通常來自蘇格拉底的陳述，而不是來自他的對話夥伴。他們通常不會感謝他的幫忙。的確，無解有時候會促進雙方以友善的態度同意從事進一步的學習⑪。不過，更常見的情形是，他的對話夥伴會退出對話，由別人遞補，或者他們會致力於擺脫他⑫。我們該怎麼看待這種情形？也許無解相當脆弱，而有可能遭到浪擲⑬。我們很容易迴避無解，也很容易加以遺忘。要形成無解的結果需要投注大量精力，而忍受無解並且從中獲益也一樣需要投注大量精力。如果說蘇格拉底以正面的言詞描述無解，他的對話夥伴卻逃開而沒有得到無解的效益，那麼我們必須記住的是：無解體驗的真正候選人不是對話夥伴，而是讀者⑭。

注釋

① 見 Szaif, "Socrates and the Benefits of Puzzlement," 33。
② Desjardins, "Why Dialogues? Plato's Serious Play," 116–17。
③ 見 Robinson, *Plato's Earlier Dialectic*, 18。
④ 見同上，17：「反詰法的目標在於把人從教條性的沉睡當中喚醒，使他們進入真正充滿智識好奇心的狀態。」
⑤ 這種觀點有幾個版本提出於 Friedlander, *Plato*, 169–70，以及 Sayre, "Plato's Dialogues in Light of the Seventh Letter"。
⑥ 見第一章的討論與參考文獻。
⑦ Robson, *Collected Works of John Stuart Mill*, 11:431。
⑧ 見 Kahn, *Plato and the Socratic Dialogue*, 388–92。
⑨ Szaif, "Socrates and the Benefits of Puzzlement," 30–31。
⑩ 見同上，35-35，40-41。
⑪ 見《拉凱斯篇》194ab。
⑫ 見《高爾吉亞篇》461b，《游敘弗倫篇》15e。
⑬ Szaif, "Socrates and the Benefits of Puzzlement," 43。
⑭ 討論於同上，42-43。

第十三章 蘇格拉底式益處

- 蘇格拉底式益處
- 因為無知而無求
- 自省
- 比較不同的心智狀態
- 蘇格拉底式傷害

何必花費這種力氣呢？這是本章要探討的問題。除了職業學者以外，大多數學習哲學的人之所以會轉向這個學科，原因都是他們在人生或者思考當中遇到了挑戰。他們想要找尋有所幫助的觀念。不管是蘇格拉底還是柏拉圖（如果他們兩人可以區別開來的話），乍看之下似乎都是頗有希望的人選。許多哲學家並不聲稱自己能夠為一般人提供任何幫助，但蘇格拉底與他們不同。他感興趣的就是活出良好的人生以及照顧心靈。他認為這是所有人都必須面對的問題。然而，蘇格拉底方法並不迎合大多數人有所感的需求，也不承諾提振任何人的情緒。蘇格拉底方法不會讓人獲得更多的財富或者受到更多人喜愛，反倒可能造成相反的結果。此外，數百年來蘇格拉底方法在集體的道德問題上似乎也沒有多少進展。心智雖然也許需要一個內化的蘇格拉底，其中卻早已存在一個充分發展的反蘇格拉底，熱切地指出哲學只是浪費時間，把心力投注在生活的實際事務上才是比較好的做法。所以，我們有什麼理由——有什麼**蘇格拉底式的理由**——要花費心思理解蘇格拉底以及他的方法？

蘇格拉底式益處

柏拉圖極為著名的洞穴寓言提出了一個答案。這項寓言出現在《理想國》裡。這部著作可能寫於柏拉圖職業生涯的後期，但仍然有助於我們理解蘇格拉底方法。

這項寓言首先描述有一群人被囚禁在一座洞穴裡。他們終生都被鏈條綁著不得脫身，而且眼睛只能看向前方。他們身後有一堆火，照耀著他們面前的石壁。在火堆與囚犯之間有一條走道，有人高舉著人類與動物的小雕像在那條走道上行走而過。那些小雕像的影子映照在囚犯面前的石壁上，那便是囚犯終其一生唯一能夠看到的東西。蘇格拉底要求格勞孔想像一名囚犯獲得釋放，得以走出洞穴開口的模樣。蘇格拉底說：

想像看看，他們其中一人獲得釋放，突然被迫站起來，轉身行走，並且把視線投向火光。這麼做令他感到肢體疼痛，而且火光也令他覺得太過刺眼，以致無法看出他先前一直盯視著其影子的那些物品。假設有人對他說，他先前看見的那些影子都是虛幻的，而他現在比較接近真實，看到的東西也比較準確，原因是他現在眼前的東西比較真實——你認為他會有什麼反應？要是有人向他展示走道上的任何一件物品，並問他那是什麼東西，你認為他會怎麼說？你難道不覺得他會感到困惑不解，並且認為自己以前看到的影子比他現在看到的實際物品具有更多的真實性嗎？

「遠遠更多，」他說……

據我猜想，在他習慣自己的境況之前，將沒有辦法看見地面上的東西。一開始，他最能夠輕易看出的必定是影子，接著他會開始看出人以及其他物體在水裡的倒影，然後才能夠看見實際的物體。接下來，他會盡情欣賞天體以及蒼穹，因為在夜裡仰望天空比較容易：他會看著星星與月亮的光芒，而不是白天的太陽與陽光。

「當然。」……

要是他回到地底，在原本的地點再度坐下來，那麼突然間離開陽光之後，是不是表示他的眼睛將會覺得洞穴裡一片陰暗？

「確實如此，」他答道……

假設在他的眼睛適應黑暗之前，還看不清楚的時候，又再度必須和其他囚犯比賽辨識那些影子，那麼他難道不會出糗嗎？他們難道不會說他去了一趟地面上的旅程，結果把眼睛弄壞了，所以到地面上根本是一件不值得的事情嗎？此外，他們要是能夠這麼做，難道不會把想要釋放他們並且將他們帶上地面的人抓起來而加以殺害嗎？

「他們一定會這麼做，」他說。

《理想國》

這項寓言有許多不同解讀，最常見的解讀是認為這項寓言闡釋了柏拉圖的理型論①。我認為這項寓言有個比較樸實的目的：描述哲學進展的價值，儘管我們剛剛才提過這看來缺乏前景。離開洞穴並沒有迎合囚犯所感受到的任何需求，不會讓他們更開心，也不會讓他們在世俗意義上過得更好。不過，從外在世界評估這個故事的人，卻沒有人會寧願身在洞穴裡而不想來到外面。我們也許可以把離開洞穴稱為一項蘇格拉底式益處：不曾實踐過的人不認為這種東西有多少價值（或者甚至具有負面價值），但他們一旦實踐過，就會體認到極高的價值。

因為無知而無求

對於蘇格拉底式益處缺乏渴求的態度，通常會產生這種循環：你看不出自己為什麼會喜歡這種益處，因為你不明白自己欠缺了什麼。蘇格拉底在其他地方針對這項觀念提出了比較直接的陳述：

> 這就是無知之害，亦即不善良也缺乏智慧的人卻還是感到自滿：他不會渴求自己不覺得缺乏的東西。
>
> 《會飲篇》

要說服別人這類益處確實存在，而且值得投注大量努力去追求，並不是一件容易的事，而且有時要說服自己這一點也同樣不容易，因為促使我們渴求一件事物的常見理由，在這種益處當中都不存在。蘇格拉底的研究者經常回頭強調這一點。蒙田寫道：

> 每個人看起來都如此堅決而自滿，每個人都認為自己擁有足夠的智慧，這點即顯示了每個人都對這件事情一無所知，就像蘇格拉底對歐緒德謨說的一樣。②

齊克果寫道：

> 從來沒有人想到，現在這個因過多知識而困惑的世界，需要的乃是一位蘇格拉底。不過，這也是完全自然的情形，因為要是有任何人懷有這樣的想法，更遑論要是有許多人這麼認為，這個世界就不會那麼需要一位蘇格拉底。一項幻想最需要的東西，就是這項幻想最少想到的東西——這點毫不令人意外，否則那項幻想就不會是幻想了。③

彌爾寫道：

〔邏輯〕提供的好處在於能夠使人擺脫一項沒有人會知道自己帶有的缺陷……因此，對於邏輯無知的人，不論別人怎麼努力都無法促使他們理解邏輯的效用。他們在沒有邏輯的情況下有可能做出正確或是不正確的推理：他們要是做出正確的推理，就不需要邏輯；至於欠缺邏輯而做出錯誤推理的人，在消除自己的缺陷之前，他絕對不會發現自己帶有那項缺陷。④

奧維德（Ovid）也表達了這種觀念的一個版本：ignoti nulla cupido（因為無知而無求）⑤。不論以什麼方式表達，這種情形對於邁向智慧的進展都是一大阻礙。如果你因為沒有一件事物而不覺得自己有所欠缺，就很難對於追尋這件事物充滿熱情。

比較溫和的說法，在現代被人稱為「達克效應」（Dunning-Kruger effect，這項效應以研究過這種現象的兩位心理學家為名）：愚蠢通常不會全然體認到自己的存在，無能會導致你察覺不到自己的無能⑥。蘇格拉底認為這項觀念的精神具有廣泛而深入的應用空間。我們的無知導致我們意識不到自己的無知。我們在哲學上相當孱弱，卻又因為在哲學上太過孱弱而不曉得這一點。

自省

蘇格拉底方法為自身做為辯護的方式，不是要求別人重視哲學，而是提出問題，促使對方得出自己原本就已重視哲學的結論。不過，這種問題有時很難構思得出來。假設蘇格拉底請你想像自己的智慧如果有所提升，將會為你的人生帶來多大的改善。你說這聽起來不是很令人興奮，因為你自覺早已擁有不少智慧，也很難想像懂得自己現在還不明白的東西會是什麼感覺；你要是能夠懂得那麼一件事，一定早就已經懂了。這時該怎麼辦呢？

蘇格拉底也許會從另一個方向探究這個問題。想想你早已擁有的蘇格拉底式益處，然後想想你是否慶幸自己擁有那些益處。對於你現在能夠主張自己擁有的智慧，你對其重視的程度有多高？或者，想想你認識的人，其中有些人比你快樂，原因是他們相當自滿，或是對於你所理解但他們並不理解的事物一無所知。如果你想不出這樣的人，請感謝上天賜予你這樣的好運；不過，你大概想得出這樣的人。接著，問問你自己：要是你能夠與他們交換地位以改善你的心情，你會覺得怎麼樣？這個想法大概會令你覺得反感。蘇格拉底就是這麼想。在《申辯篇》裡，他談到自己遇見許多人，全都享有世俗的成功，而且都認為自己富有智慧，實際上卻不然。

> 我代表神諭詢問我自己，我比較想身為我自己這個模樣，沒有他們的知識，也沒有他們的無知，還是比較想要在這兩方面都與他們一樣；我對我自己以及神諭所提出的答案，就是我身為我自己這個模樣比較好。
>
> 《申辯篇》

如果你也不願做出那樣的交換，那麼你顯然重視蘇格拉底式思考所帶來的果實：你不願放棄自己已經擁有的智慧以及對於真理的知識，就算只是一點點也不願意。

你可以藉著思考動物來從事同樣的實驗。

> 不熟悉智力與良善，而只對自我放縱這類行為感興趣的人，其人生就只會毫無目標地來回往復於谷底和中間點，因為中間點就是他們能夠達到的最高點。不過，他們永遠不會更加接近真正的巔峰。他們從來不曾仰望那裡，更遑論登上；他們不會因為任何真實的事物而真正感到滿足；他們不會體驗到穩定而純粹的快樂。他們與牛隻無異。
>
> 《理想國》

彌爾認為，不論那些動物看來有多麼開心，和牠們交換處境都不是一件吸引人的事情。

> 沒有人會為了完整享有一頭野獸的快樂，就同意被轉變為低等動物；沒有一個聰穎的人會願意變成傻瓜，沒有一個受過教育者會願意成為無知的人，沒有一個具有情感與良心的人會願意變得自私而卑劣，就算他們被說服傻瓜、駑鈍者或者無賴比較滿意於自身的命運，也一樣不會願意那麼做。[7]

這些文字邀請讀者站在這邊，靜觀那邊那些有如農場動物的人，並且思考他們不幸的狀態。接著，這些文字再邀請讀者省思，我們採取這種拉開距離的觀點，在多大程度上是一種自我欺騙的行為，因為我們其實也是獸群的一部分。這些案例可以稱為回顧或者俯瞰：利用你能夠看見的東西幫助你思考看不見的東西。對於自己沒有的洞見，我們很難看出其價值，而要看到那樣的洞見，就必須向前看、向上看。比較容易的做法，是評估你確實擁有而別人缺乏的洞見所具有的價值。這麼一來，你就可以思考缺乏那個洞見是多麼可怕的事情。然後，你再從另一個觀點思考自己缺乏那個洞見的可能性。接著，你理解到這不只是一種可能性，而是確切的事實。於是，你著手採取行動。

這種做法在對話錄裡最好的例子，出現在洞穴寓言當中。我們在先前沒有引用這一部分，為的就是要在這裡再加以檢視。蘇格拉底談論那個逃出洞穴的囚犯心中的想法。

他要是回想起自己原本居住於其中的那個牢房，還有他當時以為自己擁有的知識，以及他的囚友，你難道不認為他會對自己現在的處境感到慶幸，並且為他們感到難過？

「我的確這麼認為。」

假設那些囚犯習於互相賦予聲望與榮譽做為獎勵，只要能夠最快辨認出石壁上的影子、記得影子通過的先後順序以及哪些影子會一起出現，並且能夠利用這樣的記憶猜測接下來會出現哪些影子，就可以獲得獎勵。你認為我們的那位前囚犯會覬覦這些榮譽，並且羨慕在洞穴裡擁有地位與權勢的人嗎？還是他會寧願像荷馬說的，「當個為別人勞動的奴隸——當個沒有財產的人」，並且實際上寧願忍受任何的一切，也不肯和他們擁有相同的信念與生活？

「的確，我認為他會寧可忍受任何事物，也不想再過那樣的生活。」

《理想國》

這段文字描述了一種所有人都熟悉的感受。一旦離開了洞穴，就不會想再回去。對於回到洞穴的念頭所產生的反感，可能會促成努力前進的渴望。因為，有了夠多的洞穴經驗之後，你會理解到我們所有人都被困在某些洞穴裡，也都曾經逃出過其他洞穴。倒退與前進的移動方式都有可能；那麼其中一種移動方式為什麼應該比另外一種來得重要？不論獲得還是喪失，智慧的價值都一樣不變。所以，我們對於自己擁有的智慧所懷有的重視，應該會催生出獲取更多智慧的渴望。換句話說，你的理解一旦有所進步，就會對自己目前所處的狀態感到駭然。所以，最好現在就趕快著手求取進步。

當然，心智實際上的運作通常不會是這樣。心智比較有可能會對自己既有的理解感到自滿，而不會有動力從事更多追求。心理學家研究的另一個相關主題是稟賦效應，也就是人對於一件東西的評價，會在這件東西歸屬於他們所有之後而提高。稟賦效應無疑也適用於真理。我們非常重視自己所擁有的真理，儘管我們實際上只擁有這麼少。不過，我們對於獲取更多真理卻不會有同樣程度的重視。儘管如此，思考我們擁有的東西所具備的價值，能夠激勵我們投注必要的努力以獲取更多。

比較不同的心智狀態

本章的主題是從事蘇格拉底式工作的理由——對於這種工作的價值所採取的一些思考方式，以及我們難以看見那些價值的原因。蘇格拉底對於如何闡述這一點還有另一個想法，就是邀請能夠這麼做的人把智慧拿來和其他事物比較。如同我們在第十章看過的，蘇格拉底指稱世界上有三種人：智慧的愛好者、榮譽的愛好者，以及利益的愛好者。他問，在這三種東西當中，哪一種能夠帶來最佳的快樂？這個問題相當困難，因為每個人都有可能會說自己所知的快樂是最佳的快樂。不過，我們可以藉著找出體驗過所有這些快樂的人，詢問他們比較偏好哪一種快樂，而藉此取得所有人的認同。蘇格拉底這麼詢問格勞孔：

在這三種人當中，誰對於我們列出的所有快樂能夠得到最大的體驗？利益的愛好者，在得知基本真理的本質之後，體驗到的知識快樂會比哲學家體驗到的利益快樂更大嗎？

他答道，哲學家擁有遠遠比較大的優勢，因為他必定從小就知道其他快樂的滋味：但利益的愛好者在他所有的經驗中未必會品嘗到——或者我應該說，就算他有此意圖，也很難品嘗得到——學習與得知真理的甜美。

所以，智慧的愛好者體驗到的快樂會比利益的愛好者來得大，原因是他擁有雙重經驗嗎？

沒錯，非常大……

那麼，他的經驗會使他能夠比別人做出更好的判斷？

遠遠更好……

所以我們得出了結果，也就是靈魂的智慧部分在這三者當中能夠帶給人最大的快樂，而奉行這項原則的人即享有最快樂的人生。

《理想國》

彌爾在他關於效益主義的一項論點當中借用了蘇格拉底的這項觀念：

身為一個不滿的人，勝過身為一頭滿足的豬；身為不滿的蘇格拉底，勝過身為一個滿足的傻瓜。如果說那個傻瓜或是那頭豬不這麼認為，原因是他們只知道這個問題的一面。此一比較當中的另一方則是對這個問題的兩面都有所知曉。⑧

所以，你如果想要評估兩種心智狀態，以及從其中一種狀態轉變到另一種狀態的價值，不要問一個只知道第一種狀態的人，而是要問一個了解這兩種狀態的人。這麼一個人有可能是誰呢？最方便的人選就是你自己。我們所有人都經歷過一些進步，而且也都還有進步的空間，所以每個人都有部分的能力可以做出彌爾描述的那種比較。就身為豬的那個面向而言，我們並無意追求成為蘇格拉底。但就具有蘇格拉底性格的那個面向而言，我們則強烈希望自己不會退步為豬。換句話說，每當處於能夠做出比較的立場，我們的偏好總是強烈傾向蘇格拉底那一邊。這樣的偏好頗具啟發性。

我們也可以藉著觀察別人而做出比較。我們很容易想像自己變得富有的模樣，因為能夠觀察商業大亨。蘇格拉底式的做法，則是盯著那些比我們更有遠見的人。柏拉圖也針對此一過程為我們提供幫助。他記錄了一種追求理解與智慧的方法，也呈現出這樣的過程在驚人的精力與才華實踐之下會是什麼模樣。你如果覺得對話錄在這方面沒有效果，大概還是可以找到對你有所幫助的其他模式。無論如何，我們應該要記住柏拉圖的著作具有這項特徵：顯示了辯證可以如何運用，並且提醒我們在多大的程度上仍然身在洞穴裡。

這類提醒相當有用。人很少會覺得自己身在洞穴裡。直到他們離開洞穴，能夠回顧先前的經歷之後，才會注意到自己曾在洞穴裡（最簡單的例子，就是想想你年輕的時候有多麼愚蠢）。所以，能有人以挑釁的言詞指出我們不理解但有可能理解的事物有多少，對我們確實有所幫助。說得更直白一點，沒有人會覺得自己像是個白癡，儘管你無疑可以想到許多符合該描述的人。就某個觀點來看，這樣的情形其實可以套用在我們所有人身上。癡愚是一種相對的狀態，而且處於這種狀態的人自己看不出來。每個人擁有的智慧程度落差非常大，但每個人對於自己擁有多少智慧的認知卻是沒什麼差別。任何一個人在任何一個時刻，通常都會認為自己懷有高度而穩定的智慧。這種情形讓人忍不住要把那種感覺描述為心智運作的常態，因為通常看起來就是這個模樣——不過，蘇格拉底本身證明了這種情形有可能因人而異。所以，暫且把那種自以為有智慧的感受稱為人性當中一項具有欺騙性、有害而且揮之不去的特徵。這就是蘇格拉底意在處理的問題根源；這是造成其他一切錯誤更有可能發生的主要錯誤，不論就一生、還是就每一個時刻而言都是如此。蘇格拉底方法是矯正這種錯誤的一種方式。

蘇格拉底式傷害

蘇格拉底式益處的概念也可以翻轉過來，形成一種反面的傷害。假設你的人生原本過得相當開心，到了結尾才發現自己根本錯了。你以為自己身邊圍繞著愛你的朋友與家人，卻發現他們其實向來對你心懷厭惡，於是你不禁深感沮喪。這是個悲傷的故事。接著，假設你處於這樣的狀況，卻從頭到尾都沒有得知真相。這麼一來，你有沒有遭遇什麼害處？或者，再度以旁觀者的觀點看待這個問題：你看到有個人處於這樣的狀況，而他要是知道自己人生的真相，必定會深覺反感，但他被蒙在鼓裡，開心不已地過著他的人生。你該羨慕這麼一個人嗎？一如先前，柏拉圖認為不應該。

雅典人：喜愛自願受騙的人不可信，而喜愛不自願受騙的人則是蠢人。這兩種情況都不值得羨慕，因為不可信的人與無知的人都沒有朋友，而隨著時間過去，他的真面目將會為人所知，導致他在生命開始衰退的老年只能活在孤獨當中。因此，不論他的子女或朋友是否活著，他都一樣孤獨。

《法律篇》

沒有一個通用的標籤可以指稱這種情形，也就是一種不幸的狀態，處於那種狀態裡的人對其毫無知覺，因此他們自己不覺得痛苦，但所有人只要知道真相都一定會想要避免那種狀態，包括他們自己在內（實際上，這種情形就等於是個人的主觀快樂和其「幸福」〔eudaimonia〕之間存在著巨大落差；我們在下一章將會探究這種幸福的觀念）。我們可以把這種不幸稱為蘇格拉底式傷害，因為這種不幸與蘇格拉底式益處具有對稱關係。你不知道自己遭受了什麼不幸。

蘇格拉底式傷害四處可見；我們每個人都承受了這種屬於人類境況一部分的傷害。想像一個行為不符倫理也欠缺省思的人，卻總是僥倖逃過懲罰，並且因此洋洋自得。這樣的人可以被視為一個失智症患者——不必然持續惡化，而是一直處於心智孱弱的狀態，對於問題毫無知覺，就算受人告知也不以為意，甚至還會表現出充滿敵意的態度。這類人經常心情愉快，但你只要了解他們，就不免對他們所處的狀況感到擔憂。一種頗有幫助的做法，就是省思這種擔憂，並且理解到蘇格拉底如果看著你，那麼他也會有相同的感受。他的功能就是把我們每個人從程度不一的失智狀態當中喚醒。我們愈是需要幫助，就愈不想要接受幫助。如同蘇格拉底對陪審團說的：

你們要是接受我的忠告，就會放我一馬。但你們也許就像是在酣睡當中被人叫醒一樣，會因此感到氣憤而攻擊我，並且由於受到安尼圖斯（Anytus）說服，不經考慮就將我處死，然後在昏睡中度過餘生，除非神明因為關懷你們而向你們派出另一個人。

《申辯篇》

帶有蘇格拉底的心智會彎下腰來省視自己，並因此感到驚駭與急切，就像是一個人意識到自己處於失智症的初期階段，但仍有可能藉著努力而扭轉病況一樣。這麼一來，你就會鼓起精神加緊努力。這種情形多多少少就是你的狀況，而且其他所有人也都是如此。

每個人都帶有蘇格拉底式傷害。我們都不免會說出一些話、做出一些事，並且採取某種生活方式，而要是針對自己那些言行所可能招來的每個艱困問題誠實加以回答或是尋求答案，將不免因此感到羞愧與駭然，所以我們刻意避開那些問題。那些傷害可能會隨著人生的進展而變得更加嚴重，也更難看得出來。我們做出拙劣的選擇之後，會執著於為自己的決定辯護（你可以從事一項練習，也就是從蘇格拉底式的觀點定義「拙劣的選擇」）。我們先前提過一個人到了人生結尾才發現自己對於某件事物的認知錯了一輩子。這種情形的真實案例相當罕見，不是因為人很少陷入那種處境，而是因為到了人生晚期才發現這種真相的代價太高了。所以，蘇格拉底才會對法庭裡的辯士提出以下這段極為尖酸的描述，因為他們在人生中花了太多時間學習說出別人付錢要他們說的話，或是說出客戶或陪審團想聽的話：

他們變得緊張又神經質。他們知道怎麼奉承自己的主人，也知道該怎麼表現才能贏得他關愛的眼神，但他們的心智狹隘而扭曲。他們在年輕的時候就成了奴隸，而遭受奴役會對成長、正直與自由造成阻礙，不可避免養成狡詐的行為，並且將仍然易於受到影響的心智投入極端的危險與恐懼之中，導致心智無法以誠正坦率的態度因應那種處境。所以，他們立刻就轉向欺詐，而且回應錯誤的方式就是犯下更多錯誤；他們在許多方面都變得扭曲而且發育不良。等到他們長大成人，他們的心智已根本沒有能力從事任何健全的思考。他們已變得具有高度的技術與智力——或者應該說是他們自己這麼認為。

《泰鄂提得斯篇》

蘇格拉底的探照燈照射在我們身上，如果是照向比較小的事物，或是在我們年紀較輕而還沒做出太多回想起來會令人愧疚的選擇之時，就比較容易承受。不過，我們在此處沒有必要專注於最困難的問題有多麼難以因應。我們總是會有新的機會能夠獲取蘇格拉底式益處以及避免蘇格拉底式傷害。這是思考蘇格拉底方法有何用處的另一種方式。

除了個人有可能遭受蘇格拉底式傷害之外，整個文化也有可能如此。一個社會可能陷在不自覺的困境裡，看在外人眼中卻是明顯可見，或是這個社會當中的成員也可能在事後透過回顧而清楚看出實情。那樣的傷害除了可能是欠缺進展之外，也有可能是退化。一個文化有可能學習速度緩慢，也有可能遺忘自己一度知曉的真理，並且忘卻自己過去為何會注重那些真理。這類一般性的模式對於所有人而言都相當熟悉。我之所以在此處提出，原因是這些模式有時可以由我們探討的那種蘇格拉底方式來觀照。困境之所以會發生，可能是因為社會成員還沒有集體察覺到社會價值觀中的分歧點。要不是沒幾個人看得出那些要點，就是沒幾個人願意聆聽別人指出那些問題。真相有可能讓人覺得深究起來太過難堪，或是因為不夠令人難堪而未能促成調整。經濟以及改變經濟的科技，深深影響了眾人認真看待這類分歧的意願。面對真相的成本一旦下降（或者對其置之不理的成本提高），眾人就會比較願意針對真相提出問題以及回答問題。反之亦然。

注釋

① 舉例而言，見 *Plato at the Googleplex*, 382–85。

② Hazlitt, *Essays of Montaigne*, 3:390。不過，此處指涉的不是柏拉圖的著作，而是色諾芬的 *Memoirs of Socrates* 4.2.24。

③ Kierkegaard, *Sickness Unto Death*, 149。

④ Mill, "Whately's Elements of Logic," 5。

⑤ *Ars Amatoria* 3.397。

⑥ Dunning and Kruger, "Unskilled and Unaware of It"。

⑦ Robson, *Collected Works of John Stuart Mill*, 10:212。

⑧ Robson, *Collected Works of John Stuart Mill*, 10:212。

第十四章　蘇格拉底倫理學

- 德行與幸福
- 知識就是德行
- 知識與情感
- 可教導性
- 不完整的方法

本書的首要主題是蘇格拉底方法，這套觀念的重點比較是在於如何思考，而不是要思考什麼。不過，在最充分展現了這種方法的早期對話錄裡，蘇格拉底確實針對如何活出美好人生提出了一些主張。那些主張不但本身值得注意，也有助於回答一個隨之而來的問題：蘇格拉底式推理如果能夠得出結論的話，那麼會得出什麼結論？蘇格拉底在蘇格拉底方法的引導下得出了哪些觀點？

德行與幸福

蘇格拉底哲學把「eudaimonia」視為其最終目標。本書把這個詞語翻譯為「幸福」，也就是最常見的翻譯方式①。有些人說「eudaimonia」在英語當中應該要翻譯成「福祉」（well-being）或者「好的生活」（living well）。之所以會有這些不同說法，原因是英語習於把幸福視為一種主觀狀態，表示個人擁有良好的感受。不過，「eudaimonia」帶有客觀的面向，隱含了一種來自外部的判斷，認為一個人的生活過得不錯。這個詞語代表美好的人生，不只是良好的心情；面對美好的人生，感到幸福乃是適當的反應。以可鄙方式取樂的人，就算看起來非常開心，也不能用這個代表幸福的希臘文字眼形容。依照這種觀點，幸福的相反不會是陰鬱或沮喪，而是悲慘或者可憐。

在今天，我們有時候會需要經過一些調整才能夠採取這種方式來思考幸福（而且那樣的調整也很有用）；不過，這樣的思考方式在古代似乎相當尋常。蘇格拉底把達到前述這種意義的幸福視為人生的目的。每個人都想要活出好的人生；如果一套哲學能夠帶來這樣的結果，那麼這套哲學就不需要額外辯護。如同柏拉圖筆下的一名角色所說的：

針對一個想要幸福的人，提出「他為什麼想要幸福？」這個問題似乎已不再有意義。這個問題似乎就止步於此。

《會飲篇》

蘇格拉底多多少少把幸福等同於善，或是等同於德行（我們等一下就會討論這個「多多少少」的程度究竟有多高）。

蘇格拉底：我們是不是仍然認為最有價值的事情不是活著，而是活出好的人生？
克里托：我們確實這麼認為。
蘇格拉底：而活出好的人生就等於是活出高尚與公正的人生；我們也這麼認為，對吧？
克里托：沒錯。

《克里托篇》

蘇格拉底：鑑於所有人都渴望幸福，而獲取幸福的方式也受到證明是運用人生中的事物，並且是以正確的方式運用；而正確運用那些事物的方式，以及運用那些事物的好運，則是由知識賦予——由此推論，每個人是不是都應當竭盡全力增進自己的智慧？
克雷尼亞斯：沒錯。

《歐緒德謨篇》

蘇格拉底：在我看來，只有真正的善才能夠為人帶來幸福；至於不道德又邪惡的人，則是不幸福。《高爾吉亞篇》

明白可見，蘇格拉底認為幸福與德行緊密相關，但學者對於這兩者在他的思想當中究竟具有什麼樣的關係則是多所爭辯。如果完全從字面上解讀，那麼意思就是：德行是唯一真正的善。德行是幸福的必備要件，而且只要有這項要件就已足夠。這種解讀有時被人稱為「同一論」（identity thesis），因為這種觀點主張德行與幸福是一模一樣的東西②。依照這項觀點，我們不該把金錢、甚至健康視為真正的善，因為這些東西只是用於追求其他目標的手段。想想一名因為富有說服力而受到稱頌的政治人物或法官——說服力真的是一種德行嗎？這個問題的答案取決於使用說服力的方式，對吧？說服力可以讓一位好的領袖發揮更大的作用；但在惡人手裡，說服力則是會助紂為虐，並且使得擁有說服力的那個人更加不幸。這就是蘇格拉底如何思考大多數人形容為善的東西——諸如金錢、權力，甚至是健康。如果明智地使用這些東西，就是善，但如果遭到不良的使用方式，就是惡。因此，智慧或者德行才是真正重要的東西（而且，我們後續將會看到，蘇格拉底傾向於不區分這兩個詞語）。智慧或德行是唯一無論如何都是善的東西；智慧或德行是美好人生——或者說幸福——唯一確定無疑的來源。舉例而言，在《歐緒德謨篇》一個著名的段落裡，蘇格拉底指出：

總結來說，我們先前談論的那些善似乎不能以其本身而被視為善；那些東西所帶有的善惡程度取決於它們是不是受到知識引導：在無知的引導下，它們會成為比自己相反的事物更大的惡，因為它們更能夠支持那些主宰了它們的邪惡原則；而在智慧與謹慎的引導下，它們就會是更大的善：不過，就它們本身而言，它們其實毫不重要？

這點顯而易見，克雷尼亞斯答道。

那麼，我們剛剛的討論所得出的結果是什麼？這難道不就是我們得出的結果嗎——其他東西都是中性的，只有智慧是唯一的善，而無知是唯一的惡？

克雷尼亞斯表示同意。

《歐緒德謨篇》

有些讀者不認為蘇格拉底真的徹底把德行等同於幸福。他們在其他篇章裡發現他把德行以外的事物指為善，或者指稱即便是充滿德行的人生，在特定條件下也還是不值得活③。由此造成的爭議相當細微，而且大概無可避免，因為蘇格拉底在對話錄裡的不同地方針對這些議題所說的一切，並非完全都能夠互相調和。一項尤其常見的爭辯，就是蘇格拉底是否認為德行完全足以造就美好人生，還是也需要有其他東西的貢獻。這些辯論無法在短短的篇幅裡說明清楚，但且容我引用一項與同一論互別苗頭的首要論點，由弗拉斯托斯在一段長篇論述之後提出：

德行是至高無上的善，是幸福的必要與充分條件；在確立這一點的情況下，且讓我們認定幸福除了德行以外，還可以有其他許多比較不重要的成分。如此一來，蘇格拉底提到的所有非道德善性的東西〔健康、財富等等〕都會歸在其中。這些東西只要脫離德行即毫無價值。不過，一旦與德行結合（亦即以有德的方式使用），這些東西就會在微小的程度上增進幸福。④

同一論與這項位居第二的論點之間雖然具有引人注意的差異，但此一差異其實相當細微。所有人都一致認為蘇格拉底哲學在極高或是完全的程度上，把幸福等同於德行——並且因此等同於智慧，也因此等同於知識。另一方面，蘇格拉底究竟是把德行視為達成幸福的手段，還是幸福的關鍵成分，這點也有爭議。我在此處不打算探究這項辯論，只在腳注裡列出相關文獻以供有興趣的讀者參考⑤。

不論你偏好蘇格拉底幸福觀的哪種版本，都可讓蘇格拉底實踐者免疫於大多數的傷害。蘇格拉底在他的審判上指出：

> 不管是梅勒圖斯（Meletus）還是安尼圖斯〔蘇格拉底的指控者〕，都完全無法傷害我；他們沒有這樣的力量，因為我不認為神的律法會容許較為良善的人遭到較為惡劣的人所傷害。我的指控者無疑可能會處死我、放逐我，或者剝奪我的公民權，但就算他認為這些遭遇是嚴重的災難——我敢說他大概這麼認為，而且其他人也是如此——我則不這麼認為。我認為更糟的乃是做出他現在所做的事情，也就是企圖處死一個無辜的人。
>
> 《申辯篇》

不論是人生的尋常考驗，還是非凡的考驗，都不會對蘇格拉底式的人物真正造成影響。當然，他有可能遭到肉體上的傷害，但由於他的幸福——也就是他人生的善——取決於他自己的德行（也可以說是智慧，或是理解），所以幸不幸福也就由他自己決定。我們不久之後就會看到，這項觀念深深影響了斯多葛主義者。

知識就是德行

假設美好人生相當於有德的人生。但這麼一來，德行到底是什麼[6]？蘇格拉底主張德行是一種知識型態，惡行則是一種無知。把這項觀念以及前一項觀念放在一起，可以簡化成為一項帶有三個元素的蘇格拉底等式：幸福就是德行，也就是知識[7]。

聽到蘇格拉底把知識與德行視為相同的東西，可能會令人感到震驚。知識聽起來像是心智裡的東西，德行聽起來則像是你可能從事的行為所帶有的性質。所以，擁有其中一項而沒有另一項看來似乎是自然而然的事情。舉例而言，任何人應該都很熟悉這種經驗，也就是認為一項行為是有德的行為，卻不那麼做。這種表現在古代稱為「akrasia」，意思是從事的行為違背了你的良好判斷，或是意志失靈。我們對於這類時刻的經驗，使得知識與德行看來似乎是非常不一樣的東西。不過，蘇格拉底不這麼認為。

> 全世界的其他人都認為……一個人也許擁有知識，但存在於他內心的知識卻不免受到憤怒、快感、痛苦、愛，或者也許是恐懼所壓制，彷彿知識是個奴隸，而可能被任意拖來拽去。這是你的觀點嗎？還是你認為知識是一種崇高而權威的東西，不可能有其他事物凌駕於其上，也不會允許

一個懂得善惡之別的人做出任何違反知識的行為，而是智慧會有能力幫助他？

《普羅塔哥拉篇》

蘇格拉底顯然抱持後者這種觀點：你如果看似意志失靈，那其實是知識失靈。所謂的「akrasia」根本不存在。

這項主張頗具爭議，也無法在此處仔細探討。不過，且讓我們試著至少簡要理解蘇格拉底這麼說的意思。本書秉持的原則，就是不要以抽象言詞進行爭論，而是要以蘇格拉底的方式探究問題，也就是問自己如何能夠以自己的知識與經驗支持一項主張。所以，可以用這種方式加以看待：你現在也許能夠輕易抗拒某些誘惑，原因是你對那些誘惑有所了解。有些毒品你不會碰，也有些食物你不會吃。你知道那些毒品會讓你覺得舒服，那些食物也相當美味，卻根本沒辦法對你構成誘惑。為什麼？因為你知道得太多了。你知道那些東西會造成什麼樣的後果，也知道自己在那種情況下會有什麼感覺。如果有人認為你不碰那些毒品而恭賀你具有強大的意志力，你大概會聳聳肩，說你這樣的表現其實和意志力無關。你只是單純有足夠的了解而已。

蘇格拉底認為所有事物都是如此，或者可以是如此。你如果出現意志失靈的情形，其實是未能達到剛剛描述的那種狀態，也就是對一件事物未能獲得足夠的了解。你要是說：「我確實有足夠的了解，可是就是忍不住。」他會回答，那是因為你流失了部分的知識。當然，這種說法隱含了一種對於何謂「知道」一件事情的特定觀點。你之所以避開危險的毒品或其他東西，不只是因為你說得出這些東西有哪些危險，而是因為在更深的層次上**知道**那些危險。你全然意識、注意到那些危險。有時候，我們不具備那樣的知識，而是只擁有背誦式的知識。我們只有偽知識，而且又軟弱。

蘇格拉底對於看似意志失靈的知識失靈所闡述的還不僅止於此。你在軟弱的時刻所欠缺的「知識」，經常是對於成本與效益的透徹理解。舉例而言，蘇格拉底在《普羅塔哥拉篇》裡提到誘惑會在當下帶給我們快感，而在事後造成我們的不快樂。這種不良的交易是一種衡量錯誤，原因是我們未能適當評估自己未來的感受⑧。未來的所有後果要是直接擺在你面前，你必定不會採取同樣的行為。不過，你無法以如此準確或鮮明的方式預見未來，而這的確就是一種知識的問題。

德行與知識的蘇格拉底等式帶有這項含義：犯下惡行的人其實是陷入了錯誤。要理解這項觀念，最簡單的方法就是思考自利。根據蘇格拉底的觀點，整體來看，人總是會致力於從事他們認為對自己最為有利的事情；他們最主要的渴望，就是追求對自己有益的結果。如果以特定的方式界定「有益」，那麼這種看法必定真實無虛。如果說有任何一個人會刻意做出他們不認為對自己最好的事情，顯然是不合道理的看法。一個從橋上一躍而下的人，只是對於最有益於自己的結果懷有不尋常的觀念而已，因為他們認為最有益於自己的事情是死亡。你如果想要一件不好的東西，那麼那件東西在你眼中看來就沒有不好，至少和其他選項相較之下是如此。

蘇格拉底：我的朋友，你不認為每個人都渴望好的事物嗎？

米諾：不，我不這麼認為。

蘇格拉底：那麼，有些人會渴望不好的事物？

米諾：沒錯……

蘇格拉底：對於那些認為不好的事物對自己有益的人，你也認為他們會體認到那些事物是不好的嗎？

米諾：不會，我不這麼認為。

蘇格拉底：那麼，明顯可見，在這樣的案例當中，人一旦沒有體認到不好的事物其實不好，那麼他們就不是渴望不好的事物；他們渴望的是他們認為好的事物，只是那些事物實際上不好而已。這就表示那些人在未能體認到不好的事物實際上不好，而反倒把那種事物視為有益的情況下，明顯可見是渴望著好的事物，不是嗎？

《米諾篇》

蘇格拉底有句名言，就是把前述這些論點的含義表達為這麼一句話：沒有人會自願作惡⑨。我們截至目前為止所談論的選擇，只是涉及對你本身而言有益或有害的行為——也就是說，那些事物也許看來誘人，但在長期之下將會對你造成傷害，或者你要是對那些事物擁有更完整的了解，將會知道那些事物其實現在就已對你有害。在這種情境當中，很容易可以看出所有人都會致力於做出他們認定對自己最好的事情。不過，如果是德行（也就是「為所應為」）意指照顧別人的案例呢？做出你認為對自己不好的事情看來可能不合道理，但在對你自己最好以及對你鄰居最好的事物之間偏好前者，就不會顯得不合道理了（儘管可能顯得自私）。然而，蘇格拉底是以相同的方式看待這兩種案例⑩。你要是做出錯誤的選擇而損及別人，這樣不只是對他們造成傷害，也會對你自己造成傷害。從更寬廣的角度來看，沒有人會自願作惡這句話在此處同樣適用——就算作惡的結果是損及別人也不例外。整體來看，就算是最凶暴的作惡者也會對自己提出一套說詞，指稱自己做的事情是對的。他們深陷於錯誤與不良的理解當中。

要以最具蘇格拉底風格的方式看待這一點，就是思考你早已能夠感受到其真實性的案例。也許你可以對別人做出一些可怕的事情，而看似能夠從中獲得好處，像是取得對方的錢財或者其他類似的東西。不過，你不會想要那麼做，而且不只是因為害怕遭到懲罰。你純粹就是不會想要成為那樣的人；而且整體來看，那麼做也不會真的讓你覺得從中獲得了好處。一個極端的例子也許可以讓人更明白看出這一點。假設你穿越時空回到奴隸制度盛行的時代，並且獲得蓄養奴隸的機會。你不想擁有奴隸，一點都沒有受到誘惑。你的東道主認為你要不是笨蛋，就是做出了重大犧牲，因為你居然放棄了一個讓自己的生活變得更好的機會。你的意志力真強！不過，你不這麼認為。這不是意志力或者犧牲的問題。你只是對於何謂「更好的生活」懷有和他們不同的理解而已（未來某一天，那時候的人也會講述類似的故事，想像他們來到我們這個時代，而同樣對我們目前認為的美好人生感到作嘔）。

把剛剛的這項想像反過來，並且降低其極端程度，即可得到道德失靈的蘇格拉底式解讀。如果你沒能做出正確的事情——包括在為了別人的情境下——那其實不是意志的問題。這樣的結果之所以會發生，原因是你沒看到事情的「整體」，或是你沒近距離看到自己的行為對別人造成的影響，或是你沒理解到別人就和你自己一樣重要。這是一種知識失靈的情形。

知識與情感

德行就是知識的說法令許多讀者困惑不已，原因是這麼說使得人類動機聽起來完全理性——因此有時被稱為是「唯智主義」（intellectualist）的立場。情感難道不是與知識不同的東西，而且又與知識一樣重要，或甚至更加重要⑪？柏拉圖後期的著作為情感騰出了更多空間，有些讀者認為是一種進步⑫。不過，我們也有可能把情感視為對知識或信念做出的反應。

恐懼就是一個很好的例子。蘇格拉底有時教導說勇氣是一種知識，懦弱則是一種無知。這個說法乍聽之下很奇怪，因為勇氣和懦弱關乎恐懼，而恐懼看起來像是一種感覺或情感，而不是知識。不過，人如果對於他們應該恐懼的事物感到恐懼，我們並不會把他們稱為懦夫。懦弱指的是人恐懼不值得恐懼的事物。旁觀懦弱表現的人，可以看出其實根本沒有需要害怕的東西，但身陷在懦弱當中的人看不出這一點。的確，旁觀者與懦夫懷有不同的感受，但這樣的不同感受是源自不同的理解，或是同一項理解受到體認的程度不同。蘇格拉底的說法如下（與他對話的人是普羅塔哥拉）：

> 一般來說，勇敢的人一旦感到恐懼，那種恐懼當中是不是不存在恥辱；而且他們感到自信的時候，那種自信當中也同樣不帶有恥辱？
>
> 的確……
>
> 另一方面，懦夫以及魯莽和瘋狂的人所感受到的恐懼或怯懦則是相當可恥，而這種可恥的恐懼或自信有可能來自無知以外的其他肇因嗎？

不可能……

對於不該對哪些事物感到恐懼的無知，必定就是懦弱。

〔普羅塔哥拉〕點頭。

而且，勇氣是懦弱的相反。

他表示同意。

對於哪些事物應該或不該感受到恐懼的知識，則是與對於那些事物的無知相反。

他再次點頭。

而那種無知就是懦弱。

這時候，他極不情願地表示同意。

因此，對於哪些東西應該或不該感受到恐懼的知識就是勇氣。

《普羅塔哥拉篇》

於是，蘇格拉底把倫理學當中所有明白可見的問題——諸如該怎麼過活以及該採取什麼樣的行為——全部轉變為知識與智力的問題。或者，也許可以說他是把那些問題全部轉變為一個知識的問題，因為他在不少地方似乎都主張「德行的統一」：這種觀念認為，一個人只要完整擁有任何一項德行，就必定擁有全部的德行。每一種德行都相當於對善惡的深度理解，只是以不同型態呈現出來而已⑬。

在實務方面，把任何人從事的每一項不公正或缺德的行為都解讀為知識或理解的失靈，乃是一種很好的蘇格拉底式練習。有些案例要以這種方式看待並不容易，例如身體方面的上癮，或是看起來毫不理性的行為。不過，任何不良的決定通常也都還是有可能以蘇格拉底式的角度看待。有時候，我們可以採取一個頗有幫助的方法，也就是捫心自問一個無所不知的人為什麼不會做出那樣的決定——所謂無所不知，意思是說那個人對於未來、別人，以及別人的經驗等等，都擁有完全的知識。如果是情感性的決定，那麼你可以問自己，如果引發那種情感的理解與知識有所不同，該情感是不是仍然會保持不變。斯多葛主義者以更仔細的方式探究了這項觀念，我們在下一章將會看到。

從斯多葛主義的角度來看，把德行歸結為智性的問題是一種鼓舞人心的做法。如此一來，即表示進步是有可能的，而且以正確的方式研究哲學也能夠讓你成為一個更幸福的人，至少是古代意義的幸福。換句話說，蘇格拉底方法如果沒有提振你的心情，至少會讓你更有機會獲得好心情。

可教導性

然而，蘇格拉底把德行的教導與學習也視為一個困難的問題。知識可以教導。所以，要是德行和知識不可區分，隱含的意思就是德行可以由一個人教導給另一個人。但實際上真的是這樣嗎？

從反面看待這個問題：蘇格拉底在《普羅塔哥拉篇》指出，人如果想要針對怎麼建造一個東西尋求意見，就會詢問具備資歷的專家。然而，似乎任何人都可以針對道德問題發表意見，沒有人會問提出意見的人有何資歷。由此可見，沒有人認為這種問題有精通的專家，而這即顯示回答相關問題所需的知識無法教導。如果那種知識可以教導，那麼投注最多時間研究那種知識的人就會受到別人的敬重。人在思考道德問題的時候，不會服從哲學教授的看法。他們可能會服從父母或其他權威人物，但這樣並不表示智慧可以教導。有許多例子都顯示父母致力為子女灌輸智慧，或者老師致力為學生灌輸智慧卻不成功。蘇格拉底認為這些案例為德行能否由一個人傳遞給另一個人蒙上了疑問。

> 蘇格拉底：我可以舉出其他無數的例子，都是個人雖然善良，卻從未促使別人變得善良，不管是朋友還是陌生人都一樣。普羅塔哥拉，在面對這些例子的情況下，我現在傾向於認為德行無法教導。
>
> 《普羅塔哥拉篇》

普羅塔哥拉提出許多回應。他指出，我們不會懲罰眼盲或者患有其他肢體殘疾的人，但我們確實會懲罰做出不道德行為的人。明顯可見，我們認為那些人只要願意努力就能有更好的表現，所以道德看來顯然是一種能學習的東西，因此可能也是能教導的。此外，我們確實投注許多時間試圖向兒童以及其他人教導德行，這些心力有些包含在我們極為熟悉的習俗當中，因此我們幾乎感受不到其存在。

> 普羅塔哥拉：蘇格拉底，你感到不滿，為什麼呢？因為所有人都是德行的老師，每個人依據自己的能力從事教導。你說老師在哪裡？你還不如問：誰會教導希臘文？
>
> 《普羅塔哥拉篇》

的確，有些人的德行天賦勝過別人，就像有些人擁有吹長笛的天賦一樣。想像看看，如果吹長笛被視為是所有人的必備技藝，而且每個人都接受過這方面的指導。有些人吹得很好，有些人則不然。不過，我們不會因此就說吹長笛是一種無法教導的東西。蘇格拉底所犯的錯誤（根據普羅塔哥拉所言），就是沒有進行夠多比較。真正沒有受過德行教導的人很容易找得到，而且這種人極為可怕。

普羅塔哥拉：我要請你想想，只要是生長於法律和人文環境裡的人，就算是其中最糟糕的成員，一旦相較於不曾受到教育、法庭、法律，或者其他強迫人實踐德行的限制所約束的人，也會顯得正直，是個正義的標竿。至於和他相較的那種對象，我們可以舉野蠻人為例，也就是詩人斐勒克拉忒斯在去年的酒神節呈現在舞台上的那種人。你要是生活在他那支合唱隊的那些人類厭惡者當中，那麼遇見歐律巴忒斯與弗里儂達斯必定會令你喜出望外，而且你也會對這裡的種種歹事充滿惆悵的懷念。

《普羅塔哥拉篇》

所以，德行也許確實可以教導。只是這種教導的過程極為分散，每個人的學習能力又落差極大，以致我們粗陋的感官無法輕易察覺得到。蘇格拉底不針對這些論點提出辯駁（而是改變了話題），所以也許他認為這些論點具有潛力。不過，蘇格拉底對於德行的可教導性所懷有的困惑，就像大多數的蘇格拉底難題一樣，從來不曾徹底解決。柏拉圖本身大概也不確定該怎麼回答這個問題。這個問題至今仍是個困難的問題。蘇格拉底的行為顯示他自己對於這個問題的真實答案可能是：且讓我們希望德行可以教導，並且努力嘗試。

不完整的方法

蘇格拉底提供了一項方法，以及那項方法幫助他推導出來的一些原則，但這些東西沒有構成一套完整的倫理哲學。有許多問題他並未嘗試分析，至少不是直接分析；而他對其他有些問題的分析看來也不完全。有些讀者把他的主張視為一項單一理論，而指稱這項理論能夠解釋的東西不夠多，所以不成立[14]。德行如果是一種知識，那麼是關於什麼的知識？如果答案是用於衡量「對你有益的事物」，或是有助於促成幸福的事物，那麼我們看起來可能像是在繞圈圈，因為對你有益的事物就是，德行。我們必須更清楚理解這種知識究竟是關於什麼，而不只是一種懂得知識就是一切的知識。

這個問題的答案也許涉及如何衡量我們在幾頁前討論過的那種成本與效益[15]。柏拉圖的後期著作可以被解讀為針對這個問題提供了其他可能的答案；還有斯多葛主義的著作也是如此。柏拉圖與斯多葛主義者也都遭人批評他們的推理是循環論證[16]；如同蘇格拉底所顯示的，理性要針對深層的道德問題提出決定性的解答是很困難的事情。不過，那些例子也顯示了蘇格拉底倫理學這種不完整的性質也許可以被視為一項優勢，使得他的方法能夠相容於其他各種哲學計畫與探究法[17]。蘇格拉底哲學就像是一根主幹，可將不同的延伸枝條附著於其上；或是一幅素描，可以用不同的方式完成。

注釋

① Vlastos, *Socrates, Ironist and Moral Philosopher*, 200–203 針對「幸福」為何優於其他譯法提出了頗具說服力的論點。

② Vlastos, 214。

③ 舉例而言，見《申辯篇》30ab與《克里托篇》47e；關於這一點的討論，見Brickhouse and Smith, "Socrates on Goods, Virtue, and Happiness," 4:204–15。

④ Vlastos, *Socrates, Ironist and Moral Philosopher*, 216。

⑤ 認為德行（蘇格拉底觀點所認為的德行）有助於促成幸福的觀點，持贊成立場的有Irwin, *Plato's Moral Theory*，持反對立場的則有Vlastos, *Socrates, Ironist and Moral Philosopher*, 7–10。

⑥ 關於德行與「aretē」的語言學意義，有一項絕佳的討論可見於Goldstein, *Plato at the Googleplex*, 139–42。

⑦ 特倫斯・厄爾文（Terence Irwin）以類似的方式陳述了這項等式，並且加以討論；見Prior, *Socrates: Critical Assessments*, 4:231。另見Santas, "Socratic Goods and Socratic Happiness"。

⑧《普羅塔哥拉篇》356ae。

⑨ 見《高爾吉亞篇》509e；《普羅塔哥拉篇》358cd；相關討論見Gulley, "Interpretation of 'No One Does Wrong Willingly'"；Walsh, "Socratic Denial of Akrasia"。

⑩ 關於這一點的進一步討論，見Santas, "Socratic Paradoxes"（經過些微修訂而翻印於Santas, *Socrates*, 183–94）。山塔斯（Gerasimos Santas）認為其中帶有兩種矛盾。第一項矛盾是「審慎的矛盾」：人總是想要對自己最好的東西（看起來卻不總是表現出這樣的行為——所以才會說是矛盾）。這就是蘇格拉底的假設。第二項矛盾是「道德的矛盾」，亦即沒有人會自願作惡（但人有時候看起來卻會刻意做出他們知道自己不該做的事）。蘇格拉底認為這項主張需要受到論述的辯護，而這類辯護即可見於《高爾吉亞篇》和其他地方。

⑪ 見Nehamas, *Virtues of Authenticity*, 27; Grote, *Plato and the Other Companions of Sokrates*, 399–400。

⑫ 見Cooper, "Plato's Theory of Human Motivation"。

⑬ 見Vlastos, "Unity of Virtues in the 'Protagoras'"；Penner, "Unity of Virtue"；Woodruff, "Socrates on the Parts of Virtue"；Devereux, "Unity of the Virtues in Plato's Protagoras and Laches"；Brickhouse and Smith, "Socrates and the Unity of Virtues"。

⑭ 一項簡明的討論可見於C. C. W. Taylor, *Socrates: A Very Short Introduction*, 68–70。

⑮ 這項論點提出於Prior, *Socrates*, 81。

⑯ 一項精湛的討論可見於Sidgwick, *Methods of Ethics*, 376–79。

⑰ 如同厄爾文所言：「蘇格拉底對於幸福、德行與外在的善之間的關係所抱持的觀點，為柏拉圖的《理想國》、亞里斯多德還有希臘化哲學家的討論提供了一個起點。對於蘇格拉底的立場有多高的可行性，以及其中有哪些面向需要受到修正，他的每個後繼者都各自抱有不同的觀點。」Irwin, "Socratic Puzzles," 264。關於這個主題的更多討論，見A. A. Long, "Socrates in Later Greek Philosophy"。

第十五章

蘇格拉底與斯多葛主義者

- 斯多葛主義的發展歷史
- 蘇格拉底式的無知
- 交叉詰問
- 一致性
- 德行與幸福
- 德行與知識
- 情感的範圍
- 所向無敵——哪些是你能控制的？

蘇格拉底在他死後的數百年來，影響了許多哲學家與學派①。本章與下一章將敘述部分追隨者如何把他的觀念——關於方法以及關於如何生活——發展成更為繁複的哲學，並且更仔細地實踐。我們將先從斯多葛主義者談起，接著再花點時間談懷疑主義者。這兩章將展示蘇格拉底思考能夠產生多麼廣泛的結果。

斯多葛主義是一項哲學運動，始於蘇格拉底死後一百年左右，在古希臘與羅馬極為盛行。其所提供的倫理觀念至今仍然對許多人深具吸引力（斯多葛主義的英語名稱「Stoicism」在現代英語當中另有「堅忍」的意思，但為了此處的討論，請暫時把這項詞義擺在一旁，這項詞義與斯多葛主義這門古代哲學無關）。斯多葛主義者探討了許多蘇格拉底從未觸碰過的主題②。舉例而言，他們有一項詳盡的自然法理論，與柏拉圖筆下的蘇格拉底毫無關係，可能根源自色諾芬筆下的蘇格拉底③。但在斯多葛思想的其他要點上，包括他們在如何思考與生活等方面所提出極為引人注意的主張，蘇格拉底的影響則十分顯著。如同A．A．隆恩（A. A. Long）所言：「斯多葛主義者把蘇格拉底視為他們主要的啟發來源與模範。」④

許多讀者都把斯多葛主義視為一套特別針對如何過好生活所提出的教誨。這的確是該哲學的結論。不過，這門哲學始於一種特定的心智態度，以及針對這門哲學意在探究的議題所採取的思考方式。斯多葛主義提供的建議，就是那種思考方式帶來的產物。那種思考方式帶有蘇格拉底色彩。愛比克泰德尤其企圖推進蘇格拉底式的立場，以及蘇格拉底式的分析，並且應用在學生向他求助的問題上。他展示了蘇格拉底方法如何應用在比柏拉圖對話錄更實際的問題上。斯多葛主義的學習者如果想要完整理解這門哲學，追溯這些根源將會很有幫助。

經過簡短的歷史敘述之後，本章每一節將會顯示蘇格拉底的其中一項教誨如何在斯多葛思想當中存續下去，或是在其中進一步發展。

斯多葛主義的發展歷史

斯多葛主義（Stoicism）的名稱由來，是因為這門學派的創始人季蒂昂的芝諾（Zeno of Citium）生卒年約為西元前三三四年至西元前二六二年，他習於在一個特定的地點講學，也就是一條俯瞰著阿哥拉市集（Agora）這個雅典主要集會地點的公共柱廊或門廊（stoa）。斯多葛主義因此被人稱為門廊哲學，相對於學園哲學（柏拉圖的學園）、呂克昂哲學（亞里斯多德的呂克昂學院〔Lyceum〕），以及花園哲學（伊比鳩魯的花園），這些名稱各自所指的都是那些學派的講學處所。

我們對於芝諾所知不多，但據說他年輕時跟隨過幾個老師學習，一位是在柏拉圖之後執掌過學園的帕勒摩（Polemo），另一人是犬儒學派哲學家克拉圖斯（Crates）。而芝諾身為斯多葛學派的領導者，則是先後為克里安西斯（Cleanthes）與克律西波斯（Chrysippus）所追隨。他們三人都是多產的作家，但他們的著作完全沒有留存下來。我們只能透過別人轉述或者引用他們的話語而得知他們的觀點。斯多葛主義後期留下的書寫遠遠較多，而能夠迎合我們此處的需求⑤。在那個時期存留下來的著作當中，主要的作者有以下這幾位：

- **愛比克泰德**，生卒年大概是西元五五年至一三五年。他的出生地位於當今的土耳其境內，人生前半段的大部分時間都在羅馬度過。他以奴隸身分出生，在少年時期獲得自由身。他終生都備受某種腿傷所苦。後來因為皇帝圖密善（Domitian）把羅馬境內的哲學家驅逐一空，愛比克泰德於是搬到希臘，在那裡建立了一所學校。他本身沒有留下著作，但他的其中一個學生阿里安（Arrian）出版了大量的上課筆記，被人稱為愛比克泰德《語錄》（*Discourses*），另外還有《手冊》（*Enchiridion*，阿里安採用希臘文書寫）。隆恩教授指出：「《語錄》的幾乎每一頁都可以看到蘇格拉底的印記」，而且這些筆記是「繼柏拉圖與色諾芬的著作之後對於蘇格拉底思想最有創意的挪用成果」⑥。我們後續將會看到相關的例子。

● **小塞內卡**（Lucius Annaeus Seneca），生於西元前四年左右，卒於西元六五年。他出生於西班牙，與他同名的父親（因此被人稱為老塞內卡）是一位修辭學老師。小塞內卡在小時候被帶到羅馬。他在埃及待了一段時間，在職業生涯初期擔任過律師與政治人物，接著被放逐到科西嘉，後來則是為尼祿這個惡名昭彰的皇帝擔任家庭教師與顧問。塞內卡也變得非常富有。他在西元六五年被人指控涉入圖謀刺殺尼祿未遂的皮索尼安陰謀（Pisonian conspiracy），而遭到皇帝下令自盡，於是只能從命。他割開自己的血管，坐在裝滿熱水的浴缸裡，但據說真正造成他死亡的是蒸氣（《教父第二集》有一項絕佳的比喻指涉了這起事件）。塞內卡的著作包括信件、對話錄、哲學論文，還有幾部劇本。他的著作是留存至今有關斯多葛主義的作品當中為數最多的一批。

● **奧理略**（Marcus Aurelius Antoninus Augustus）生卒年約為西元一二一年至一八〇年。他是一位羅馬皇帝，於一六〇年即位，在位時間將近二十年。在他人生最後的十年，大部分都在置身於軍事戰役之時以希臘文寫下以自己為對象的哲學筆記，我們稱之為《沉思錄》

（*Meditations*）。他在自己的書寫當中從來不曾把自己描述為斯多葛主義者，但他是這門哲學的忠實學習者，長久以來也一直被視為這門哲學的一位關鍵作者。彌爾把奧理略的著作形容為「古代心智的最高倫理產物」⑦。

蘇格拉底式的無知

蘇格拉底方法的起點是懂得你知道的有多麼少（見第十一章）。愛比克泰德認為這也是斯多葛主義的起點。

> 哲學的起點——至少對於以正確方式看待哲學並且由正門進入的人而言——就是知覺到自己面對最重要的事物有多麼軟弱而且無能為力。
>
> 愛比克泰德，《語錄》

> 哲學研究者的第一要務是什麼？擺脫自負。
>
> 愛比克泰德，《語錄》

愛比克泰德如果遇到高傲的人，總是抱持謙遜的態度以對。在這種情況下，應當提出的第一個問題就是對方的毛病是否也有可能在我們自己身上找到。

> 這樣的人深陷迷惑當中，根本不曉得自己在說什麼，也不曉得自己內心存在什麼邪惡，不曉得那

> 些邪惡來自何處，更不曉得自己能夠怎麼捨棄那些邪惡。我們生活在這些人當中，應當隨時專注於思考這些問題：「我是不是也有可能是這樣的人？我認為自己是什麼樣的人？我有什麼樣的行為表現？我的表現是不是真的像個有智慧的人，像個能夠控制自己的人？我是不是能夠說自己受過教育而能夠面對一切可能降臨的事物？身為一個一無所知的人，我是不是真的知覺到自己一無所知？」
>
> 愛比克泰德，《語錄》

奧理略也懷有類似的想法：對於虛榮的抗拒本身不該成為虛榮的來源。

> 一個人如果因為自己不驕傲自負而驕傲自負，這種人最是高傲又自以為是，令人無法忍受。
>
> 馬可・奧理略，《沉思錄》

不過，我們後續將會看到，斯多葛主義者和蘇格拉底不一樣，他們認為自己可以藉由推理得出他們沒有迴避的重要真理。

交叉詰問

辯證起初就是斯多葛主義的一部分。我們的證據顯示，芝諾認為辯證就是指利用問題與回答取得進展；在克律西波斯眼中，辯證同樣也涉及投入爭論，也可能指涉一種更廣泛的真理探究法⑧。到了羅馬時代，則是有比較直接的證據。塞內卡指出：「對話之所以對人非常有益，原因是對話以逐步漸進的方式影響心智。」⑨此外，愛比克泰德也宣稱自己相信蘇格拉底式的問答程序能夠消除自以為擁有知識的虛妄自負。

> 人類必須根除兩種東西：自以為是與缺乏自信。自以為是就是認定自己不再有任何需要……至於自以為是，這種心態可以藉由交叉詰問消除，而蘇格拉底是第一個這麼做的人。
>
> 愛比克泰德，《語錄》

愛比克泰德依據他自己的理解而如此描述蘇格拉底方法：

> 那麼，蘇格拉底怎麼做呢？他強迫自己的談話對象為他擔任證人，而且不需要再有其他證人。他因此能夠說：「我可以不需要所有人；只要有我的談話對象擔任證人，對我來說就夠了；至於其他人，我不尋求他們的支持，我只尋求我的談話對象支持。」他會明白指出我們先入為主的看法所帶來的後果，任何人都能夠看出其中的矛盾，從而放棄那樣的看法。「好妒的人會不會以自己的嫉妒為樂？」「一點都不會。恰恰相反，他會因為自己的嫉妒而痛苦。」透過這樣的矛盾，他已動搖了他的對話夥伴。「那麼，嫉妒在你看來是一種由看見不好的事物所引發的痛苦嗎？」於是，他迫使對方承認嫉妒是一種因為看見好的事物而引發的痛苦。⑩
>
> 愛比克泰德，《語錄》

愛比克泰德把問答方式調整成適合他自己課堂的做法，是蘇格拉底風格的一種變體。斯多葛主義的重點一般是在於突破看似自然的表面印象。看看以下這段文字，他的學生是一名父親，因為對於女兒生病太難過而無法陪在她身邊：

那麼，你認為你這樣的表現是正確的嗎？「我只是表現出我的自然反應而已，」他說。愛比克泰德答，可是這就是你必須說服我的重點所在；你必須證明你的表現真的合乎自然，然後我就會說服你，讓你知道一切合乎自然的行為都是正確的行為。「那是所有父親都會有的感覺，」那個人說：「至少大部分的父親都是這樣。」愛比克泰德說，我不爭論這一點，我們探討的是懷有那種感覺是不是正確的反應。因為那麼一來，我們就必須說腫瘤對身體有益，因為腫瘤實際上就是會產生；而且犯錯也合乎自然，因為幾乎所有人都不免犯錯，或者至少大多數人是如此。

愛比克泰德，《語錄》

另外還有以下這個例子，愛比克泰德藉著提問而得出這項斯多葛觀念：我們只有在運用心智的時候，才是真正自由。

你如果希望自己的身體保持健全而完整，那是你自己可以控制的嗎？——「不是，那不是我可以控制的事情。」——你如果希望身體健康呢？——「那也不是我可以控制的事情。」——身體外貌的美麗呢？——「我一樣不能控制。」——身體的存活或者死亡呢？——「同樣不行。」——

由此可知，你的身體不屬於你，而是受制於某種較其本身更大的力量。——「確實如此。」……那麼，你是不是沒有任何東西是受制於你的權威，或者單獨由你所控制？還是說你有這樣的東西？——「我不知道。」

好，用下列這種方法看待這個問題，然後再思考一遍。有沒有人能夠迫使你對於謬誤的事情表示同意？——「沒有。」——那麼，在表示同意這一點上，你不受阻礙與限制。——「我同意。」——再來，有沒有人能夠強迫你渴望做你不想做的事？——「可以。如果有人威脅要殺了我或者把我關起來，就可以強迫我做那樣的事。」——不過，要是你不怕死也不怕牢籠，這樣你還會理會那個人嗎？——「不會。」——那麼，不怕死這件事情是由你自己操控，對不對？——「是由我自己操控沒錯。」

愛比克泰德，《語錄》

這些對話大體上都是蘇格拉底式對話。愛比克泰德針對學生說的話不斷追問，因此得出荒謬的結論，或是證明那些話與對方承認的其他事物互相矛盾。不過，這些對話也和蘇格拉底對話有所不同。愛比克泰德比較不像蘇格拉底那麼常要求對方提出定義或抽象主張，然後再加以質疑。他比較常採取的做法是直接質疑學生提出的倫理假設，或者利用問題闡明他希望學生理解的主張。他不尋求無解的結果，而是對於看待一個問題的正確與錯誤方式懷有特定的觀點，而會把他的學生推向那些結果。他的主題通常比較具體，探究也比較沒那麼複雜，而其結果也比柏拉圖筆下的蘇格拉底所得出的結果更為實用⑪（在這些面向，他比較接近於色諾芬筆下的蘇格拉底）。儘管如此，斯多葛學派的老師所採取的做法在精神上還是相當近似於蘇格拉底。他們不會指示學生相信這個或者那個，而是訴諸學生的經驗，然後說：「你不認為……？」或者「看起來是不是……？」

本書主張蘇格拉底式質問的習慣主要是為了內化使用，愛比克泰德也這麼認為⑫。

> 由於〔蘇格拉底〕不可能隨時身邊都有人能夠幫助他檢視自己的判斷，或者受到他的交叉詰問，因此他向來習於自我檢視，以及試驗，而且總是嘗試著實際應用特定的既有觀念。
>
> 愛比克泰德，《語錄》

> 你一旦即將晉見某個掌握權威的人士，別忘了有另一個人正在上頭看著當下發生的事情，而你必須滿足的不是你即將晉見的那個人，而是上頭的那一個。於是，上頭的監督者問你：「放逐、坐牢、奴役、死亡、羞辱——你在課堂上說這些東西怎麼樣？」「我說那些東西『無關緊要』。」「現在你怎麼說這些東西？這些東西有改變嗎？」「沒有。」「那麼你有改變嗎？」「沒有。」……既然如此，就懷著自信前去吧，把這些話銘記在心，於是你就會看到身為一個學習過的年輕人和那些沒有學習過的年輕人有何不同。
>
> 愛比克泰德，《語錄》

愛比克泰德有時候也會對學生採取尖銳的語氣。這種做法不受現代的教室所歡迎，但如同蘇格拉底的不留情面，這種做法在你質疑自己的愚蠢之時也可能具有明確的價值。

「那麼，我什麼時候還會再看到雅典，還有衛城？」你這個蠢蛋，你每天看到的東西對你來說還不夠嗎？有什麼能比太陽、月亮、星辰、這整個世界，以及海洋更值得你看？

愛比克泰德，《語錄》

我們欣賞什麼？外在。我們把精力投注在哪裡？外在。既然如此，我們會身處於害怕與擔憂當中又有什麼好奇怪的呢？我們既然把即將來臨的事件視為惡事，怎麼可能不會有這樣的感受？我們不可能不害怕，我們不可能不擔憂。然後我們說：「神啊，請讓我不要擔憂。」你這個白癡，你沒有手嗎？神不是為你造了雙手嗎？你會不會坐下來祈禱神讓你的鼻子不要再流鼻水？不如別再祈禱，把鼻水擤乾淨吧。接下來——他難道沒有賦予你任何能夠幫助你改善自身處境的東西嗎？他難道沒有賦予你耐力，他難道沒有賦予你精神力，他難道沒有賦予你勇氣？

愛比克泰德，《語錄》

一致性

如同我們在第七章看過的，蘇格拉底把一致性視為真理與心靈（或者靈魂）健康的檢驗標準。人對一項主題說出的話如果互不相同或者互不一致，就表示他們其實不明白自己的心思。

蘇格拉底：你對我的埋怨是，在你的看法當中，我總是不斷說著一樣的話，可是我在你身上看到相反的毛病——我認為你對於相同的議題說出的話都不一樣。

《高爾吉亞篇》

像這樣的陳述印證了弗拉斯托斯得出的結論，亦即蘇格拉底「在他本身對於真理的追尋當中，把一致性提高成為最高的必要之物」⑬。斯多葛主義者延續了他這樣的做法，把一致性視為方法與基礎。愛比克泰德跟隨蘇格拉底的腳步，把內部批判——或是找尋不一致性——視為在交叉詰問當中通往成功的經典道路。

如此一來，一個人如果嫻熟於推理，而且能夠鼓勵以及反駁別人，就能夠向每個人展示出導致他偏離正軌的矛盾，並且讓對方明白理解他所做的不是他想要的事情，而其實是他不想要的事情。要是有人能夠讓他看清這一點，他就會主動捨棄自己的錯誤，但你要是未能證明給他看，就不要對他執迷不悟感到意外，因為他會認為自己的行為是正確的……蘇格拉底知道理性的心智會怎麼受到影響：不論我們是否希望如此，理性的心智都會像天平一樣傾向一側。要促使掌控的中心知覺到一項矛盾，才能揚棄那項矛盾；但你要是未能明白指出那項矛盾，就要怪罪你自己，而不是你無能說服的那個人。

愛比克泰德，《語錄》

一致性做為真實性象徵的價值，塞內卡也有清楚說明。

如果要捨棄智慧的古老定義，並且使用一項能夠涵蓋人生各種面向的定義，那麼我能夠以這項定

> 義為足：智慧是什麼？就是永遠都想要同樣的東西，並且拒絕同樣的東西。沒有必要加上這個小小的修飾條件：「只要你想要的東西是正確的東西即可」——因為如果不是正確的東西，一個人就不可能永遠都對同樣的那件東西感到滿意。
>
> 塞內卡，《書信集》（*Epistles*）

這個觀點非常近似於第六章提過的蘇格拉底立場：你懷有的謬誤信念，終究會與你知道的真理發生牴觸。愛比克泰德似乎抱持類似的觀點。他談到人有一種與生俱來的道德感，能夠賴以做出判斷。由於真理絕不會互相牴觸，因此一項信念如果經過長期檢測而仍然保持一致，即代表那項信念是正確的[14]。反過來說，不一致性則是表示一個心智對於真理的理解相當薄弱，如同前述的《高爾吉亞篇》引文所言。這也是塞內卡對於不一致性的看法。

> 內心的平靜仰賴於獲取一項固定不變而且明確的判斷。其他人總是一再失去立場再重拾立場，擺盪於捨棄與追求之間。這種不穩定的狀況是什麼原因造成的？一個人如果依賴大眾意見，就不可能對任何事情感到確定，因為大眾意見是最不可靠的標準。
>
> 塞內卡，《書信集》

德行與幸福

斯多葛主義者通常認同蘇格拉底在第十四章提出的那種倫理觀點。在某些情況下，他們還把那些觀點更進一步向前推進[15]。我們在前一章看到蘇格拉底哲學家把達成「eudaimonia」——亦即幸福或者美好人生——視為終極目標。我們也看到蘇格拉底說「智慧是唯一的善，無知是唯一的惡」⑯。斯多葛主義也是一門幸福哲學。斯多葛主義對於美好人生的意義所抱持的立場非常近似於蘇格拉底，而且有可能完全相同⑰。

這個議題可以用短短幾個字輕易表達：「德行是唯一的善。無論如何，沒有德行就不可能會有善，而德行本身則是存在於我們比較崇高的部分當中，也就是理性。」

塞內卡，《書信集》

蘇格拉底也斷定財富與健康本身並不是善，而是取決於其使用方式。我們已經看過這項觀點的幾個例子；以下又是另一個例子：

蘇格拉底：假設我們要考慮有哪些東西對我們有利。把那些東西列出來。我們可能會說健康，還有力量與美貌，以及財富——這些東西和其他類似的東西，我們都會說對我們有益，你同意嗎？

米諾：同意。

蘇格拉底：然而，我們有時候也說這些東西會對人造成傷害。你會反對這句話嗎？

米諾：不會，實際上的確是這樣。

蘇格拉底：那麼，這些東西到底有益還是有害，是由什麼因素決定？是不是正確的使用方式會讓這些東西有益，缺乏正確使用的時候則是有害？

米諾：的確。

《米諾篇》

斯多葛主義者不但完全承繼了這項觀念，而且還表達得更為強烈。因此，許多人都習於把這項觀念與他們聯想在一起，而不是蘇格拉底。愛比克泰德指出：

「健康是善，疾病是惡嗎？」不對，你可以提出更好的答案。「不然是怎麼樣？」善加運用健康是善，運用得不好則是惡。

愛比克泰德，《語錄》

塞內卡：

我們稱為「無關緊要」或者「中性」的東西也是如此，像是財富、力氣、美貌、名聲、權威——或是這些東西的相反：死亡、放逐、病弱、疼痛，以及其他一切多多少少會令我們感到害怕的東西。這些東西之所以被人稱為善或惡，乃是邪惡或德行造成的結果。一塊金屬本身不熱也不冷，不過把它丟進火爐就會變熱，放回水裡就會變冷。

塞內卡，《書信集》

如同這段文字顯示的，健康、財富以及其他本身沒有好壞之分的外在條件，被斯多葛主義者稱為「無關緊要」。只要明智使用即可對人有所幫助的這類東西，則是被稱為「較可取的無關緊要之物」。

德行與知識

除了指稱幸福與德行密不可分以外，蘇格拉底也主張德行涉及知識或理解（惡行則是涉及無知）。看看斯多葛主義的這些類似主張：

那麼，什麼是善？對於事物的知識。什麼是惡？對於事物缺乏知識。

塞內卡，《書信集》

只有一個東西能夠讓靈魂臻於完美，就是無可改變的善惡知識。

塞內卡，《書信集》

對於色彩、氣味或口味的標準無知，也許不算是極大的損失。不過，一個人如果無知於何謂善與惡，以及哪些東西對人而言自然或不自然，那麼你認為這個人的損失不大嗎？

愛比克泰德，《語錄》

斯多葛主義把蘇格拉底教誨的實用意義闡述得更為明白。斯多葛主義者談論如何處理人生中的各種問題——虛榮、憤怒、恐懼、貪婪。不同於蘇格拉底，他們不只是說這些問題可以被視為知識的問題，而是闡明這些問題如何依據這種看法而加以因應。他們首先指出，你在這個世界上遭遇的問題經常可以重新解讀為你的思考出了問題。蘇格拉底面對問題所採取的做法，就提供了一個例子。

> 對人造成困擾的經常不是實際上發生的事情，而是他們對那些事情的看法。舉例而言，死亡並不可怕；因為死亡要是真的可怕，那麼就算是蘇格拉底也必定會這麼認為。然而，實際上可怕的是對於死亡的看法——這才是可怕的事情。所以，我們一旦遭受阻礙、感到惱怒或者委屈，絕對不要責怪別人，而是應該責怪我們自己，也就是我們的看法。
>
> 愛比克泰德，《師門述聞》（*Enchiridion*）

西塞羅也以類似的方式描述斯多葛主義的觀點：

> 因此，悲痛是對於某項現行的惡所產生的近期看法，而對這麼一項惡感到沮喪以及心情低落似乎也是適當的反應。喜悅是對一項現行的善所產生的近期看法，而對這麼一項善感到興高采烈也顯然是適當的反應。恐懼是對於一項即將來臨而且看似令人無法承受的惡所產生的看法，貪欲是對於一項即將來臨的善所產生的看法——認為那一項善要是現在就已到來將會更好。
>
> 西塞羅，《圖斯庫路姆辯論》（*Tusculan Disputations*）

比較《理想國》的以下這段內容。

> 蘇格拉底：勇氣是一種特定類型的保存。
>
> 格勞孔：什麼樣的保存？

蘇格拉底：保存一種看法，也就是我們透過教育習得哪些事物應該害怕。

《理想國》

如果德行是一種知識，而惡行是無知或者遭到誤導的看法所產生的結果，那麼由此可以得出什麼結論？斯多葛主義提出的一個答案是寬容。一個人如果惹人厭或者犯下惡行，那是因為他們不懂。記住這一點會使我們比較能夠寬貸別人。奧理略針對這點提出的第一項陳述，在一開頭就引用了蘇格拉底的話：

「每個靈魂都在違背自身意願的情況下被剝奪了真理」——此外，每個靈魂也同樣在違背自身意願的情況下遭到剝奪了正義、自我控制、和善，以及一切類似的東西。我們必須隨時把這點銘記在心，因為這樣會讓你對待所有人的態度都更為溫和。

馬可・奧理略，《沉思錄》

每天一早都要對自己說：今天我將會遇到好管閒事、忘恩負義以及狂妄自大的人；還會遇到狡詐、好妒以及孤僻的人。這一切都是源自於他們不明白何謂善以及何謂惡。

馬可・奧理略，《沉思錄》

另外有些時候，斯多葛主義者則認為表現出不良行為的人應該受到憐憫。他們要不是身陷錯誤，就是在倫理方面殘缺不全，而不論是何者，都同樣令人嘆息。

既然如此，為什麼你要對她生氣？那個可憐的女人在最重要的事物上都深受矇騙，以致她不再是人，而成了蛇蠍。為什麼你不像我們憐憫盲目與瘸腿的人那樣，憐憫那些高等官能遭受殘缺的人？

愛比克泰德，《語錄》

愛比克泰德有時會提議把作惡者視為受害者。我們先前看過這項蘇格拉底觀念：虧待別人的人也會損及自己。而以上這種觀點，即是對於這點的一種解釋方法：他們遭到了矇騙（而矇騙他們的人，也有可能是他們自己）。

每當有人虧待你或者說你的壞話，別忘了那個人其實認為自己的行為是正當的。他不可能受到你認為正確的事物所引導，而只能夠受到他認為正確的事物引導。所以，他要是以錯誤的觀點看待事物，那麼他才是遭受傷害的那個人，因為遭到矇騙的是他……以這項推理做為起點，你將會以比較寬厚的態度看待侮辱你的人。每次都要對自己說：「他是這麼認為的。」

愛比克泰德，《師門述聞》

情感的範圍

如同第十四章提過的，有些人批評蘇格拉底未能把情感充分納入考量⑱。他理想中的人類看起來全然智性。不過，斯多葛主義者的做法則是提供了一種比較完整的方式，在仍然堅信幸福、德行與知識全然相等或近乎相等的蘇格拉底等式之際，也能夠把情感納入考量。你如果對任何一件事物產生情感反應，那麼這項反應的對象不是那件事物，而是你對那件事物的想法，也就是你對那件事物的理解。那樣的理解產生自你的知識或者欠缺知識，並且是你可能有能力改變的狀況。

這一切都可以視為是對於蘇格拉底教誨的闡述。前一章利用恐懼做為感受或者情感的蘇格拉底個案研究，因為恐懼是任何一種人性觀都必須要能夠解釋的感受。我們看過蘇格拉底把勇氣等同於一種知識。斯多葛主義者則是把這項觀念表達得更為直接。

> 勇敢不是輕率莽撞，不是愛好危險，也不是追求引人恐懼的事物；而是一種知識，能夠讓我們辨別惡與非惡的事物。
>
> 塞內卡，《書信集》

我們也許會反駁這種理解情感的方式——不論我們將其歸給蘇格拉底還是斯多葛主義——指稱其中未能把嬰兒或動物展現的情感納入考量。嬰兒與動物缺乏知識，他們沒有能夠形成看法的心智活動，不論是正確還是錯誤的看法。然而，他們看起來相當有能力表現出諸如憤怒的情感。斯多葛主義者回應這項反駁的方法，是把動物的憤怒視為一種和情感不同的東西。

> 野獸有衝動、狂暴、凶猛、攻擊性；但牠們沒有憤怒，就像牠們也不懂得奢侈一樣……愚蠢的動物缺乏人的情感，但擁有若干相似的衝動。
>
> 塞內卡，《論憤怒》（*On Anger*）

這項論點也可在蘇格拉底對話當中找到先例。

拉凱斯：你是說那些受到普世公認為勇敢的動物比人類更聰明嗎？還是你不惜反駁所有人的看法，而指稱那些動物根本不勇敢？

尼西亞斯：拉凱斯，不管是動物還是其他什麼東西，只要沒有足夠的智力能夠害怕威脅，我就不會稱之為勇敢；我只會說牠們「沒有恐懼」而且「不理性」。

《拉凱斯篇》

（尼西亞斯在此處闡揚他原本歸給蘇格拉底的做法。）同樣的，斯多葛主義者也說有些人類反應看來像是情感，實際上卻不是如此。

勇敢的人會因為令人難過的事情而皺眉；突然發生的事情會嚇他一跳；他要是站在峭壁邊緣往下看，也會感到頭暈。這不是恐懼，而是一種無法經由理性消除的自然感受。

塞內卡，《書信集》（*Epistles*）

有些讀者認為這種說法令人滿意，另外有些人則認為這種說法其實是迴避問題，只是為問題的困難部分貼上不同的標籤而已。不過，蘇格拉底或者斯多葛主義對於情感的觀點如果無法用來解釋動物，也不表示這種觀點完全無效，只是表示這種觀點不完整。把情感視為對於思想與知識的反應，是一種有用而且能夠解釋許多情況的做法，儘管也許不能解釋所有的情況。

必須注意的是，這裡和第十四章一樣，在蘇格拉底與斯多葛主義者看待情感的方式當中，他們眼裡的「知識」比你認為的包含範圍更大。有些信念是抱持在心智的表面，在你聽聞新的證據或者論述之後即有可能捨棄或者修改。有些則是深深植根於心智裡，即便在我們認為自己有了更清明的理解之後也還是難以改變。在某些情境下，你「知道」自己根本不需要害怕，卻還是不禁感到害怕；這麼一來，你其實並不知道，或是說你對於是否應該害怕懷有互相矛盾的信念。要根除某些信念需要花費時間，原因是那些信念已經根深柢固。你「知道」自己不想要一件事物，卻還是不禁對那件事物感到渴望——這也是同樣的模式，你有一些信念還沒跟上其他信念的腳步。哲學的一項主要目標，就是要讓所有的信念達成一致[19]。這是一項辛苦的工作。

所向無敵——哪些是你能控制的？

蘇格拉底說：「任何東西都不可能對好人造成傷害，不論在生前還是死後。」[20]斯多葛主義者也抱持同樣的觀點，並且一如既往又進一步加以擴充。他們把這種所向無敵的性質描述為把自己與外在事物脫鉤，也就是擺脫一切受到別人控制的事物。你只認同自己能夠控制的東西：你的選擇、你的意志、你的理解。任何外力都無法損及這些東西。

「可是神有時候為什麼會任由壞事降臨在好人身上？」不要懷疑，他不會這麼做。他總是令各式各樣的惡遠離好人——不論是可恥的行為與犯罪、慫恿煽惑與貪婪的陰謀，還是盲目的欲求以及對於他人財貨的貪念。他會保護以及拯救好人本身。有人會要求神也應當看顧好人的行李嗎？不會。好人本身就為神解脫了這項負擔，因為他們對於外在的事物不屑一顧。

塞內卡，《論天命》（*On Providence*）

愛比克泰德也提出類似的概念：

我如果必須遭到囚禁，難道我也必須叫喊號哭？我如果必須遭到放逐，有人能夠阻止我帶著微笑，以愉快而從容的姿態離開嗎？「吐露你的祕密。」我不說，至少這是我可以控制的。「那麼，我就用鎖鏈把你綁起來。」你說什麼？我嗎？你可以把我的腿鏈起來，但就算是宙斯也沒辦法征服我的意志。「我要把你關進牢裡。」你是指我這個可憐的身體。「我要把你的頭砍掉。」我什麼時候對你說過我的脖子是唯一一根砍不斷的脖子？這些都是哲學家應該思考，應該每天寫下來，應該實際練習的事情。

愛比克泰德，《語錄》

愛比克泰德提出這些教誨的靈感直接取自蘇格拉底，如同他向一名提起這項主題的學生所做出的回答。

「那麼，雅典人竟會那樣對待蘇格拉底，實在是非常奇怪。」你這蠢奴，為什麼說蘇格拉底？要依照事實去說：蘇格拉底那具可憐的身體居然會遭到比他強壯的人拖進牢裡，而且居然有人把毒參拿給蘇格拉底那具可憐的身體，以致那具身體就此氣絕……那麼，善的本質對他而言在哪裡？我們該聽誰的話？你的還是他的？而蘇格拉底是怎麼說的？「安尼圖斯與梅勒圖斯可以殺了我，但他們沒辦法傷害我。」

愛比克泰德，《語錄》

最後那句話所指的是《申辯篇》裡的一個段落，在前一章引用過。以下是蘇格拉底談論同一項觀念的另一個例子：

蘇格拉底：別人如果想要鄙視你，辱罵你是白癡，就任由他們去吧；沒錯，甚至也讓他們打你耳光羞辱你。你又何必擔心？只要你實際上是個善良而有德的人，致力於訓練自己實踐德行，就不會有任何可怕的事情發生在你身上。

《高爾吉亞篇》

斯多葛主義者的立場——我們現在已可看出也是蘇格拉底的立場——有時顯得不切實際，因為他們認為一位智者就算被綁上肢刑架肢解，也還是可以被形容為快樂㉑。不過，斯多葛主義者多多少少承認了沒有人達到過那種心智的完美狀態㉒。他們認為，只要能夠達到那樣的理想狀態，即可在各種情境下都能夠擁有心靈的平靜。因此，他們之所以把蘇格拉底奉為偶像，不只是因為他的教誨，更是因為他立下的榜樣。他在自己的德行完整無損的情況下迎接死亡，所以也就能夠平靜迎接死亡。

注釋

① 關於他的影響範圍，見A. A. Long, "Socratic Legacy"的討論。

② 有一項概觀比較能夠如實反映這門哲學的廣度，見A. A. Long, *Hellenistic Philosophy*, ch. 4。

③ 見DeFilippo and Mitsis, "Socrates and Stoic Natural Law"。關於蘇格拉底與斯多葛主義者的重疊與相異之處，有更多的討論可見於Brickhouse and Smith, *Socratic Moral Psychology*, 232–47。

④ A. A. Long, "Socrates in Later Greek Philosophy," 362；A. A. Long, *Stoic Studies*, 16–32。

⑤ 讀者如果想要針對最早期的斯多葛主義者所說的話尋求更多證據，A. A. Long, *Hellenistic Philosophy*, ch. 4提供了一項絕佳的概觀。Long and Sedley, *Hellenistic Philosophers*以及Inwood and Gerson, *Hellenistic Philosophy*為那個時期遺留下來的殘篇提供了英文翻譯。

⑥ A. A. Long, *Epictetus*, 94。

⑦ *On Liberty*，收錄於Robson, *Collected Works of John Stuart Mill*, 18:236。

⑧ 見A. A. Long, *Stoic Studies*, ch. 4，尤其是93–97。

⑨ Seneca, *Epistles* 38.1，收錄於Graver and Long, *Seneca: Letters on Ethics*, 118。

⑩ 愛比克泰德這段文字的第一部分明顯取自《高爾吉亞篇》472bc，摘錄於本書第十章。他提到嫉妒的部分源自何處則是沒有那麼明白可見；有可能是《斐利布斯篇》48be，也可能是本書第一章引用色諾芬的那段文字（但那段內容並不是以愛比克泰德呈現的這種對話形式寫成）。

⑪ 關於這方面更完整的討論，見Brennan, "Socrates and Epictetus," 286–91。

⑫ 探討於A. A. Long, "Socrates in Later Greek Philosophy," 373。

⑬ Vlastos, *Socratic Studies*, 27。

⑭ 愛比克泰德的觀點與反詰法的這種解讀（與弗拉斯托斯有關），在A. A. Long, *Epictetus*, 79–84當中有充分的討論。

⑮ 相關討論見Eric Brown, "Socrates in the Stoa"與Striker, "Plato's Socrates and the Stoics"。

⑯《歐緒德謨篇》281e。

⑰ 有一份著作仔細分析了對話錄裡的證據，見Annas, "Virtue as the Use of Other Goods"。

⑱ 一個著名的例子可見於 Grote, *Plato and the Other Companions of Sokrates*, 399：葛羅特認為蘇格拉底「犯了一項錯誤……也就是單純只思考人類行為的智識條件，而忘了對情感與意願給予足夠的重視」。

⑲ 見 Eric Brown, "Socrates in the Stoa," 279–81。

⑳《申辯篇》41c。

㉑ 見 Cicero, *De Finibus* 3.13.42。

㉒ 見 Farnsworth, *Practicing Stoic*, 250–55。

第十六章

蘇格拉底與懷疑主義者

- 與懷疑主義者的歷史關聯
- 問與答
- 無解相對於懸擱
- 可知性
- 懷疑主義的影響
- 該怎麼選擇？
- 懷疑主義相對於斯多葛主義

除了斯多葛主義者以外，也有別人自稱是蘇格拉底的繼承人。這種人物當中最著名的一群，就是我們現在所稱的懷疑主義者。本章說明懷疑主義者是什麼人、他們的思想，以及他們為什麼認為自己帶有蘇格拉底色彩。我們將會看到，比起斯多葛主義者，懷疑主義者的哲學甚至更是蘇格拉底方法的直接延伸。

與懷疑主義者的歷史關聯

柏拉圖創立的學校稱為學園。這所學校在他死後又存續了三百年左右，由一系列的其他領導者（稱為「校長」〔scholarch〕）主持。學園教導的思想有時會在不同的領導者之下改變，但大部分時期都與懷疑主義畫上等號①。學園有兩名領導者尤其是著名的懷疑主義者：在西元前二六四年接掌學園的阿爾克西勞（Arcesilaus），以及在西元前一六七年成為學園校長的卡奈阿德斯（Carneades）。

學園在西元前八八年於一場戰爭當中遭到摧毀，其最後一位校長菲洛（Philo）因此逃到羅馬。他在那裡的其中一名學生是西塞羅，當時大約二十歲，後來成為羅馬最重要的一位政治家暨演說家。我們今天想要了解學園的教誨，最好的知識來源就是西塞羅的著作。西塞羅本身的哲學兼容各家思想，在不同學派當中都看到了吸引他的觀念。不過，他從未捨棄自己與學園的關係，也一直認為學園派懷疑主義者是蘇格拉底最忠實的追隨者②。

「懷疑主義」的英文名稱「Skepticism」，就像斯多葛主義的英文名稱「Stoicism」一樣，在現代英語當中的詞義也和其原本的意義僅有些微的相同之處。「Skepticism」一詞衍生自希臘文詞語

「skepsis」，這是一個名詞，意為「探詢」。因此，懷疑主義者就是一個進行探詢（並且不斷探詢）而沒有得到結論的人。古代傳統當中的懷疑主義者不會對每一項主張說「不」，甚至不會對任何主張說不。他們要的是真理，也總是努力要接近真理，但從來不會達到一個停止的點，從來不會找到確切無疑的結果。他們深深害怕「輕率贊同」，也生怕自己會在真的完成思考以前就以為已經達到這樣的成果。懷疑主義者認為這種傾向是人類的最大缺點（也許如此——當然，他們對這點也無法完全確定）③。

懷疑主義者主張自己是蘇格拉底繼承者的理由，和斯多葛主義者一樣充分。不過，懷疑主義者聚焦於蘇格拉底教誨當中的其他特徵，並且得出不同的教訓。

問與答

在懷疑主義者眼中，蘇格拉底教導的核心課題是，智慧相當於理解人的無知，而要確立這種無知的程度，最好的方法就是透過蘇格拉底式質問。西塞羅依照懷疑主義者的理解而將對話錄裡的模式敘述如下：

〔蘇格拉底〕採取特定的論述方式，自己不證實任何事情，只反駁別人的主張。他說自己什麼都不知道，唯一只知道自己一無所知。他在這方面勝過別人，原因是別人認定自己確知他們其實不知道的事情，而他則是只知道這麼一件事，也就是自己什麼都不知道。他認為自己就是基於這一點而獲得阿波羅宣告為最有智慧的人，因為智慧就是一個人不認為自己知道自己並不知道的事情。

西塞羅，《學院》（*Academica*）

亞里斯多德是柏拉圖的其中一名學生，他離開學園而創立了自己的學校（呂克昂學院）。其他人則是待在學園，而在柏拉圖死後的那一百年裡把他的理論帶往各種不同方向。不過，懷疑主義者認為這一切都偏離了蘇格拉底的願景，也就是堅持探問，並且得出沒有最終結論的結果。談到呂克昂學院與早期的學園，西塞羅寫道：

> 這兩所學校都吸收了柏拉圖的豐富思想，因此整理出一套確切的學說體系，其本身也是豐富而飽滿，卻捨棄了蘇格拉底方案，也就是質疑每一項主題，以及不論討論什麼事物都絕不提出確切意見。於是，這兩所學校也就產生了蘇格拉底必定不會贊同的東西。
>
> 西塞羅，《學院》（*Academica*）

阿爾克西勞是柏拉圖之後主持學園的第五位校長。他被視為是學園的「第二時期」或「中間時期」的創始人。他想要讓學園回歸蘇格拉底的根源：在這所學校裡，老師的工作就是反駁學生所說的一切④。

> 〔蘇格拉底〕採取的方法是質問他的談話對象，並且藉由交叉詰問的過程引出他們的意見，以便

> 他能夠藉由回應對方的答案而表達自己的觀點。這種做法遭到他的後繼者捨棄，但後來阿爾克西勞又加以重拾。他的慣例是，想要聽他講學的人不該向他提問，而是應該陳述自己的看法，然後他就會針對這些看法提出反對論點。
>
> 西塞羅，《論目的》（*De Finibus*）

阿爾克西勞並不算是駁斥別人的主張——這樣的用詞太過強烈。一項主張要是受到駁斥，意思就是說所有人都同意那項主張是錯的。這麼一來，阿爾克西勞可能會爭論那項主張其實是對的。他要證明的不是所有人都錯了，而是正反兩面永遠都有良好的論點，所以沒有任何一項論點會是最後的定論。

> 〔阿爾克西勞〕始終如一地奉行這些原則，因此大部分的時間都花在針對每個人的意見提出反對論點。如此一來，我們在一個問題的正反兩面都發現同樣重要的論據之時，才能夠自然而然地阻止自己做出判斷，而不至於草率地贊同其中一方。
>
> 西塞羅，《學院》

這樣的結果——因為你無法決定該怎麼想而暫不做出判斷——稱為「懸擱」（epochē）。阿爾克西勞提問的做法成了學園裡的標準作風，但西塞羅擔心希臘人到了後來已逐漸不再堅持。

> 此處所談的這種哲學方法，也就是對每一種立場都提出批評，並且從不做出直截了當的判斷——

這種哲學方法始於蘇格拉底，接著由阿爾克西勞重拾，再由卡奈阿德斯扎穩根基，而持續盛行到我們這個時代。然而，在當今這個時刻，我在希臘本身看到這種方法已幾乎成了孤兒。我認為這種情形的發生不是學園的錯，而是人的愚鈍所造成的結果。

西塞羅，《論神性》（*De Natura Deorum*）

無解相對於懸擱

對於懷疑主義者主張蘇格拉底是他們最重要的始祖，許多學者都表示同意，儘管其中有些人稍微懷有疑慮⑤。不過，其他人則是注意到這兩者之間的不同，而且有些人認為阿爾克西勞的懷疑主義其實不是來自蘇格拉底或者柏拉圖——他只是聲稱自己是蘇格拉底的追隨者，藉此為自己的教誨增添分量。他的思想其實是來自於其他懷疑主義哲學家，例如庇羅（Pyrrho，我們後續會再談到他）⑥。蘇格拉底與懷疑主義者的教誨之間的確實關係，就像本書探討的許多主題一樣，都必須以龐大的篇幅詳細討論，無法在此充分加以概括。不過，我們可以提出其中幾個矛盾以及引人注意的要點。

首先，懸擱不完全是蘇格拉底所追求或者造成的結果。你要是以懷疑主義的方法擱置自己的判斷，就不會指稱一項主張正確或者錯誤，而是只會說你不知道。蘇格拉底的做法不太一樣。他的辯論方法是對於別人試圖證明自己精通了重要概念的說法提出反駁，而因此造成無解——也就是一種僵局。在懸擱當中，你不知道該怎麼辦，原因是你夾在不同的論點之間，而那兩項論點都有可能是正確的。遇到無解的時候，你之所以不知道該怎麼辦，原因是一個問題的所有可能答案——或是你想得到的所有答案——都證明為不正確。

讀者可以思考這項差異有多大的重要性。一方面，不管是蘇格拉底式還是懷疑主義式探詢的實踐者，都會感受到這項類似的立即體驗：你不管說什麼都不夠好。此外，蘇格拉底與阿爾克西勞也經常提出一樣的回應：不要放棄，堅持下去，再努力一點，就算你無法知道最終是不是有可能得出真理也沒關係。但另一方面，這兩種哲學之間又存在著一項明確的差異，其中一方指稱有些主張為真，另外有些（實際上是大多數！）為偽；另一方則是從來不會斷定任何主張是真或偽。仔細研究過蘇格拉底與懷疑主義這兩種傳統的學者，都認為這兩種做法造成的思想狀態相當不同。如同伍德勒夫所言：「無解會造成一種認知挫折。另一方面，懸擱則是會造成一種脫離信念的狀態。」⑦

可知性

在懷疑主義與蘇格拉底對於是否有任何事物可以受到知曉所抱持的觀點當中，有些讀者也發現了相關的差異。

阿爾克西勞說我們無法知曉任何事物，甚至包括蘇格拉底本身所留下的那一點些微知識——也就是這項格言的真實性。他認為一切都極為晦澀難解，也沒有任何事物能夠被知覺到或者理解，所以他說任何人都不該提出任何肯定的陳述或者斷言，或是對任何命題表示贊同；人必須隨時遏阻自己的莽撞，克制任何的一時衝動，因為對謬誤或者無法確知的事物表示同意是令人難堪的草率行為，而由同意與贊成壓倒知識與洞察更是可恥至極。

西塞羅，《學院》

在這段文字裡，西塞羅（或者阿爾克西勞）把蘇格拉底描述為落入了懷疑主義的矛盾當中。如果你確定自己一無所知，那麼這項主張看來顯然存在著自我駁斥的毛病。明白可見，你畢竟還是知道某件事情，也就是你知道自己一無所知。你要是對我們是否有可能知曉任何事物抱持懷疑，不也該對這件事感到無法確知嗎？阿爾克西勞就是這麼認為。不過，懷疑主義者可能是誤讀了蘇格拉底。他從來沒有說過他知道自己一無所知。他只是說自己一無所知。再一次，讀者可以想想他實際上的主張其實遠遠簡樸得多，而如此帶來的會是什麼樣的結果⑧。不過，阿爾克西勞自己也被人批評落入了相同的陷阱：他在這段文字的最後否認我們能知曉任何事物，這時他就成了顯然知道某件事情的人，也就是知道沒有任何事物可以為人所知曉⑨。懷疑主義實踐起來很棘手。

暫且不管這些矛盾，西塞羅明白指出懷疑主義認為不可能找得到確定性，並且認為這是蘇格拉底的觀點⑩。

〔阿爾克西勞〕從柏拉圖的著作以及蘇格拉底的談話當中尤其擷取了這一點：感官與心智都不可能獲得任何確切的理解。

西塞羅，《論理想演說家》（*De Oratore*）

這些解讀柏拉圖與蘇格拉底的方式相當引人注意，因為對話錄裡從來不曾出現這類語句。蘇格拉底說他不知道任何重要的事物，但沒有說無事可以為人所知曉。這樣的結論必定是經由推論而來：蘇格拉底要是不曾得知任何重要的事物，那麼對於重大問題尋求確定性的努力必定只能是徒勞（儘管仍然可能讓人有所收穫）。不論蘇格拉底說了什麼，總之他證明了任何關於道德真理的主張都可以被駁倒。基於這個原因，閱讀對話錄自然不免帶給讀者懷疑主義的感受，就算他們沒有尋求這樣的結論⑪。也許這是造就懷疑主義者的一種明智方法。蘇格拉底要是直接支持懷疑主義，忠實的懷疑主義者必定會提出反對論點。不過，他要是採取特定的論述方法，而令讀者舉手投降，感覺自己有如懷疑主義者，那就沒有問題。懷疑主義者可以有各種想法，只是不能把自己的觀點當成知識，並且指稱這些觀點是建立在確鑿無疑的論述上⑫。這樣的論述根本不存在。

儘管如此，最後這項最嚴重的矛盾仍然存在：蘇格拉底有時候確實會主張什麼是正確的。我們在第十四章看過這種例子。懷疑主義者怎麼能夠說這種話⑬？如同我們先前已經考慮過的，一個可能是蘇格拉底對於自己說的話並不確定。他如果提出自己的觀點（例如他說德行是一種知識），並不是主張這樣的觀點已經受到證實，只是截至目前為止還沒有人能夠反駁這項觀點而已。他如果聲稱自己證明了一件事物不成立，也是基於我們在第十章看過的那種訴諸人身的論點：他證明你所相信——或者自認為相信——的兩件事物當中存在著確切的不一致性。注意這種辯論方式對於懷疑主義者多麼具有吸引力，因為在這種做法當中，質問者不必秉持任何信念⑭。

以上這幾點有助於我們看出蘇格拉底與懷疑主義者彼此相容。我們不可能證明蘇格拉底是與阿爾克西勞相同的懷疑主義者。他們各自都說過一些話，是我們無法想像另一個人會說的。不過，就算懷疑主義者沒有以簡單而直接的方式發揚蘇格拉底的做法，蘇格拉底對他們的影響還是明顯可見。懷疑主義者是蘇格拉底的後繼者，不是他的分身。

懷疑主義的影響

懷疑主義會使其實踐者處於什麼狀態？懷疑主義聽起來可能像是一門絕望的哲學，因為你永遠無法確定自己是對的。不過，希臘人不是採取這樣的看待方式。他們發展出了兩種類型的懷疑主義，其中一種稱為庇羅式懷疑主義（此一名稱取自這種思想的創始人庇羅）。這種懷疑主義者主張擱置判斷帶來的結果是心靈平靜（ataraxia）：一種解脫苦惱的平和感，而這也就是他們的目標。像阿爾克西勞這樣的學園派懷疑主義者則不是如此。這種懷疑主義者追尋的目標不是平靜，而是真理。他們之所以會處於擱置判斷的狀態，原因是他們認為理性最後會把他們帶到這樣的狀態。每一項主張都不免遭到別的主張削弱。任何人曾經擁有過的任何信念，結果都發現是錯的；因此，如果有人聲稱自己確知任何事物，要不是懶惰，就是自欺欺人。

然而，學園派懷疑主義者並沒有放棄對於真理的追尋。達不到真理反而使他們更加勤奮。

> 儘管我們所有的認知遭到許多障礙所阻擋，又儘管事物本身極為隱晦，我們的判斷也充滿缺陷，以致最古老與最博學的哲學家都不信任自己有能力發現他們所渴望的事物（而且這樣的不信任也確實沒錯），但他們還是沒有屈服，所以我們也不該因為感到疲累而放棄追尋。
>
> 西塞羅，《學院》

這種立場看來可能有點奇怪。為什麼要持續追尋你認為自己永遠不會找到的東西？答案是，你還是可以更接近那個東西。

> 我們的討論也從來沒有其他目的，只是藉著針對每個方面提出論點，而引出以及榨出某種東西，有可能是真理本身，不然至少也是盡可能接近於真理的東西。
>
> 西塞羅，《學院》

希臘哲學對於這類無法達到的目標甘之如飴（斯多葛主義者的目標是達到聖賢的境界，但只有蠢人才會聲稱自己達成了這個目標）。就算我們永遠得不到真理，這樣的追求還是會讓人變得更為高尚。蘇格拉底也這麼認為⑮。不過，還是應該要注意絕望的危險。蘇格拉底方法的使用者經常看到論述落入死胡同。這種情形可能會導致人認為論述根本毫無價值。這絕非蘇格拉底的想法，但他也與這項可能性搏鬥過，並且針對這點提出了警告（在此處由費多轉述。第一個說話的人是蘇格拉底）：

> 一個單純而且沒有辯證能力的人，如果相信一項論點為真，後來又認為那項論點謬誤不實，不論實際上是不是如此，然後這樣的情形又一再發生，那麼他就會不再有任何信念。傑出的爭論者將會因此認為自己是最有智慧的人，因為只有他們能夠看出所有論點的不健全與不穩定，甚至所有事物都是如此，就像尤里普斯海峽（Euripus）的水流一樣，總是在永不停歇的漲潮與退潮當中起起伏伏。
>
> 確實如此，我說。
>
> 他說：沒錯，費多，而且想想這會是多麼可嘆的事情，要是的確有真理或是確定性或是知識的可

能性，結果一個人卻無意間遇到一項乍看成立但後來證明謬誤的論點，以致他在懊惱之下不是責怪自己以及自己的欠缺智慧，而是樂得把自己的責任轉移到所有的論點之上，並且從此以後都對論點抱持厭惡與批評的態度，而失去真理以及對於現實的知識。

沒錯，我說，這的確非常可嘆。

那麼，且讓我們首先對於一切論點都毫不可取也毫不健全的概念抱持謹慎的態度，而寧可說我們自己尚未達到健全的程度，所以必須勇敢奮鬥，盡力達到心智的健康——你和其他所有人關注你們未來的人生，而我自己則是關注死亡的前景。

《費多篇》

簡言之，理性如果沒有為我們帶來滿意的結果，我們應該責怪的是我們自己，而不是理性。我們不能因為自己的心智是薄弱的工具，就貶斥理性這種極為美妙的東西。

該怎麼選擇？

如果一切事物的兩面都有看似可信的論點，那麼懷疑主義者要怎麼選擇？有一位比阿爾克西勞在一百年後成為學園校長，開啟了學園的「晚期」階段，他可以在這方面為我們提供幫助。此人就是卡奈阿德斯。他是一位擁有傳奇力量的智者，據說蓄著很長的頭髮和指甲，原因是太忙於哲學而沒空修剪⑯。卡奈阿德斯推理認為，就算我們沒辦法確定，也還是可以認為有些事物比其他事物更有可能為真。西塞羅敘述了這項論點：

> 不論發生什麼事，只要那件事在表面上看來有可能，而且又沒有違反此一可能性的事物出現，那麼明智的人就會加以採用；而且人生的旅程能以此為規範。實際上，你提出的這種明智的人，經常都是遵循有可能的事物，不是那種全面被理解、知覺或者肯定的事物，而是只具有可能性的事物；人如果不依照這樣的狀況採取行動，人生的整套體系將徹底終結。
>
> 西塞羅，《學院》

因此，卡奈阿德斯所抱持的觀念，被認為就是以機率做為行動基礎（但他所謂的「機率」，或是與此相等的希臘文字眼，乃是個複雜的問題；他在這一點上沒有我們所具備的數學概念）[17]。我們無法針對道德問題及其他問題得到確切的答案，但可以得出具有足夠可信度的結論，因此能夠以此為基礎採取理性的行動。這個立場近似於當今所謂的可錯論（fallibilism）。

卡奈阿德斯的這項觀念對於蘇格拉底方法的使用者而言很有價值。我們先前已經看過，不管蘇格拉底是不是懷疑主義者，他的方法確實很容易能夠將其學習者轉變為懷疑主義者。成熟的懷疑主義者能夠安然接受基於機率而前進的做法，有時機率可能很高，有時則不然（當今的科學不也是採取這樣的做法？）。這種做法可讓人積極採取行動，又不至於表現出惹人厭的態度。懷疑主義者並不頑固，也不介意在辯論當中落敗。

> 〔讓我們〕耐心忍受別人的反對與駁斥。有些人可能會厭惡受到這樣的對待，原因是他們信奉特

定的既有想法，為那些想法所束縛，並且因為負有堅持立場的義務，以致為了維持一致性，就算自己不是全然贊同那些想法，也不得不加以堅守。但我們是只追求機率，並以看來具有高度可能性的事物為限，所以也就能夠以不頑固的姿態駁斥別人，同時也願意接受別人的駁斥而不懷怨恨。

西塞羅，《圖斯庫路姆辯論》

仰賴機率使得卡奈阿德斯能夠在奉行懷疑主義的同時針對若干倫理問題表達自己的意見。以下就是一個絕佳的例子：

卡奈阿德斯說，要是你知道有一條蝮蛇躲在某處，而且有個不知道這件事情的人即將坐在那條蛇身上，此外那個人一旦死了將會對你有利，那麼你如果不警告他不要坐下來，就是一種邪惡的表現。

西塞羅，《國家篇》（*De Re Publica*）

不過，當然也有人提出反對論點。

懷疑主義相對於斯多葛主義

懷疑主義者與斯多葛主義者是對頭⑱。懷疑主義者認為斯多葛主義者對於自己不該感到確定的事物確信不疑——這是一項需要精細論述的論點，難以從現存的那些斷簡殘編拼湊而出，但隆恩對此處理得相當好⑲。儘管有這樣的互相較勁，懷疑主義與斯多葛主義卻有許多可以相容之處，許多人也把這兩者結合起來。從懷疑主義者遺留下來的書寫當中，可以知道他們並沒有直接反對斯多葛主義者在倫理學方面提出的教誨。他們反對的是斯多葛主義者的知識理論與隨之而來的確定感受。我們有可能受到斯多葛主義者的生活概念吸引，但以懷疑主義者的鬆散姿態加以看待。西塞羅就是一個例子；他認為自己是學園派懷疑主義者，但也稱許斯多葛主義者的許多觀點。身為斯多葛主義首要成員的塞內卡，也曾以寬大的心胸提及懷疑主義以及其他思想所能夠帶給人的好處：

> 藉由別人的努力，我們可以看到從黑暗當中挖掘出來而帶到亮光下的絕美事物；沒有任何時代會把我們排除在外，我們可以通行所有時代，而且只要我們願意憑藉著傑出的心智超越人類弱點的狹隘限制，即可漫遊於浩瀚的時間當中。我們可以和蘇格拉底爭辯，可以和卡奈阿德斯一起懷疑，和伊比鳩魯一同獲得平靜，和斯多葛主義者一起克服人性，並與犬儒學派一起超越人性。
>
> 塞內卡，《論生命的短暫》（*On the Shortness of Life*）

蒙田這位與莎士比亞同時代的偉大法國散文家，也是這兩種思想傳統的愛好者。他最知名的特質是以懷疑主義者的眼光看待確定性的主張。不過，他也認為斯多葛主義者提供了明智的建議；他經常引用他們的言論，在生前也被人比擬為塞內卡⑳。像蒙田這樣的作家如果看似迴避了懷疑主義與斯多葛主義這兩種立場之間的衝突，那麼我們可以直接陳述這個問題：在這兩門哲學當中，一門主張德行是唯一真正的善，而且德行是知識的問題；另一門主張我們沒有確定無疑的知識，而且對於任何確定性主張的最佳回應總是更多的爭論。什麼樣的人能夠同時抱持兩種關係如此緊張的觀點？也許就是蘇格拉底。

注釋

① 無論如何，學園被人與我們現在稱為懷疑論的思想畫上等號，而我在此處也將以這種方式加以稱呼。至於這些思想在當時是不是被冠上這個名稱，則並不清楚。見Brennan, "Socrates and Epictetus"。

② 西塞羅寫道：「蘇格拉底率先把哲學從天上帶入人間，將其放置在城市裡，引進家庭裡，並且責成哲學檢視人生與道德，還有善與惡。此外，他討論問題的不同方法，連同主題的多樣性，還有他高超的能力，經由柏拉圖的記憶與書寫恆久保存下來，而造就了許多抱持不同觀點的哲學學派。在所有那些學派當中，我主要遵循的是我認為蘇格拉底本身所奉行的那個學派。」*Tusculan Disputations* 5.4.10–11。

③ 關於這個詞語的意義，進一步的討論可參見Cooper, "Arcesilaus: Socratic and Sceptic," 171–72。

④ 西塞羅也提出同樣的說法：「〔阿爾克西勞〕據說採取了一種極度具有吸引力的說話風格，並且抗拒了心智或感官的任何判斷。他據說也率先確立了這樣的做法（儘管這種做法具有濃厚的蘇格拉底色彩）：也就是不表現出自己的想法，而只是專注於針對別人表達的想法提出反對論點。」*De Oratore* 3.67。

⑤ 見Benson, *Socratic Wisdom*, 180–188；Annas, "Plato the Skeptic," 324–25；Shields, "Socrates Among the Skeptics," 344–45。

⑥ 舉例而言，見Sedley, "Motivation of Greek Skepticism," 16。

⑦ Woodruff, "Aporetic Pyrrhonism," 141。

⑧ Vlastos, *Socrates, Ironist and Moral Philosopher*, 82 n. 4論證了此一差異的重要性。另見A. A. Long, "Socrates in Hellenistic Philosophy," 158；C. C. W. Taylor, "Plato's Epistemology," 165–66；Annas, "Plato the Skeptic," 310。

⑨ 見Cooper, "Arcesilaus: Socratic and Sceptic"當中細膩的討論。

⑩ 另見Cicero, *Academica* 2.23.74的這段文字：「巴門尼德（Parmenides）與色諾芬尼（Xenophanes）以看似憤怒但不太有詩意的韻文責怪那些人的傲慢，因為雖然沒有任何事物可以受到知曉，那些人卻膽敢聲稱自己知道某些事情。而你說蘇格拉

底與柏拉圖和那些人不同。為什麼呢？還有什麼人能讓我們以更確定的語氣加以談論？在我自己看來，我確實曾經生活在那些人當中；他們的許多話語都受到記述，而我們從中對於蘇格拉底抱持無事可以受到知曉的觀點絕不可能感到懷疑。他只提出一項例外，主張他確實知道自己一無所知；但除此之外，他就沒有再提到其他任何例外。」

⑪ Cooper, "Arcesilaus: Socratic and Sceptic," 178–80針對這一點提供了頗有幫助的討論。

⑫ 見Annas, "Plato the Skeptic," 322。

⑬ 見Bett, "Socrates and Skepticism," 305–7的討論。

⑭ 關於這些主題的更多討論，見Annas, "Plato the Skeptic"以及Shields, "Socrates Among the Skeptics"。

⑮ 見《米諾篇》86bc（引用於第十二章）。

⑯ 普魯塔克寫道：「學園的卡奈阿德斯與斯多葛主義者第歐根尼（Diogenes）以雅典代表的身分來到羅馬，請求取消施加於雅典人身上的五百塔冷通（talent）罰款……所有最勤奮好學的青年都立即前來服侍這兩位哲學家，並且經常懷著仰慕之情聆聽他們演說。不過，卡奈阿德斯優雅的演說技巧不但出眾，又擁有與之相等的名聲，因此吸引了大批慕名而來的聽眾，而且消息也隨即像風一樣傳遍全城。於是，眾人在不久之後即開始口耳相傳，指稱有一位名氣響亮又深受仰慕的希臘人折服了所有人，使得年輕人對他產生令人難解的愛慕之情，不惜捨棄一切的樂趣和消遣，而如癡如狂地追求哲學。」Clough, *Plutarch's Lives of Illustrious Men*, 252。加圖（Cato）安排把這兩位訪客送回希臘。關於卡奈阿德斯的旅程，見Powell, "Embassy of the Three Philosophers to Rome"的討論。

⑰ 柏恩業（Myles Burnyeat）針對這項議題所寫但沒有出版的手稿："Carneades Was No Probabilist"，可向作者索取或是透過網路上的若干來源取得。關於卡奈阿德斯的概念思想，進一步的討論可見於A. A. Long, *Hellenistic Philosophy*, 95–106。

⑱ 見Bett, "Socrates and Skepticism," 304–5。

⑲ 見A. A. Long, *Hellenistic Philosophy*, ch. 3。

⑳ 見Frame, *Complete Essays of Montaigne*, vi。

第十七章

蘇格拉底方法的基礎：找尋大原則

- 創造反詰法
- 找尋大原則
- 概念的定義
- 為命題辯護

本章與下一章將提供一些實用的建議，幫助你設計自己的蘇格拉底問題。假設你在課堂上或者其他任何地方想要向對話夥伴施加蘇格拉底式的壓力，或是想要對自己施壓；你想要反駁一項主張，或者迫使那項主張修正得更為強固（這些都是和善的做法）；你想要證明一批主張與提出那批主張的人所抱持的其他信念不一致——要達到這些目標，就必須在當下立刻想出好問題。我們在本章將會檢視一些方法。這個過程無法化約成公式；蘇格拉底不會呆呆的照本宣科。不過，我們至少可以談論一些能夠幫助實踐者的模式與技巧，並且說明如何應用在日常情境當中。

這兩章對於其主題採取具有彈性的探討方式，顯示蘇格拉底方法的目標如何能夠套用在沒有受到蘇格拉底探究的主題。此外，這兩章有時也會提議探討不同於蘇格拉底所提出的主題。原本的蘇格拉底方案雖然高尚但是狹隘，其對於聲稱自己懂得困難概念及一般性概念的人提出問題，並且藉由這個過程證明對方缺乏他們以為自己擁有的專門知識。這在當今也一樣有價值，而先前的章節則是已經顯示了蘇格拉底如何加以執行。不過，蘇格拉底方法如果只有這麼一種用途，就不可能長久以來一直令人深感興趣。實際上，蘇格拉底方法的結構可以應用在各式各樣的主題上，不論大小。而一旦應用在其他種類的主題上，最有助於造就反詰法的問題類型也可能會改變，我們後續將會看到這一點。理解蘇格拉底方法在尋常案例當中可能的運作方式，也可讓人更容易將其運用在比較困難的情況中。蘇格拉底喜歡讓人看出我們也許可以用談論修鞋與烹飪的方式談論哲學。他的想法是正確的。最好的方法就是以簡單而熟悉的主題提出論點，然後再擴大其涵蓋範圍，而納入比較陌生的主題。不過，與其談論鞋匠與廚師，我偏好使用政治、電影與法律。所有人都知道爭論這類話題是什麼模樣。看到蘇格拉底做法運用在這些話題上，將有助於顯示蘇格拉底做法如何能夠運用在任何地方。

創造反詰法

蘇格拉底問題通常是朝著一項結果累積前進，也就是反詰法。由於我們的主題是設計這類問題，且讓我們回想一下反詰法的運作方式。你提出一項主張，蘇格拉底以另一項主張尋求你的同意。接著，他再證明那一項主張與你原本提出的主張不一致。說得更具體一點，他先誘使你同意某個更深層的觀念或者反例，然後說：「……可是這樣不是會對你剛剛說的話造成問題嗎？」你在他的說服勸誘之下牴觸了自己。一般人經常以為蘇格拉底會在對話夥伴所說的話當中戳出漏洞，但這段陳述顯示他實際上的做法有點不同。他促使對話夥伴自行看出他們說的話與他們相信的其他事物並不相符。

設計蘇格拉底式的問題，主要是涉及此一過程的後半段。你的對話夥伴採取一項立場（這是前半段），然後你想出問題，證明那項立場以該對話夥伴本身的標準來看並不令人滿意。這的確是此一方法當中的主要部分。不過，這是下一章的主題，因為在這之前還有另一個重要部分，必須在此討論。反詰法的前半段——後續即將受到檢驗的主張——必須先確立，而這個過程也涉及提問。

確立第一項主張不健全，在表面上看來像是屬於蘇格拉底的工作。我們很容易想像他的對話夥伴不管說了什麼，他都必須以對方說的話做為基礎進行辯論。不過，他的技藝沒有這麼簡單。我們已經看過，在《拉凱斯篇》裡，蘇格拉底針對勇氣的意義進行了一場對話。不過，這不是他的對話夥伴原本向他提出的問題。他們一開始詢問蘇格拉底的問題是，他們的兒子是不是有必要接受武裝戰鬥訓練？蘇格拉底先引導他們討論了幾個問題，然後才專注於探討這個成為後續對話主題的問題：勇氣是什麼？這是很典型的模式。蘇格拉底利用一些初步問題釐清對話夥伴的思考，然後再開始探討所有人都比較記得的其他那些問題。

良好的初步問題能夠引導出對話各方接著加以探討的主張。這就是蘇格拉底對話奧祕的一部分：提出一項適合接受建設性提問的主張。這類主張通常不會自行冒出，有時候必須經過一陣子的聆聽之後才會發展出來，而且經常是藉由和善的提問得出。這類問題不檢驗任何東西，只是誘使你的對話夥伴提出他們的觀點，再把那些觀點引導到能夠支持一場良好對話的位置。

本章探討如何幫助你的對話夥伴產生反詰法的第一部分，也就是提出能夠讓你檢驗的主張。下一章則是關於如何從事檢驗。「戰略」有時被人以籠統的方式界定為「在何時與何處進行爭鬥」的決策。依照這種觀點，本章乃是關於蘇格拉底方法的戰略面——不是因為本章涉及爭鬥（並沒有），而是因為本章涉及找出或者安排一個合適的探究主題，也就是蘇格拉底方法要在何處施行。下一章則是關於戰術面，也就是如何施行探究。在一開始針對戰略做出良好的選擇，可讓後續的戰術面變得比較容易。

找尋大原則

想像你和一個人爭論著一部電影是不是好電影。你們爭論了一段時間，兩人針對細節辯駁不休。接著，你突然想到這個問題：到底什麼樣的電影才算是好電影？是什麼因素造成一部電影比另一部好？你意識到你們之所以針對一部特定的電影進行爭辯——也就是表面上的問題——原因是你們對於背後那些深層的問題懷有不同的看法。那才是你們真正應該爭論的主題。現在，把「電影」一詞代換為「行為」或者「人生」，就成了常見的蘇格拉底探究。

或者，要是把電影改為法律，就會像是小霍姆斯（Oliver Wendell Holmes, Jr.）針對法官為自己的判決提出的理由所說過的這段名言：

在邏輯形式的背後，存在著一項針對各種立法理由的相對價值與重要性所做出的判斷。的確，這是一項經常沒有受到明言而且出自無意識的判斷，卻是整個司法程序的根源與中樞。①

霍姆斯所指的不只是蘇格拉底探求的那種概念主張，還有其他對於這個世界的偏好、態度與信念。無論如何，這經常是蘇格拉底質問的優先要務：不論對方提出什麼主張，首先找出做為其「根源與中樞」的無意識判斷。你要徹底找出那項論點實際上的重點何在。蘇格拉底通常不會加入一項辯論而探究其表面上的議題。他會把戰場轉移到原則層面，就此與對方進行對話。

這一點可以用比較正式的方法重述。典型的演繹論述含有一個大前提和一個小前提。大前提有個慣用的例子，最早由彌爾提出，就是「所有人都是道德的」。小前提有個慣用例子則是「蘇格拉底是人」。這兩項前提一旦合併起來，即可得出「蘇格拉底是道德的」這項結論。大前提是一般原則，小前提是關於特定案例的一項陳述。理解這一點為什麼有用？因為論述當中的一般原則經常不會受到明言，也不會受到檢驗，也就是有些人所謂的「未訴諸言詞的大前提」。蘇格拉底所做的第一件事情，就是套出這種前提。

此外，一項主張背後通常不只有一個大前提，而是有好幾個層次。第一層可能是提出主張者說出那些話的原因，接著是此一原因背後的原因、一項更為一般性的原則。一旦從事蘇格拉底式質問，就必須要決定什麼時候該繼續追問出更加一般性的原則，什麼時候則是已經足夠。假設一項關於法律的對話是這麼展開的：「我不認為憲法第一修正案適用於色情作品。」（這是表面上的主張。）為什麼？「因為憲法第一修正案只保護政治言論。」很好，這下我們得到了一個大前提，也即一項可以受到討論的背景原則。這麼一來，我們就必須在十字路口做出選擇——或者應該說是三叉路口。

(a) **利用新原則檢驗原本的主張**。後來宣布的這個新原則可以當成反詰法的後半段，並且有可能受到證明與原本的主張不一致。這個可能性在此處能這樣追問：你確定色情作品就絕對不會具有政治意義？你必須決定這個問題（或者能夠引導到這個問題的其他更小的問題與例子）是否值得探究。如果不值得，你可能會選擇……

(b) **檢驗新原則**。後來宣布的這個新原則本身也有可能成為反詰法的前半段。換句話說，你可以把這個原則變成檢驗的目標。對方說憲法第一修正案只保護政治言論，所以你可以提出對方可能也會想要保護的非政治言論例子。或者，你也可以使用下一章提及的其他一般性問題（這種做法是把原本的問題——在此處是對於色情作品的看法——暫時擺在一旁，就像蘇格拉底把武裝戰鬥的問題擺在一旁，而先討論勇氣的一般定義）。

(c) **追問出另一項原則**。或者，質問者可以進一步追問，尋求剛剛提出的那個原則背後的原則：你說只有政治言論受到保護，可是政治言論到底是什麼？（請定義政治言論。）憲法第一修正案為什麼要保護這種言論？（請說明原因。）這些問題將會引導出比起已經提出的那個原則更加一般性的原則。

假設你確實進一步追問為什麼只有政治言論應該受到保護，而對方這麼回答：「因為言論自由的重點只是為了確保自治。」這麼一來，你同樣又面臨了前述的三種選擇。你可以利用這項新主張削弱先前提出的其他主張（你確定確保自治只需要保護政治言論就行了嗎？）。或者，你可以把這項新原則本身當成檢視對象（你確定言論自由的唯一目的就是確保自治嗎？）。或者，你可以再追問另一項原則（自治是什麼？）。

整個過程就是這樣。你在任何一個點都可以做出選擇：利用對方提出的原則質疑先前的主張；或者把新的主張本身變成受到質疑與檢驗的對象；或者繼續追問以找出另一項原則——也許是一項更為一般性的原則。這些做法當中的哪一項最好？以下是思考這個問題的三種方式。

第一，就蘇格拉底技藝而言，典型的目標是不斷爬梳，直到找出一項可以受到反駁或者與先前說過的話形成緊張關係的主張。一項主張如果在淺層的檢視之下就已站不住腳，自然沒有必要繼續深入探究；該主張本身已經需要受到修正。就實務上而言，你確實需要一項合適的主張，能夠接受你提出良好的問題，並且由你的對話夥伴加以回答。擺在你面前的原則如果不適合這樣的操作，就要再進一步爬梳。這就像是樂師依據歌手的音域找尋彈奏一首歌曲的適當調子一樣。你可能會一次升高一個音調，直到發現有個調子讓你覺得：我們可以在這個基礎上進行。

第二，你要找出一個角度，能夠公平對待對話夥伴的想法。你的目標不是要把人帶到他們不想去的地方，而讓他們在不自在的情況下遭受質問。你的目標是要釐清他們觀點背後的真實原因，就算他們本身也可能不確定那些原因是什麼（在這種情況下尤其更要設法加以釐清）。你是要針對當下受到討論的這項議題找出其「根源與中樞」，而不是要予以迴避。你要找到真正的重點所在。以醫療做為比喻，你可能會想像自己像是個要為病患抽血的醫生，所以必須找出一條血流量大的血管。

第三，在某些情境下，你進一步爬梳可能是因為另一個理由：找出一項你們能夠彼此同意的命題，而且是真心同意，不只是為了從事當下的討論而已。你一旦把一般性拉到夠高的程度，大多數人確實都會在乎相同的事物。在對話初期就建立這樣的出發點，對於後續說服對方的努力有可能深具價值。這樣可讓你和你的對話夥伴在一項共同理解的基礎上進行推理。

蘇格拉底討論不管受到這些標準當中的哪一項所引導，在一開始都必須先找尋適當的一般性原則以便進行對話。

概念的定義

讓我們以更具體的方式思索如何找出潛藏在一項主張背後的大前提。一個大前提通常會呈現出兩種型態：一項需要定義的概念，或是一項待辯護的命題。先從概念談起。舉例而言，大前提可能會是針對各種不同主題所抱持的觀點，例如「善」在不同情境下的意義，或者「不義」的意義，或是政治言論的意義等等。如果是這樣，你就可以藉著詢問這些字眼的定義而得出高一級的原則：你使用了一個標籤；那個標籤是什麼意思？不過，要提出這類蘇格拉底問題可能頗具挑戰性，原因有二。

第一，什麼樣的概念需要被定義有可能並不明顯可見。如果每個人都爭論著一個標籤是否適用於一部電影、一個人或是一項法律，那麼我們的確很容易會詢問那個標籤究竟代表什麼意思。不過，有時候並沒有明白可見的標籤可以討論。一個人因為幾項不同理由而高呼「打倒X」，但那些理由卻沒有連結於任何原則。你必須先從這樣的問題著手：為什麼你這麼痛恨X？（或者也可能是：為什麼你喜愛X？）你反對X的什麼？隨著對方解釋其回答，一項概念終將逐漸浮現。一件事物會被描述為好或不好、不公正或荒謬，或者會被冠上某某主義。很好，這樣你就可以詢問那項概念的意義。

不過，這麼一來會造成第二個問題。詢問一項概念的意義有可能讓人覺得像是小題大作。你們似乎是在爭辯一個詞語的意思，而一般人並不在乎詞語，他們在乎的是真實的事物。你在回應當中必須強調的是，你們討論的不只是一個詞語，而是一項判斷。受到討論的詞語意味著那項判斷。如果這個詞語看來不重要，那沒關係，我們可以改用另一個詞語。實際上，有時把當下受到討論的詞語換成另一個不同的詞語或者片語會是有用的做法，因為這樣能夠表明你們的討論不是關於語義，而是關於判斷。

所以，假設有個人說一部電影很棒，另一個人卻不這麼認為。你於是詢問「很棒」這個詞是什麼意思。過了一會兒之後，對方回答道：「誰在乎呀？『很棒』只不過是個詞語而已。」對於這句話的正確回應是：是你對電影做出了區分，並且利用那個詞語加以解釋。如果你不想討論「很棒」這個詞語，那麼我們可以討論「你認為是什麼性質造成電影層次的高低差別——不論那種性質叫作什麼」。如果你不認為有這麼一種性質存在，那麼可以請你重複一下你原本提出的那項主張嗎？要是你認為確實有這麼一種性質，那我們就來找出一種討論這項性質的方式。你想要用什麼方式都可以。

如果你採取這樣的表達方式，也許沒有人會想要和你談論電影。不過，這種討論方法的要旨就是這樣。此一難題自古以來就已存在②。一般人認為自己不在乎概念，但實際上他們不惜為概念爭鬥，並且將概念看得像命一樣重要。不過，他們經常沒有投注時間深入了解自己抱持的概念。他們因為X這項性質而厭惡一件事，卻沒有深入思考過X這項性質為什麼會導致一件事物令人厭惡。蘇格拉底問題強制揭露這些信念，有時則是迫使這些信念立即被拼湊出來。這些信念要是禁得起質問，就會因此受到比較清楚的理解。這些信念要是禁不起質問，那麼受到這些信念支持的表面想法就可能會出現應有的崩解情形。

為命題辯護

有時候，一項意見背後的大前提不是必須受到定義的概念，而是一項必須受到辯護的命題。例如堅信某一種現象的真實性，或是堅信某件事物是由什麼原因所造成（彌爾提出的「所有人都是道德的」這項大前提，就是一個命題）。與其詢問概念的意義，你會問這項命題是否為真。不過，和剛剛一樣，必須先辨識出這個命題。提出這個命題的人也可能沒有全然意識到自己提出了這麼一個命題。一項辯論有可能進行了很長一段時間，各方卻都沒有意識到潛藏在各種論點背後的大前提，而且所有人也都把自己抱持的大前提視為理所當然。

你要怎麼找出一項主張背後的命題？一個好方法就是鍥而不捨地追問「為什麼」。你已經問過這個問題，接著再以近乎兒童般的天真精神再度提出——也有可能是採取較為複雜的問題：我們談論的這件事有什麼目的？造成這件事的原因是什麼？你怎麼知道？你為什麼那麼確定？那個原因又是出自什麼原因？這類問題有可能帶領我們層層前進，揭露一個又一個更加一般性的原則。這類問題之所以有效，原因是在對話裡，一項論點背後的大原則通常相當於結論之所以成立的理由。所以，詢問一項結論的成立理由，會把你帶回那項結論背後的前提。

想像有個法院在一項充滿爭議的案件當中宣判了一名被告的徒刑，那名被告也許是個受到定罪的恐怖分子，或是約會強暴案的涉案學生，或是警察施暴案的涉案員警。你正在和一個人談話，而那個人對於法院判處的刑度是否適當頗有定見（或者，也許是**你**懷有定見）。蘇格拉底衝動通常不是依據這項意見的表面加以檢驗，而是先著手辨識這項意見背後的原則。那個人提出的意見是「判刑重得不合情理」或者「這樣的懲罰未免太輕」。你的回答不是「才怪」，而是為了揭露這項意見背後的原則而提出一個像這樣的問題：刑事懲罰的目的是什麼？不論這個問題的答案是什麼，大概都會是表面上這項意見背後的大前提，不然至少也會是找出那個前提的線索。假如答案是「報應」，那麼我們就來到了三叉路口。你可以接受這個前提，而詢問這個前提是否與表面上的主張一致（假設報應是懲罰的目的，那麼這項懲罰為什麼合理或者不合理？）。或者，你可以檢驗這個前提（懲罰沒有其他的原因嗎？）。或者，你可以繼續追問更一般性的原則（為什麼要讓犯罪者受到報應？）。

另一個類似的例子：大學應該讓學生自己決定要修哪些課，還是應該要規定必修課程？向學生、家長或者教授提出這個問題，你就會聽到一大堆互相衝突的意見。最後，你可以藉著提出和刑事案例類似的問題，而把討論推向比較蘇格拉底式也比較具有建設性的方向：大學教育的目的是什麼？這個問題的答案相當於各方觀點背後的大前提。假設有人說目的是X。這麼一來，你就同樣有三個選擇。你可以說，如果目的是X，那麼你認為學生自行決定修哪些課何以能夠促進這項目的？或者，你也可以說：你確定目的是X嗎？那麼其他這些可能的目的又如何？或者，你還可以說：X是什麼意思？或者X為什麼重要？然後，這些問題的答案可以用我們等一下即將討論的其他那類問題檢驗。

如果你想要的話，前述這些問題都可以轉變為定義問題。你可能會在第一個案例裡請求對方針對公正的懲罰提出定義（或是「報應」的意義），並且在第二個案例裡請求良好教育的定義。這就是蘇格拉底通常採取的做法。不過，把這些問題框架為「為什麼」或是「目的」的問題，經常是一種比較直覺的方式，能夠直接指向背後的原則。這類問題促使對方提出的主張，可能會比定義更為複雜，能夠以不同方式否證，並且能夠引出更廣泛的問題。命題會產生隱含意義，而那些隱含意義就是後續那些問題的基礎。

注釋

① Holmes, "Path of the Law," 457。

② 舉例而言，見 Epictetus, *Discourses* 2.17.12–13。

第十八章

檢驗大原則

- 回到字面主義
- 極端案例的用途
- 改變政治立場
- 改變觀點
- 後續影響
- 把反詰法視為合作推理

前一章顯示了特定種類的問題如何能夠引出一項論點當中的關鍵原則。本章將顯示其他類型的問題如何能夠檢驗這項原則。實際上，我們將會談論如何完成一項反詰法。回顧一下先前的程序：你的對話夥伴提出一項主張，你的目標就是要檢驗那項主張。不過，你不想要採取對抗姿態，而是希望促使對方對於其他某些主張表達同意，再證明那些主張與最早提出的主張互相牴觸。這就是我們現在的主題：**如何設計問題，藉此獲取對方同意，然後再對先前提出的主張施加壓力**。如同前一章，我們在本章檢視的問題也不盡然是蘇格拉底使用過的問題，因為他當時探究的是不同的議題。

有時候，如果擺在檯面上的原則是個強烈而簡單的主張，要想出問題很容易。可以設想這項主張是否向來都成立，也能想出會對這項主張造成麻煩的反例。如果是這樣，就儘管提出那些問題吧。不過，在許多情況下，最早提出的原則都會是個比較複雜的主張，涉及事物該有的狀況。這麼一來，可能難以直接否證那項主張（那項主張有可能確實成立！），於是你的目標就會變得稍微不同。你這時必須試圖證明那項主張有所不足，太過簡單，而且那個問題必須接受更多分析。

於是，你想要提出能夠產生這些效果的問題。要怎麼當場想出這些問題？以下是幾個為了達成此一目的而能夠採取的經典技巧。這些技巧全都用途廣泛，只是有些對於某一類主題會更為有用。這些問題不做出任何反駁，只是開啟探究路徑——但這正是重點所在。蘇格拉底問題的用意不在於找出定論，儘管最終可能會得出這樣的結果。蘇格拉底問題本身通常是會揭露複雜性。

必須預先向讀者說明的是，以下的例子只呈現了極少數的提問技巧。不論在原始的對話錄內外，提問技巧的可能性乃是無窮無盡。此外，以下提及的每一項技巧都只是以簡單的方式舉例。不過，這樣應該還是足以展示如何起頭。因此，話不多說，以下就是幾項能夠用於檢驗主張的策略。

回到字面主義

首先，你可以藉著字面意義看待一項原則。想想有哪些案例可能涵蓋該原則的用字遣詞，卻又不包含在表達意圖當中，或是單純不合乎那項原則。有時候，一項原則是基於心目中的一個形象或是一個核心案例，用於表達那項原則的字眼卻涵蓋了與此毫不相干的案例。你可以明白指出縮小用字範圍的必要性，但如此一來，要表達比較具體的原則可能相當困難。這就是真正的重點所在。

舉例而言，拉凱斯說勇氣就是堅持不懈。於是你心想，就字面上看來，這個說法是否永遠都成立？你可能會提出一個不成立的假設案例，像是有個人在找尋毒販這件事情上堅持不懈（蘇格拉底使用的例子比較合乎他那個時代）。所有人都知道這不是拉凱斯所指的那種堅持不懈，所以這個例子就會顯得頗為愚蠢。不過，這種愚蠢有其用處，因為這樣會迫使別人必須進一步把話說清楚——我們當然知道你不是這個意思，可是你到底是什麼意思？「我的意思是說，勇氣是一種特定的堅持不懈。」很好，哪一種呢？

這種模式很容易出現於法律辯論當中。政府該不該發放代金券讓人支付宗教學校的學費？有人會說不行，並且提出一項比喻解釋原因。你能夠以字面意義看待那個比喻。

「用代金券支付教會學校的學費是違憲的行為。」

為什麼？

「因為憲法在教會與國家之間設了一道牆。」

我知道你在說什麼，可是政府是不是至少可以撲滅教堂的火災？

「當然，那樣沒問題，我指的不是那個意思。」

政府可以收教堂的垃圾嗎？

「那也沒問題。」

那麼，教會與國家之間的那道牆看起來實在不太像是一道牆。

「呃，那不是真正的牆，只是一項原則而已。」

很好，那個原則是什麼？

類似這樣的對話在法律情境當中很常見，原因是法院和律師經常使用比喻談論困難的問題。法律當中還有其他許多著名的例子，像是「觀念市場」或者權利的「暈影」（意指影子的邊緣，在這些地方可以找到其他權利）。值得注意的是，前述的那個問題如果拿掉「牆」的概念，而只是指出教會與國家必須「分離」，那麼也不會有任何改變，因為「分離」也可以視為一種比喻。這種做法就是把法律概念當成實體物品看待。細膩的比喻經常內嵌於那類字眼當中。比喻相當吸引人，因為抽象的觀念會因此變得比較容易想像以及理解。不過，比喻也時常隱藏或者迴避分析。以字面意義看待比喻，通常會使這個效力因此消失。如此一來，對話的焦點即可集中於真正重要的細節。

極端案例的用途

想想極端案例，也就是那項原則涵蓋範圍的極限之處。為了這種目的所提出的極端案例，就是雖然受到那項原則涵蓋，以其他任何標準觀之卻都可能令人反感的案例。有時候，這類案例可以取自歷史與文學文獻。

「那項司法判決實在很糟糕。」

為什麼？

「因為判決應該要基於憲法的原始意義，而不是良好政策的模糊概念上。」

我看得出這種想法所帶有的吸引力。你擔心法官會把自己的政策偏好帶入他們的判決當中。

「就是這樣。」

可是我納悶的是，如果有個國家在一開始是以烙刑懲罰罪犯，那麼你會同意法院遏止這種做法嗎？

「也許吧，如果是那麼極端的案例。不過，我認為烙刑在憲法受到批准的那個時候應該已經不普遍了。」

實際上，當時這種懲罰方式在奴隸身上還是頗為常見。不過，你要是認為這不是一個公平的例子，那也沒關係。如果是鞭刑呢？這種懲罰在一七八九年還很普遍。

「我可以想像這種做法在目前被判定為違憲。不過，這些都是非常極端的案例，不是我們一般會遇到的狀況。」

你的原則只適用於不極端的案例嗎？

「我認為我的原則對任何案例都適用，只是我會盡可能避免例外的情形。」

可是你看得出一些例外嗎？

「很少。」

好吧，在哪些情況下？

如果你想不出歷史案例或其他真實例子，那麼使用假設性的例子可能會比較容易。蘇格拉底喜歡這種做法。在《高爾吉亞篇》裡，他想像自己帶著一把刀到廣場上，而宣稱自己掌控了那裡所有人的性命（見第八章）。他只是在表達一項論點而已；不過，這個例子比任何歷史上的真實案例更能夠鮮明呈現這項論點。當然，一項原則就算難以適用於假設性的案例，也有可能在現實當中運作良好。畢竟，那些假設案例有可能永遠不會發生。不過，一項原則性的主張如果禁不起這樣的檢驗，那就需要加以修正，因為這名為「歸謬法」的策略揭露出其不足之處。重提先前的一個例子：

「我不認為憲法第一修正案適用於色情作品。」

為什麼？

「因為憲法第一修正案只保護政治言論。」

沒問題，政治言論確實很重要。不過，假設政府成立一個審查委員會，只要有過半數的委員認為一部小說的品味不佳，就會把那部小說的作者關進牢裡。

「這太荒謬了，這種情形絕對不可能發生。」

當然不會，但我只是要確認清楚，這樣算不算違反憲法第一修正案？

「大概算。」

可是在這種關於品味不佳的判斷當中，你可以輕易想像出與政治無關的案例，對吧？

「當然可以。」

所以照這樣看來，憲法第一修正案顯然不只保護政治言論。

「在某些情況下，也許吧。」

哪些情況呢？

改變政治立場

一般人主張自己遵循的原則，其實是在無意識中受到該原則具體運作的政治立場所影響。我們可以把這樣的支持描述為無意識，因為主張者不認為政治立場與那項原則有關，但只要政治立場改變，他們的反應就也會跟著改變。或者，例子裡的主角是否引人同情、是不是和他們屬於同一個群體，也可能會造成他們的反應隨之改變。有一種良好的蘇格拉底訓練，就是在思考你朋友的行為之時，也要想像你的敵人從事同樣的行為，並且把敵人的行為想像成是你朋友的行為。你的提問也可以採取同樣的思路。

「那部電影的問題是其中的政治立場。電影不該帶有政治色彩。」

我知道這種感覺。可是你記得去年那部你很喜歡的西部片嗎？

「當然記得。」

那你記得驛馬車離開的時候，主角發表的那段精采演說嗎？

「那一幕確實很棒。」

我不知道你覺得怎麼樣，但我認為那段演說之所以精采，部分原因是他說的正是這個世界需要聽的話。你知道我的意思嗎？

「完全明白。」

可是我猜一定有人覺得那段演說帶有政治色彩。

「也許吧。」

而且你也可以了解他們為什麼這麼認為，因為他們可能基於政治理由而厭惡那段演說所提出的要點。

「一定是這樣——那群白癡！」

的確是這樣。但儘管如此，那部電影仍然是個例子，顯示一部電影就算帶有政治色彩，還是有可能會是一部好作品，對吧？

「是啊，那部電影很好看。」

所以，我們也許不能說好電影絕對不能帶有政治色彩。事情一定沒有這麼簡單。

「看來是這樣。」

或者，假設是一項關於陪審團否決權的爭論——所謂陪審團否決權，就是陪審團雖然認為被告有罪，卻因為認定法律不公而拒絕投票定罪。

「我支持陪審團否決權。」

你這麼說是什麼意思？

「我的意思是說，陪審員有義務對不公正的法律拒絕合作，並且無罪釋放因為那些法律而遭到起訴的人。」

我可以體會你的感覺，可是在一個世紀之前，美國南方的陪審團有時候會援引這項原則，而拒絕對那些以私刑處死黑人的白人定罪。這種做法看起來可以讓人接受嗎？

「不行，那樣太令人髮指了。」

可是那些陪審員不也擁有你現在支持的這些權利和義務嗎？

「我說的話顯然不是這個意思。」

好，對不起，那請問你是什麼意思？

這個程序當然也可以反過來。

「我徹底反對陪審團否決權。」

你這麼說是什麼意思？

「我是說，不管陪審員對於法律有什麼看法，都應該依法行事。他們不能因為自己不同意用來起訴被告的法律，就無罪釋放被告。」

我可以體會你的感覺，可是在兩百年前，美國北方的陪審員曾經利用否決權避免對那些幫助奴隸逃離南方的人定罪。這樣的做法看起來可以讓人接受嗎？

「我沒辦法譴責那樣的行為。現在回顧起來，不可能有人會譴責那種行為，可是那和我現在說的事情顯然不一樣。」

好，對不起。請問你現在說的到底是什麼樣的事情，而我們又怎麼知道這兩種事情不一樣？

改變觀點

要挑戰一項原則，可以追問這項原則看在身處於不同立場的人眼中會是什麼模樣。這點在涉及倫理學的對話裡尤其有用。在討論該怎麼做以及該怎麼生活的時候，我們經常會忍不住採取自利或者短視的立場。要克服這種傾向，可以透過別人的眼光或者從不同的時間點看待一項案例。

舉例來說：一位律師在一項爭端當中代表一名客戶。那名客戶的對手想要雇用這位律師幫忙處理另一項與此無關的案件。這位律師將可因此賺取一大筆錢，所以必須決定要不要接下這件案子。

「我不認為這樣有利益衝突的問題。」

為什麼？

「我的客戶相信我會忠實處理他們的案件，而我的確很忠實。這兩件案子完全不相關，一點關係都沒有。」

我了解。可是從你客戶的角度想一想。你要是發現自己的律師也在為你的訴訟對手工作，你會不會覺得意外？

「可能會吧。」

而且你會認為他至少應該告知你這件事情嗎？

「是啊，我想我應該會這麼認為。」

那麼你還確定自己這麼做沒有利益衝突的問題嗎？

或者，回歸蘇格拉底的主題，以下這一小段對話改編自普魯塔克，他認為自己是柏拉圖與蘇格拉底的追隨者①：

「我認為最好的人生就是最愉快的人生。」

你要是知道自己只剩下一兩個小時可以活，而且你能夠做出選擇，那麼你會寧願把這段時間拿來享樂，還是拿來做對於你關懷的人真正有幫助的事情？

「為別人做有幫助的事情大概會讓我覺得比較滿足。」

那麼你在其他時候為什麼不這麼認為？

這類問題用來檢驗你自己也可以頗具建設性。實際上，這類問題探求的就是尋常的蘇格拉底式一致性。不過，這樣的一致性不是存在於你所相信的兩件不同事物之間，而是當透過兩種不同角度向你提出同一個問題，你的答案是否會保持一致。以這個問題在你當下的眼光裡看來的模樣，對比於未來你如何看待這個問題，或是與你仰慕的人所看到的問題比較，或是對比於對你抱持懷疑的敵人所看到的問題，還有這個問題受到公開宣告之下所可能看來的模樣，如此等等。你在這些不同情況下所提出的答案如果不一致，那麼那些答案就可能需要調整。

後續影響

要針對一項主張提出好問題，可以先假設那項主張確實為真，以最善意的眼光來看待，並且詢問這項主張會引領出什麼結果。我們在先前提過能夠做到這點的一種方法：依據一項原則提出最極端的案例。不過，你也可以朝另一個方向前進，而提出這樣的問題：如果這項主張確實成立，那我們還會看到什麼？這項主張在實務或者概念上還會再帶來什麼影響？

從對話錄改述而來的一個例子如下：普羅塔哥拉說德行可以被教導。但如果真的是這樣，那麼投注最多時間研究以及學習德行的人將會擁有最多的德行，對吧？「有可能。」可是這麼一來，我們不是會預期那些人成為德行的專家，而可以受到別人的諮詢？「我們可能會這麼認為。」但我們沒有看到這樣的狀況，是吧？這樣的質疑當然也得到回應（見第十五章），正如本章所有的問題都是如此。重點在於看出問題的結構。舉個比較現代的例子：

「應該要禁止暴力電玩，或者至少應該受管控。我們一定要控制暴力電玩。」

為什麼？

「我們每天看到的現實暴力，有一大部分就是暴力電玩造成的結果。」

也許吧。可是要得知什麼是造成什麼的原因，在我看來是一件很困難的事情。你認為暴力電玩怎麼造成了現實的暴力？

「很明顯嘛。如果孩子整天都假裝在殺人，就會因此對暴力感到麻木。最後，你就會看到暴力出現在他們的行為裡。」

那麼我猜這應該不會只是美國少年才有的問題，應該全世界各地都有這樣的問題，對吧？

「只要是孩子花那麼多時間打這些電動玩具的地方都一樣，人性就是這麼回事。」

那麼，一個國家對這些電動玩具玩得愈多，就會出現愈多的現實暴力狀況？

「在一定程度上是這樣。在其他條件相同的情況下，沒錯。」

要是能夠看到有人研究一個國家的人口是不是玩愈多的這類電玩就會出現愈多的暴力問題，一定很有趣。

「一定的。」

嘿，這裡有一份這種研究——看來在這類電玩上花了最多錢的國家，暴力犯罪的增加幅度並沒有高過在這類電玩上花比較少錢的國家，不是嗎？

「真奇妙。好吧，那是別的地方。我們國家受到這類電玩影響的方式一定和其他地方不太一樣。」

是怎麼樣的不一樣呢？

請注意，這個例子含有經驗元素，也就是說，其中的主張涉及現實世界裡的事實（犯罪率）。如果那項論點確實沒錯，即可預期會看見那個事實。蘇格拉底式質問通常會避免涉及外在事實的論點。這種質問法對於一項主張所提出的反駁，通常是利用那項主張的提出者所抱持的信念為之。這樣的做法通常是一種明智的選擇；想要促使別人對任何事物改變想法，向他們提出事實的效果低落得出人意料。不過，援引事實有時候是推進討論的重要手段，而且只要你能夠取得對方對於這些事實的認同，那麼在蘇格拉底情境中這麼做就不會有問題。重點是，你在建立論述的每一步當中都必須取得對話夥伴的同意。而你如果是獨自思考一項議題，正確的蘇格拉底做法是提出令自己難以自圓其說的假設；你要設法刁難自己，而不是想像事實會為你提供省事的出路。

另一方面，同樣的這種探究類型也可以在不依賴事實的情況下使用。一項原則如果為真，造成的後果可能會是概念性而不是經驗性的影響。

「我認為我們應該努力創造一個幸福總量最大的社會。」

我完全贊成幸福。可是我覺得你剛剛描述的這個觀念顯然比表面上看起來的還要複雜。

「有什麼複雜？執行起來雖然不容易，可是概念很簡單。」

好吧，讓我問你這個問題。你認為窮人活著比較好，還是死了比較好？

「當然是活著啊——你問這什麼問題！」

所以，你要是在這個世界上添加一兩個人，可是他們都很窮，那麼社會有沒有變得比較好？

「我會說有。可是他們要是不窮的話又會更好。」

了解。不過，就算他們確實很窮，社會有了他們還是會變得比較好？

「沒錯。」

這麼說來，我們顯然有義務要盡快增加人口，就算是身處貧窮的人也不例外。人口增加得愈多，幸福就愈大。

「我不會說得那麼極端。」

好，為什麼呢？

詢問接下來會發生什麼狀況——這超出了傳統蘇格拉底方法之外，但在當今用於討論許多類型的主題都相當有用。這是經濟學家最喜歡問的問題。你談論的問題如果涉及世界該怎麼運作，那麼一種有用的做法，就是詢問不同的答案可能會怎麼改變人的反應方式。有個很常見的錯誤，就是把情境想像成靜態，也就是不管你怎麼說，事情都會以同樣的方式發展。有時候，一項在當下的世界當中確實有道理的規則，之後會使得這個世界變成不同的模樣。判斷這些後果本身就是一件需要投注大量心力的工作。在蘇格拉底目的當中，後果只有在對你的對話夥伴而言重要的情況下才值得重視，但任何後果都有可能對他們具有重要性。只要思考一項規則會對後人造成哪些誘因，通常就可以找出這類問題。

「我認為被告的精神醫生應該被迫作證。」

可是那位治療師如果在被告還是她的病患那時候向他承諾了會對治療內容保密呢？

「那就太不幸了。不過，現在只有那位治療師知道被告有沒有犯下那件謀殺案。他當初得到的承諾遭到打破確實令人遺憾，但是得知真相應該是我們最優先的考量。」

我明白你的意思。可是想想看，如果你以後成為病患，結果聽說精神醫生可以在法院裡提出對你不利的證詞，這樣你是不是比較不會對醫生說實話？

「的確，有可能會這樣。」

而你要是不對精神醫生說實話，那麼我想這樣的結果對於法院來說也沒有任何好處。這麼一來，精神醫生就不會知道任何事情。

「在那樣的情況下，確實如此。」

可是這樣病患也得不到治療，對不對？

「在病患不把自己的狀況告訴精神醫生的情形下，的確是得不到治療。」

如果結果就是這樣，那麼你還是會希望法律規定精神醫生必須作證嗎？

「也許不會，可是我不確定那種結果發生的機率有多高。」

所以答案也許取決於這一點？

「有可能。」

這個例子的最後一部分顯示了一個在任何情況下都可能會很有用的步驟，也就是詢問對方會願意接受什麼樣的證據而承認自己錯了，或是有什麼事物（如果有的話）可能會促使他們改變想法。以下是個類似的例子，一樣至少在開頭看來明顯可見，但最後也呈現出我們這些主題的一些變體。

「我認為政府應該付贖金給劫機犯。」

為什麼？

「因為人命比金錢重要，這就是為什麼。」

我明白你的意思。可是想想看，如果你是以後的海盜或劫機犯，而你知道這起案件的罪犯收到了贖金，那麼你是不是更有可能會挾持人質？

「這樣的擔憂確實合理。理論上是可能會有這樣的問題。」

你為什麼說「理論上」？

因為要是真的這樣，我們就還可以預期到其他的狀況，對吧？以後恐怖分子要綁架人質，必定會特地挑上付過贖金的國家，而不是從來不付贖金的國家，對吧？

的確是這樣。

西班牙確實通常會支付贖金，可是他們並沒有比其他不付贖金的國家遭遇更多綁架案件，是吧？

我不確定。

這個例子示範了一種問題如何能夠引導至另一種問題。這段對話首先考慮一項規則（我們當前的思維模式）可能會創造出什麼誘因。不過，可以用前述的問題來反駁：如果關於誘因的說法確實沒錯，那麼我們預期會看到什麼結果——而我們是不是真的有看到這樣的結果？這個例子也顯示了對話的進程可以怎麼翻轉。受到質問的那一方以一個蘇格拉底問題回敬質問者。對話的雙方都可以善加運用蘇格拉底功能。

在前述的兩個例子裡，提問都可能會為經驗性的探究鋪平道路。蘇格拉底程序分離出了值得重視而且必須受到決定的事實。這是很珍貴的結果。這兩個例子也顯示了提問如何有可能把兩種不同價值觀之間的緊張關係轉變為同一項價值觀內部的緊張關係。一項辯論在一開始看起來似乎涉及生命與金錢孰輕孰重，後來卻發現這個問題的兩面都涉及生命的價值，只是從不同觀點看待而已。或者，一項辯論在一開始看來似乎涉及真相與保密義務孰輕孰重，但後來發現這兩種立場都涉及真相的價值，只是以不同的眼光看待。這是蘇格拉底探究當中常見的一種模式。這樣能夠釐清其中的取捨。

把反詰法視為合作推理

本章所述的論點，在修辭上可以用許多不同方式呈現。這些論點不是一定要出現在反詰法當中，但相當適合這種手法，而且反詰法相對於比較直接的辯論型態也具有極大的優勢。你可以單純指出：

「這裡有一項反例——X——顯示你錯了。」但也可以說：「我們可以一致同意X曾經發生過嗎？」（可以。）「X具有特定的性質，對不對？」（確實如此。）「好，可是依照你剛剛說的話來看，我擔心X會是個例外，不是嗎？」（看來是這樣。）你藉著一條比較迂迴的路徑而達到了同樣的結果。不過，這條路徑很珍貴，因為這採取了合作而不是對抗的手段。

這就是蘇格拉底的做法。他會避免直接駁斥你，不會說：「你錯了。」而是誘使你反駁自己。這種做法在當今的辯論與對話當中還是很有用。你如果想要說服別人，駁斥他們通常不會有幫助。他們只會更加死守自己的立場。比較好的做法是和他們站在一起，而不是與他們對立。你把自己定位為對方的夥伴，與他們找尋相同的答案。你在過程中尋求他們的同意，而且提出問題的方式能夠讓他們自在地表示認同。接著，你又與他們一同對於這些問題帶來的後果感到困惑。你總是先說：「我們在這一點上可以取得同意嗎？」答案如果是否定的，你就繼續提出「為什麼」或者其他問題加以追問，直到得出一個穩固的出發點，也就是你的對話夥伴能夠自在表達認同的一個觀點。你自己可能也會同意這個觀點，至少是就當下的討論而言。接著，這項原則一旦造成問題，就會是你們兩人必須共同面對的問題。也許你可以把受到爭論的點慢慢拉向你們兩人同意採取的共同立場。

許多看起來不像是反詰法的辯論，都可以轉變為反詰法。你利用一項例外或者你所提出的其他論點，藉此尋求對方同意。如果想要讓自己實踐的反詰法顯得比較引人入勝而且不那麼帶有威脅性，就可以在尋求同意與最後的結果之間拉出比較長的距離。起點與終點之間的每個步驟都提供了一次又一次的機會，讓你能夠進一步強化對話夥伴對你的論點所表達的同意，以及你對於對方的理解。最後的這一點很重要。不論在蘇格拉底情境還是其他任何情境裡，真正的說服都不是迫使對方屈服或者強迫對方面對令人難堪的事實，而是要設法促使對方採取你的觀點看待事物。要做到這一點，你必須先聆聽並且以他們的觀點看待事物。一旦了解他們的想法，就可以從那個點開始找尋通往其他地方的道路。

要檢驗你是否了解對話夥伴的觀點，一個有用的方法就是反過來把他們的立場解釋給他們聽，而且解釋得令他們感到完全滿意。蘇格拉底經常這麼做。他會以自己的話語重述對話夥伴的想法，然後問他們是否喜歡他這樣的說法[2]。你的敘述內容和語調都要讓對方感到滿意。這麼一來，你就能夠把自己的論點建立在一個前景看好的基礎上。你的對話夥伴一旦知道你會認真聆聽，而且「懂得」他們的觀點，那麼你請他們對其他事物表達同意的時候，他們就不會滿心懷疑或者害怕丟臉。反詰法就是以這樣的方式開始。

反詰法當中這些與人為善的特質，在對話錄裡不總是明顯可見。蘇格拉底的一些對話夥伴，例如卡利克勒斯，因為與他處於太過明顯的敵對狀態，以致不論他以什麼方式提出問題，都得不到對方的信服。而許多讀者印象最深刻的，就是這些尖銳的對話。但在部分案例當中，反詰法確實讓蘇格拉底能夠一方面推翻別人的觀點，同時又保持對話的平和友善。反詰法的這種特質在我們當今這個時代更是一大優勢。這種做法能夠讓你質疑別人的想法，又不至於表現出對抗姿態。當然，如同第四章所探討過的，對你自己的偏見採取對抗姿態是非常有用的做法。不過，你如果想要說服別人，這種做法就無法產生效果。說服是一項合作性的工作，所以反詰法才會這麼有效。只要實踐得好，這就是一種合作推理。

注釋——

① Plutarch, *That Epicurus Actually Makes a Pleasant Life Impossible* 1099ab。

② 舉例而言，見《高爾吉亞篇》490a, 492d；《卡米德斯篇》172a；《米諾篇》78bc。

後記

蘇格拉底交鋒規則

● 交鋒規則

● 蘇格拉底式教導

本書把蘇格拉底方法當成一套可以用於促進理解與智慧的工具並加以探討。本書也討論了一種蘇格拉底倫理，把那些工具當成促使重大原則產生效果的實用方式。在後記當中，我們將談論蘇格拉底原則如何能夠運用在算不上是典型對話的辯論與交談當中。舉例而言，彈性使用這些原則能夠造就比較健康的政治論述，這個主題在作者自序裡就已談過，在後續的章節裡也不時提及。我在大部分的情況下偏好把這項討論另外分開來，因為蘇格拉底提供的觀念不僅限於政治。不過，他的教誨確實與我們如何思考以及談論政治這項主題密切相關，正如我們對於其他一切重要事物的思考與談論方式也都能夠應用他的教誨一樣。以下介紹的這些觀念在每一種爭論性的交談當中都可以派上用場。

交鋒規則

假設你確實想要把蘇格拉底原則應用在不適合採行蘇格拉底對話的情境當中，一種有用的方法是把蘇格拉底想成不只是提供對話規則，而是提供更為一般性的交鋒規則。他的教誨可以轉變為各種實用的行事準則。為這些規則分別冠上標題，不免會有些獨斷之嫌；但為了方便起見，我提出以下這十二個標題：

一、**全然開放**。一切事物都可供探究；只要有人願意提出觀點，不論什麼觀點都會受到質問。

二、**探究的目的**。探究的目的是要得出真理或者更趨近真理，而不是主張或者證明什麼東西能夠推進辯論背後的目標，或是討好探究的參與者，或是贏得辯論。

三、歡迎提出質疑。不論看到一個人採取什麼立場，提問、質疑都是自然而且受到歡迎的回應方式。嘗試反駁是友誼之舉，我們預期並接受朋友會這麼做，就算對方的立場很強烈也不例外——或者該說在這種情況下尤其如此。你有可能錯了，或者就算你沒錯，你的質疑者所說的話也可能還是有一些正確之處。別人向你指出你的觀點錯誤或者不夠準確，乃是幫了你一個大忙。能夠自在坦承自己的錯誤，是一種健康的徵象。

四、以論點回應論點。蘇格拉底做法不會指稱特定論點令人不齒、完全不該提出，所以也根本不值得回應。如果有人認為某項觀點極度錯誤以致令人不齒，那麼適當的回應就是解釋為什麼實際上不是如此。

五、理性的優先性。論點都是以其本身的價值受到判定，也就是說，對於這項論點的評價是依據其支持證據或推理，而不是依據論點提出者的身分。如果有人主張任何一個人的觀點應當受到別人的敬重（或者懷疑），那麼這項主張本身也會根據證據和理由受到評判——例如我們是不是有理由相信那個人擁有別人得不到的證據或經驗，而且我們面前這個問題的答案就取決於那項證據或經驗。

六、反詰式推理。只要有可能，在開始探究之前都應當先找出對話雙方能夠一致認同的共同立場。然後，所有人都努力幫助對方看出這項共識與他們在討論主題當中所採取的立場並不一致。一致性被視為檢驗主張的重要標準。

七、自我懷疑。個人本身的黨派偏見必須受到懷疑。此處所謂的「黨派偏見」是指個人強烈抱持一套特定信念，而因此希望並且預期一項探究能夠得出特定的結果，還把質疑那些信念的人視為敵人。人很容易會為了得出自己喜歡的結果而扭曲推理過程，並且認為這樣深具說服力。一旦這麼做的人是你自己，就會更難看出問題所在。每個人都必須注意這項風險，而這也是我們應該樂於受到別人反駁的另一個原因。

八、集體懷疑。大眾輿論和簡單的共識也應該受到懷疑。如果有一件具有爭議性的事情受到一群人的一致認同，而且那群人又對這樣的判斷頗感自滿，這就不免令人感到不安。這樣的狀況看起來太像是賜死蘇格拉底的雅典陪審團。但一個群體當中必須要有牛虻的存在。

九、禮貌。探究應當要嚴謹、尖銳，甚至可能不留情面，但絕對要秉持有禮的態度。挖苦以及其他形式的嘲諷主要是用在自己身上，不然也只能用來對付聲稱自己無所不知的人。不能辱罵，不能譴責，也不能以嗓門壓倒別人。如果有人對於自己的錯誤堅持不改，那麼他們的懲罰就是困處於錯誤之中，也許還包括這樣的狀況被人知曉。參與探究的各方在解讀別人所說的話之時，都應該遵循善意理解原則，而在受到別人反對時，也應該希望對方以最強烈而不是最微弱的方式表達。

十、言必由衷。參與探究的夥伴所說的都是自己真心的想法，而且不會因此遭到懲罰。說出不受歡迎的意見，反而會被認為是可敬的行為。就算你表達的觀點是錯的，對於趨近真理這項任務也會有所幫助。如果有人願意承受個人代價而提出一項觀點，那麼大概也會有不少人同樣抱持那項觀點，只是因為不願承受代價而保持沉默罷了。這樣的觀點必須要有人說出來，才能夠受到檢驗，從而確認其真偽。

十一、冒犯。提出主張的時候，盡量以不冒犯對話夥伴的方式為之。而在接收別人的主張時，也不認為對方有意冒犯自己。冒犯別人以及感覺自己受到冒犯，對於探究的進展是一大威脅。

十二、謙遜。結論是暫時性的。你得出的結論有可能看起來極為可信，甚至值得挺身加以捍衛。

不過，你必須隨時保留一絲懷疑，察覺自己的無知與盲點，同時記住別人也曾經懷有同樣的確定感，後來卻證明是錯的，而且這種情形已發生過許多次。這一切所帶來的結果，就是隨時都應該對自己擁有多少知識，以及對於這些知識應該懷有多高的確定性抱持謙遜的態度。

以上這些規則全都源自於本書先前的章節。如果這些規則不具說服力，那麼本書就不具說服力，而到了這時候我也只能向讀者道歉。或者，這些規則的健全性也有可能顯得明白可見，以致根本不需要受到背書或甚至提出。可惜的是，這些規則確實需要受到背書，也需要被人提出。當然，我的意思不是說這些規則應該免疫於質疑，否則將會與這些規則的條件背道而馳，再說這些規則也都禁得起質疑，只要那些質疑直接而合理。不過，這些規則也有可能被其他力量推到一旁。其中有些力量廣為人知，諸如煽惑、憤慨，以及抹黑。另外有些力量則是比較隱而不顯，例如正統觀念、排他性，以及怠慢。這些都是存在已久的現象。只要問問蘇格拉底就可以知道。古往今來從沒有一個能夠令人懷念的蘇格拉底時代；蘇格拉底倫理從來不是主流力量，不管在世俗社會還是學院裡都是如此，原因是蘇格拉底倫理也從來不是心靈當中的主流力量。蘇格拉底倫理向來都是反抗勢力。所以，這些規則經常難以遵循，但是對於具有蘇格拉底傾向的人而言，這些規則很值得追求。

剛剛提到反抗的意象，自然不免引來這樣的問題：我們該怎麼因應不認同這些交鋒規則的人？推定而出的簡單答案是，你可以利用蘇格拉底做法決定是否該使用蘇格拉底做法。說得具體一點，你可以詢問（並且又再次詢問）自己想要達成什麼目的，以及此一目的是否適用蘇格拉底的交鋒規則。舉例而言，我認為大部分關於法律議題的對話都適用這些規則，不論對話的另一方是否遵循這些規則（經常不會）。不過，假設有兩名律師在法院裡爭辯。有些蘇格拉底規則就不適合在這種情況下使用，因為他們的目標不在於直接找出真相，而是各自針對案件的一個面向提出支持論述，好讓別人能夠找出真相——也就是法官或者陪審團。蘇格拉底提供一個特定的目標（為自己找尋真理），並由一種特定手段加以追求（他的方法）。法律訴訟全然是另一種不同的遊戲。法律訴訟的目標與規則只有一部分與蘇格拉底的目標與規則重疊。

前述的例子專屬於法律，但由此推導而出的原則則普遍適用。蘇格拉底規則適合某些目標，但不適合其他目標。如果你是與兒童爭論，或者想要平撫一群敵對聽眾的情緒，或者遭人持棍毆打，那麼蘇格拉底規則大概不合用。不過，且讓我們來舉個居中的案例：在一場家族聚會裡，你坐在一位叔父身邊，他提出的政治觀點頗為荒謬，而且又不依循蘇格拉底規則。我只能提供友善的建議（他畢竟是你的叔父），但蘇格拉底做法可能正適合這樣的場合。以溫和的方式運用第十八章描述的反詰法，首先找出你們雙方的一些共同立場，然後以此為起點，針對這些共同立場與你們的意見歧異之處有什麼關係提出一些和善的問題。這麼做也許會（也可能不會）有助於你或者他受到說服，或是對於你們的歧見獲得更多的理解。無論如何，採取帶有蘇格拉底色彩的做法是不是會比其他做法更有可能產生這些良好的效果（就算你那個荒唐叔父不遵循這些規則也沒關係）？你要是自己打破這些規則，會有任何幫助嗎？

不過，真正的問題當然是你希望從這項對話當中得到什麼。這項對話的目的是什麼？也許比較好的做法是改變話題，或者擱置這項討論，等到你的叔父身邊沒有一大群聽眾，或是他沒有喝那麼多酒，或是比較願意講理的時候再說。同樣的原則也可套用在朋友、同事，或者你在網路上遇到的網友身上。你只能控制自己，而不能控制他們。所以，你必須針對自己的目標與手段做出決定。蘇格拉底在這兩點上都提出了建議。在所有人都願意接受的情況下，這些就會是非常棒的建議。就算在別人不願意接受的情況下，這些建議通常也還是很棒——但不必然如此。你必須想清楚自己的目標以及要怎麼達成那些目標。大體上來說，蘇格拉底式檢驗是否適用，是個適合受到蘇格拉底式檢驗的題目。

蘇格拉底式教導

從事蘇格拉底論述的俗世情境並非永遠都一樣。我先前提過運用蘇格拉底交鋒規則的一些挑戰：煽惑、憤怒、排他等等，在某些情境下特別容易產生。在我們這個時代，科技進展造成了對於蘇格拉底做法而言異常嚴峻，同時又有利於其對手的環境。現在任何人只要有一部電腦，或甚至是一支智慧型手機，就可以大規模釋放出蘇格拉底做法的對立力量。蘇格拉底習慣必須受到耐心培養以及使用，所以無法獲益於鼓勵以簡短言詞做出立即反應的科技。

由此造成的結果，就是在文化上偏離了做為本書主題的那些價值觀。在網路上發表言論的交鋒規則經常與蘇格拉底的規則恰恰相反。的確，在網路上發表的言論會受到檢驗，或者至少是會受到攻擊。不過，這些過程絲毫不具蘇格拉底色彩，而且良幣總是不斷遭到劣幣驅逐。社群媒體有如一座校園，廣泛地教導令人髮指的論述習慣。這些現象在我們的政治與文化生活當中所造成的後果令人沮喪，有時更是堪稱災難。沒有人對這一點有所懷疑，只是對於什麼例子彰顯了這一點各自抱持不同意見，通常是因為不理性帶來的政治結果如果合乎他們的喜好，他們就不介意，甚至根本不會察覺到。於是，有些人認為這件事情是那種災難的例子，另外有些人則說那件事情才是。我的觀點是他們都沒錯。

這些問題無法解決，因為其先天就存在於人性當中；社群媒體僅僅是個催化劑，只不過效果相當強烈。如同先前提過的，我們頂多只能希望眾人可以致力加以反抗。而要從事這樣的反抗，最自然也最重要的環境就是教室。如同我們看過的，不同的遊戲有不同的規則，而且適合不同的場合。不過，如果說有哪個地方會讓人預期應當採行蘇格拉底目標與規則，那麼這個地方就是大學。大學存在的首要目標就是要促進關於真理的知識，並且教導學生尋求這種知識。教室——不管是大學還是其他地方的教室——尤其是個受到控制的臨時性小型社群，在其中能夠刻意設定論述的標準。學生如果不在教室裡習得蘇格拉底習慣，就不可能在長大涉入公共生活之後，那種較為惡劣的環境當中獲得這種習慣。所以，身為蘇格拉底類型的你，如果看到一項政治討論遭到摧殘，而且罪魁禍首認為蘇格拉底交鋒規則不重要、過時，或者根本是個笑話，那麼你就可以合理的在心中想著：這是一個被我們的學校辜負的人。

蘇格拉底倫理在哪些教室裡具有重要性？在所有的教室裡都是如此，不論其中的課堂是否採用嚴格意義上的蘇格拉底方法進行教學。任何一門課程不管聲稱教導什麼主題，總是必定也會教導論述標準、謙遜或傲慢，以及其他各種變數，不論是否可以算是蘇格拉底式的變數。在蘇格拉底倫理的文化處境如此艱困的這個時代，這些教訓必須由蘇格拉底之友以審慎而有效的方式教導。這不只是技術方面的問題，而是必須投注大量的用心。回想彌爾在第三章提及《高爾吉亞篇》對他造成了多麼深刻的影響——不是因為其中的特定論點，而是因為其中傳達出來的堅持。彌爾在他針對這部對話錄所寫的筆記裡這麼指出：「對於德行的愛，以及其他每一種高尚情感，都不是藉由論理傳達，而是來自早已擁有那種情感的人所造成的啟發或贊同。」①換句話說，對於彌爾影響最大的因素，就是對於任何學生都會造成最大影響的因素，亦即與一個人長期相處，而且那個人因為深深在乎一項觀念而致使那樣的情感產生感染力。

這就是蘇格拉底學校的老師必須培養的東西：知識與技巧自不待言，但也要有蘇格拉底式的強烈情感。你對於這件事情必須極為有熱忱，才有可能激勵你的學生對其在乎的程度達到你的一半。這點會隱含於你教導的每一項教訓當中，不論表面上的主題是什麼，也不論那項主題是否適合受到質問。蘇格拉底交鋒規則也要讓人覺得同樣重要。讓學生看見我們這個時代的毒參怎麼受到施用，而對其投以鄙夷與厭惡的眼光。讓他們無所畏懼地發言，也以同樣的方式接受反駁；讓他們無所畏懼而且不覺冒犯地聆聽；讓他們對於真理的偏好甚於其他一切。最重要的是，讓他們看見蘇格拉底價值觀一旦不只是受到理解與實踐，而是也受到愛好，將會是什麼模樣。

你如果具有蘇格拉底傾向，但不是從事教學行業呢？那麼，你還是可以採取同樣的做法，因為自我當中帶有可以類比於教室裡各個成員的元素。我們每個人都是教授也是學生，就像我們全都有個內化的蘇格拉底、內化的卡利克勒斯，以及內化的雅典陪審團一樣。而且，這些內在版本的人物終究都會具有更高的重要性。外在的老師為我們提供的教導，遠遠比不上我們對自己的教導，不論我們自己教得好不好。自我就像教室一樣，在其中最健康的倫理也是蘇格拉底倫理。

注釋

① Robson, *Collected Works of John Stuart Mill*, 11:150。

參考書目

Ahbel-Rappe, Sara, and Rachana Kamtekar. *A Companion to Socrates*. Oxford: Wiley-Blackwell, 2006.

Annas, Julia. "Classical Greek Philosophy." In Boardman et al., *The Oxford History of Greece and the Hellenistic World*, 277–305.

——. "Plato's Ethics." In Fine, *The Oxford Handbook of Plato*, 267–85.

——. "Plato the Skeptic." In Vander Waerdt, *The Socratic Movement*, 309–40.

——. "Scepticism, Old and New." In *Rationality in Greek Thought,* edited by Michael Frede and Gisela Striker, 239–54. Oxford: Clarendon, 1996.

——. "Virtue as the Use of Other Goods." In Irwin and Nussbaum, *Virtue Love & Form*, 97–112.

——. "What Are Plato's 'Middle' Dialogues in the Middle Of?" In Annas and Rowe, *New Perspectives on Plato*, 1–23.

——, and Christopher Rowe, eds. *New Perspectives on Plato, Ancient and Modern*. Cambridge, Mass.: Harvard University Press, 2002.

Benson, Hugh H. *Socratic Wisdom*. Oxford: Oxford University Press, 2000.

Bett, Richard. "Socrates and Skepticism." In Ahbel-Rappe and Kamtekar, *A Companion to Socrates*, 298–311.

——. "Socratic Ignorance." In Morrison, *The Cambridge Companion to Socrates*, 215–36.

Beversluis, John. "Does Socrates Commit the Socratic Fallacy?" *American Philosophical Quarterly* 24, no. 3 (1987): 211–23.

Blössner, Norbert. "The City-Soul Analogy." In *The Cambridge Companion to Plato's Republic*, edited by G. R. F. Ferrari, 345–85. Cambridge: Cambridge University Press, 2007.

Boardman, John, Jasper Griffin, and Oswyn Murray, eds. *The Oxford History of Greece and the Hellenistic World*. Oxford: Oxford University Press, 2002.

Boghosian, Peter, and James Lindsay. *How to Have Impossible Conversations: A Very Practical Guide*. New York: Hachette, 2019.

Brennan, Tad. "Socrates and Epictetus." In Ahbel-Rappe and Kamtekar, *A Companion to Socrates*, 285–97.

Brickhouse, Thomas C., and Nicholas D. Smith. *Plato's Socrates*. New York: Oxford University Press, 1994.

——. "Socrates and the Unity of Virtues." *Journal of Ethics* 1, no. 4 (1977): 311–24.

——. "Socrates' Elenctic Mission." *Oxford Studies in Ancient Philosophy* 1 (1991): 75–121; reprinted in Prior, *Socrates: Critical Assessments*, 3: 119–44.

——. "Socrates on Goods, Virtue, and Happiness," *Oxford Studies in Ancient Philosophy* 5 (1987): 1–27; reprinted in Prior, *Socrates: Critical Assessments*, 4:202–25.

——. *Socrates on Trial*. Princeton: Princeton University Press, 1989.

——. *Socratic Moral Psychology*. Cambridge: Cambridge University Press, 2010.

Brown, Eric. "Socrates in the Stoa." In Ahbel-Rappe and Kamtekar, *A Companion to Socrates*, 275–84.

Brown, Lesley. "Division and Definition in the *Sophist*." In Charles, *Definition in Greek Philosophy*, 151–71.

Brumbaugh, Robert S. "Dialogue and Digression: The Seventh Letter and Plato's Literary Form." In Griswold, *Platonic Writings/ Platonic Readings*, 84–92.

Burnet, J. *Greek Philosophy, Thales to Plato*. London: Macmillan & Co, 1924.

Burnyeat, Myles F. "Carneades Was No Probabilist." Unpublished manuscript, n.d.

——, ed. *The Skeptical Tradition*. Berkeley: University of California Press, 1983.

——. "Socratic Midwifery, Platonic Inspiration," *Bulletin of the Institute of Classical Studies* 24 (1977): 7–16.

Bussanich, John, and Nicholas B. Smith, eds. *The Bloomsbury Companion to Socrates*. London: Bloomsbury, 2013.

Cairns, William B., ed. *Benjamin Franklin's Autobiography* [1793]. New York: Longman, Green & Co., 1905.

Charles, David, ed. *Definition in Greek Philosophy*. Oxford: Oxford University Press, 2010.

Clough, A. H. *Plutarch's Lives of Illustrious Men*. Boston: Little, Brown, 1889.

Cohen, Maurice H. "The Aporias in Plato's Early Dialogues." *Journal of the History of Ideas* 23, no. 2 (1962): 163–74.

Cooper, John M. "Arcesilaus: Socratic and Sceptic." In *Remembering Socrates: Philosophical Essays,* 169–87, edited by Lindsay Judson and Vassilis Karasmanis. Oxford: Clarendon Press, 2006.

——. "Plato's Theory of Human Motivation." *History of Philosophy Quarterly* 1 (1984): 3–21.

——. *Reason and Emotion: Essays in Ancient Moral Philosophy and Ethical Theory*. Princeton: Princeton University Press, 1999.

Dakyns, H. G. (trans.). *The Works of Xenophon*. 4 vols. London: Macmillan, 1897.

DeFilippo, Joseph G., and Phillip T. Mitsis. "Socrates and Stoic Natural Law." In Vander Waerdt, *The Socratic Movement*, 253–71.

Demetriou, Kyriakos, and Antis Loizides, eds. *John Stuart Mill: A British Socrates*. New York: Palgrave Macmillan, 2013.

Desjardins, Rosemary. "Why Dialogues? Plato's Serious Play." In Griswold, *Platonic Writings/Platonic Readings*, 110–26.

Devereux, Daniel. "Socratic Ethics and Moral Psychology." In Fine, *The Oxford Handbook of Plato*, 139–64.

——. "The Unity of the Virtues in Plato's Protagoras and Laches," *Philosophical Review*, 101 (1992): 765–89.

Dorion, Louis-Andre. "The Rise and Fall of the Socratic Problem." In Morrison, *The Cambridge Companion to Socrates*, 1–23.

Dover, Kenneth J. "Socrates in the Clouds." In Vlastos, *The Philosophy of Socrates*, 50–77.

Dunning, David, and Justin Kruger. "Unskilled and Unaware of It: How Difficulties in Recognizing One's Own Incompetence Lead to Inflated Self-Assessments." *Journal of Personality and Social Psychology* 77, no. 6 (1999): 1121–34.

Emerson, Ralph W. *Representative Men.* Boston: Phillips, Sampson & Co., 1850.

Everson, Stephen, ed. *Epistemology*. Cambridge: Cambridge University Press, 1990.

Farnsworth, Ward. *The Practicing Stoic.* Boston: Godine, 2018.

Fine, Gail, ed. *The Oxford Handbook of Plato*. Oxford: Oxford University Press, 2008.

Fink, Jakob L., ed. *The Development of Dialectic from Plato to Aristotle*. Cambridge: Cambridge University Press, 2012.

Fish, Stanley. *Self-Consuming Artifacts: The Experience of Seventeenth-Century Literature*, 5–21. Berkeley: University of California Press, 1972.

Flew, Antony, ed. *A Dictionary of Philosophy,* rev. 2d ed. New York: St. Martin's, 1984.

Ford, Paul L., ed. *The Writings of Thomas Jefferson*. 12 vols. New York: G. P. Putnam's Sons, 1899.

Frame, Donald M. *The Complete Essays of Montaigne*. Palo Alto: Stanford University Press, 1958.
Freud, Sigmund. *A General Introduction to Psychoanalysis*. New York: Boni and Liveright, 1920.
Friedlander, Paul. *Plato*. New York: Bollingen, 1958.
Geach, Peter T. "Plato's *Euthyphro*: An Analysis and Commentary." *Monist* 50 (1996): 369–82.
Gill, Christopher. "Dialectic and the Dialogue Form." In Annas and Rowe, *New Perspectives on Plato*, 145–72.
Goldstein, Rebecca N. *Plato at the Googleplex*. New York: Pantheon, 2014.
Graham, Daniel W. "Socrates and Plato." *Phronesis* 37, no. 2 (1992): 145–65.
Graver, Margaret, and A. A. Long, trans. *Seneca: Letters on Ethics*. Chicago: University of Chicago Press, 2015.
Griswold, Charles L., Jr., ed. *Platonic Writings/Platonic Readings*. University Park, Pa.: Penn State University Press, 1988.
——. "Plato's Metaphilosophy: Why Plato Wrote Dialogues." In Griswold, *Platonic Writings/Platonic Readings*, 143–70.
Grote, George. *Plato and the Other Companions of Sokrates*. 3 vols. London: John Murray, 1865.
Gulley, Norman. "The Interpretation of 'No One Does Wrong Willingly' in Plato's Dialogues." *Phronesis* 10 (1965): 82–96.
——. *The Philosophy of Socrates*. New York: Macmillan, 1968.
Guthrie, W. K. C. *A History of Greek Philosophy.* Vol. 3, *The Fifth-Century Enlightenment.* Cambridge: Cambridge University Press, 1971.
——. *A History of Greek Philosophy.* Vol. 4, *Plato—The Man and His Dialogues.* Cambridge: Cambridge University Press, 1975.
——. *A History of Greek Philosophy.* Vol. 5, *The Later Plato and the Academy.* Cambridge: Cambridge University Press, 1978.
Hard, Robin, trans. *Epictetus: Discourses, Fragments, Handbook*. Oxford: Oxford University Press, 2014.
Hazlitt, William C., ed. *Essays of Montaigne*. Translated by Charles Cotton. London: Reeves & Turner, 1877.
Hobland, Fiona, and Christopher Tuplin, eds. *Xenophon: Ethical Principles and Historical Enquiry*. Leiden: Brill, 2012.
Holmes, Oliver Wendell, Jr. "The Path of the Law." *Harvard Law Review* 10, no. 8 (1897): 457–78.
Howland, Jacob. "Xenophon's Philosophic Odyssey: On the *Anabasis* and Plato's *Republic*." *American Political Science Review* 94, no. 4 (2000): 875–89.

Inwood, Brad, and Lloyd P. Gerson. *Hellenistic Philosophy*. Indianapolis: Hackett, 1997.

Irwin, Terence H. *Plato's Moral Theory*. Oxford: Oxford University Press, 1977.

——. "Review: Socrates and Athenian Democracy." *Philosophy & Public Affairs* 18 (1989): 184–205.

——. "Say What You Believe." In Irwin and Nussbaum, *Virtue Love & Form,* 1–16.

——. "Socrates the Epicurean?" *Illinois Classical Studies* 11 (1986): 85– 112; reprinted in Prior, *Socrates: Critical Assessments*, 4: 226–51.

——. "Socratic Puzzles." *Oxford Studies in Ancient Philosophy* 10 (1992): 241–66.

——, and Martha C. Nussbaum, eds. *Virtue Love & Form: Essays in Memory of Gregory Vlastos*. *Apeiron* 26, nos. 3–4 (1993).

Janssens, Emile. "The Concept of Dialectic in the Ancient World." *Philosophy & Rhetoric* 1, no. 3 (1968): 174–81.

Kahn, Charles H. "The Beautiful and the Genuine: A Discussion of Paul Woodruff, Plato, *Hippias Major*." *Oxford Studies in Ancient Philosophy* 3 (1985): 261–88.

Kahn, Charles H. "Drama and Dialectic in Plato's *Gorgias*." *Oxford Studies In Ancient Philosophy* 1 (1983): 75–121; reprinted in Prior, *Socrates: Critical Assessments*, 3: 60–96.

——. *Plato and the Socratic Dialogue*. Cambridge: Cambridge University Press, 1996.

——. "Vlastos's Socrates." *Phronesis* 37 (1992): 233–58; reprinted in Prior, *Socrates: Critical Assessments*, 1:156–78.

Kierkegaard, Søren. *The Sickness Unto Death.* Translated by Walter Lowrie. Princeton: Princeton University Press, 1849.

Kraut, Richard, ed. *The Cambridge Companion to Plato*. Cambridge: Cambridge University Press, 1992.

——. "Comments on Gregory Vlastos, 'The Socratic Elenchus.' " *Oxford Studies in Ancient Philosophy* 1 (1983): 59–70.

——. "The Examined Life." In Ahbel-Rappe and Kamtekar, *A Companion to Socrates*, 228–42.

Kremmydas, Christos, and Kathryn Tempest, eds. *Hellenistic Oratory: Continuity and Change*. Oxford: Oxford University Press, 2013.

Lacey, A. R. "Our Knowledge of Socrates." In Vlastos, *The Philosophy of Socrates*, 22–49.

Lesher, James. "Socrates' Disavowal of Knowledge." *Journal of the History of Philosophy* 25 (1987): 275–88.

Levy, Oscar, ed. *Friedrich Nietzsche: Human, All Too Human*. New York: Macmillan, 1913.

Long, A. A. *Epictetus: A Stoic and Socratic Guide to Life*. Oxford: Clarendon Press, 2002.

——. *Hellenistic Philosophy,* 2d ed. Los Angeles: University of California Press, 1986.

——. "Socrates in Hellenistic Philosophy," *Classical Quarterly* 38 (1988): 150–71.

——. "Socrates in Later Greek Philosophy." In Morrison, *The Cambridge Companion to Socrates*, 355–79.

——. "The Socratic Legacy." In *The Cambridge History of Hellenistic Philosophy,* 617–41, edited by Keimpe Algra et al. Cambridge: Cambridge University Press, 1999.

——. *Stoic Studies*. Cambridge: Cambridge University Press, 1996.

——, and David Sedley. *The Hellenistic Philosophers,* Vol. 1: *Translations of the Principal Sources, with Philosophical Commentary*. Cambridge: Cambridge University Press, 1987.

Long, A. G. *Conversation and Self-Sufficiency in Plato*. Oxford: Oxford University Press, 2013.

McPartland, Keith. "Socratic Ignorance." In Bussanich and Smith, *The Bloomsbury Companion to Socrates*, 94–135.

Mill, John Stuart. *Autobiography*. London: Longmans, 1873.

——. "The Early Draft of John Stuart Mill's Autobiography." In Robson, *Collected Works of John Stuart Mill*, 1: 4–290.

——. "Grote's Plato." In Robson, *Collected Works of John Stuart Mill,* 11: 375–440.

——. "Whately's Elements of Logic." In Robson, *Collected Works of John Stuart Mill*, 11:3–35.

Morrison, Donald R., ed. *The Cambridge Companion to Socrates*. Cambridge: Cambridge University Press, 2011.

——. "On Professor Vlastos's Xenophon." *Ancient Philosophy* 7 (1987): 9–22.

Nails, Debra. *Agora, Academy, and the Conduct of Philosophy*. Dordrecht: Springer, 1995.

Nehamas, Alexander. *The Art of Living: Socratic Reflections from Plato to Foucault*. Los Angeles: University of California Press, 1998.

——. "Voices of Silence: On Gregory Vlastos's Socrates." *Arion*, 3rd ser., 2 (1992): 156–86.

——. *Virtues of Authenticity*. Princeton: Princeton University Press, 1999.

——. "What Did Socrates Teach and to Whom Did He Teach It?" *Review of Metaphysics* 46, no. 2 (1992): 279–306.

Nettleship, Richard L. *Philosophical Lectures and Remains,* Vol. 2. London: Macmillan, 1897.

Novaes, Catarina D. "Reductio Ad Absurdum from a Dialogical Perspective." *Philosophical Studies* 173 (2016): 2605–28.

Nussbaum, Martha C. "Aristotle and Socrates on Learning Practical Wisdom." *Yale Classical Studies* 26 (1980): 43–97.

——. "The Chill of Virtue." *New Republic,* September 16 & 23, 1991, 34–40.

Penner, Terry. "The Unity of Virtue." *Philosophical Review* 82 (1973): 35–68.

Popper, Karl. *The Open Society and Its Enemies*. London: Routledge, 1945.

Powell, J. F. G. "The Embassy of the Three Philosophers to Rome in 155 bc." In Kremmydas and Tempest, *Hellenistic Oratory*, 219–47.

Prior, William J., ed. *Socrates: Critical Assessments*. London: Routledge, 1996.

——. *Socrates*. Medford, Mass.: Polity Press, 2019.

Robinson, Richard. "Forms and Error in Plato's *Theaetetus*," *Philosophical Review* 59, no. 1 (January 1950): 3–30.

——. *Plato's Earlier Dialectic,* 2d ed. Oxford: Clarendon Press, 1953.

Robson, John M., gen. ed. *The Collected Works of John Stuart Mill.* 33 vols. Toronto: Routledge & Kegan Paul, 1963–91.

Rorty, Richard. *Philosophy as Cultural Politics*. Cambridge: Cambridge University Press, 2007.

Ross, W. D. *Plato's Theory of Ideas*. Oxford: Oxford University Press, 1951.

Rowe, Christopher. "Socrates in Plato's Dialogues." In Ahbel-Rappe and Kamtekar, *A Companion to Socrates*, 159–70.

Russell, Bertrand. *A History of Western Philosophy*. New York: Simon & Schuster, 1945.

Santas, Gerasimos X. *Socrates*. London: Routledge & Kegan Paul, 1979.

——. "Socratic Goods and Socratic Happiness." In Irwin and Nussbaum, *Virtue Love & Form*, 81–96.

——. "The Socratic Fallacy." *Journal of the History of Philosophy* 10, no. 2 (1972): 127–41.

——. "The Socratic Paradoxes." *Philosophical Review* 73, no. 2 (April 1964): 147–64.

Sayre, Kenneth M. "Plato's Dialogues in Light of the Seventh Letter." In *Platonic Writings, Platonic Readings*, 93–109, edited by

Charles L. Griswold, Jr. London: Routledge.

Schauer, Frederick. *Profiles, Probabilities and Stereotypes*. Cambridge, Mass.: Belknap, 2003.

Sedley, David. "The Motivation of Greek Skepticism." In Burnyeat, *The Skeptical Tradition*, 9–30.

——. *Plato's* Cratylus. Cambridge: Cambridge University Press, 2003.

Seeskin, Kenneth. *Dialogue and Discovery: A Study in Socratic Method*. Albany, N.Y.: SUNY Press, 1987.

Segvic, Heda. "No One Errs Willingly: The Meaning of Socratic Intellectualism." In Ahbel-Rappe and Kamtekar, *A Companion to Socrates*, 171–85.

Shields, Christopher J. "Socrates Among the Skeptics." In Vander Waerdt, *The Socratic Movement*, 341–66.

Shorey, Paul. *The Unity of Plato's Thought*. Chicago: University of Chicago Press, 1903.

——. *What Plato Said.* Chicago: University of Chicago Press, 1933.

Sidgwick, Henry. *The Methods of Ethics,* 7th ed. New York: Macmillan, 1907.

Sprague, Rosamond Kent. "Platonic Unitarianism, or What Shorey Said." *Classical Philology* 71, no. 1 (1976): 109–12.

——. *Plato's Use of Fallacy*. London: Routledge, 1962.

Striker, Gisela. "Plato's Socrates and the Stoics." In Vander Waerdt, *The Socratic Movement*, 241–51.

Szaif, Jan. "Socrates and the Benefits of Puzzlement." In *The Aporetic Tradition in Ancient Philosophy,* 29–47, edited by George Karamanolis and Vasilis Politis. Cambridge: Cambridge University Press, 2018.

Talisse, Robert B. "Misunderstanding Socrates." *Arion* 9, no. 3 (2002): 46–56.

Tarrant, Harold. "Socratic Method and Socratic Truth." In Ahbel-Rappe and Kamtekar, *A Companion to Socrates*, 254–72.

Taylor, A. E. *Socrates*. London: Peter Davies, 1932.

Taylor, C. C. W. "Plato's Epistemology." In Fine, *The Oxford Handbook of Plato*, 165–90.

——. *Socrates: A Very Short Introduction*. Oxford: Oxford University Press, 1998.

Thesleff, Holger. *Studies in Platonic Chronology*. Helsinki: Societas Scientiarum Fennica, 1982.

Trivigno, Franco V., and Pierre Destrée, eds. *Laughter, Humor, and Comedy in Ancient Philosophy*. New York: Oxford University

Press, 2019.

Trotter, W. F., trans. *Blaise Pascal: Thoughts*. New York: Collier & Son, 1910.

Vander Waerdt, Paul, ed. *The Socratic Movement*. Ithaca, N.Y.: Cornell University Press, 1994.

Vlastos, Gregory, ed. *The Philosophy of Socrates*. New York: Doubleday, 1971.

——. "The Paradox of Socrates." In Vlastos, *The Philosophy of Socrates*, 1–49.

——. *Socrates, Ironist and Moral Philosopher*. Ithaca, N.Y.: Cornell University Press, 1991.

——. *Socratic Studies*. Cambridge: Cambridge University Press, 1994.

——. "The Unity of Virtues in the 'Protagoras.' " *Review of Metaphysics* 25, no. 3 (1972): 415–58.

Walsh, James J. "The Socratic Denial of Akrasia." In Vlastos, *The Philosophy of Socrates*, 235–63.

Waterfield, Robin. "The Quest for the Historical Socrates." In Bussanich and Smith, *The Bloomsbury Companion to Socrates*, 1–19.

——. "Xenophon on Socrates' Trial and Death." In Hobland and Tuplin, *Xenophon*, 269–305.

White, James Boyd. "Plato's *Gorgias* and the Ethics of Legal Argument." *University of Chicago Law Review* 50, no. 2 (1983): 849–91.

Whitehead, Alfred North. *Process and Reality*. New York: Macmillan, 1929.

Wigmore, John H. *Evidence in Trials at Common Law*, 3d ed. Boston: Little, Brown, 1940.

Wolfsdorf, David. "Socrates' Avowals of Knowledge." *Phronesis* 49 (2004): 75–142.

——. "Socratic Philosophizing." In Bussanich and Smith, *The Bloomsbury Companion to Socrates*, 34–67.

Woodruff, Paul B. "Aporetic Pyrrhonism." *Oxford Studies in Ancient Philosophy* 6 (1988): 139–68.

——. "Expert Knowledge in the *Apology* and *Laches*: What a General Needs to Know." *Proceedings of the Boston Area Colloquium in Ancient Philosophy* 3 (1987): 79–115.

——. "Plato's Early Theory of Knowledge." In Everson, *Epistemology*, 60–84.

——. "Self-Ridicule: Socratic Wisdom." In Trivigno and Destrée, *Laughter, Humor, and Comedy in Ancient Philosophy*,165–81.

——. "The Skeptical Side of Plato's Method." *Revue Internationale de Philosophie* 40, no. 1/2 (1986): 22–37.

——. "Socrates Among the Sophists." In Ahbel-Rappe and Kamtekar, *A Companion to Socrates*, 36–47.

——. "Socrates and the Irrational." In *Reason and Religion in Socratic Philosophy,* 130–150, edited by Nicholas D. Smith and Paul B. Woodruff. New York: Oxford University Press, 2000.

——. "Socrates on the Parts of Virtue." *Canadian Journal of Philosophy*, supp. v. 2 (1976): 101–16.

——. "Socrates's Mission." In *Readings of Plato's* Apology of Socrates: *Defending the Philosophical Life,* 179–83, edited by Vivil Valvik Haraldsen, Olof Pettersson, and Oda E. W. Tvedt. Lanham, Md.: Lexington Books, 2018.

Yonge, C. D., trans. *Diogenes Laertius: The Lives and Opinions of Eminent Philosophers*. London: G. Bell & Sons, 1915.

ithink
RI7005

跟蘇格拉底學思辨

從《對話錄》學習如何質疑、怎樣探究？矯正僵化思維、屏除固有偏見，寫給每個人的理性思考與對話指南

• 作者：沃德．法恩斯沃斯（Ward Farnsworth）• 譯者：陳信宏 • 封面設計：廖勁智 • 校對：呂佳真 • 主編：徐凡 • 責任編輯：李培瑜 • 國際版權：吳玲緯、楊靜 • 行銷：闕志勳、吳宇軒、余一霞 • 業務：李再星、李振東、陳美燕 • 總編輯：巫維珍 • 編輯總監：劉麗真 • 事業群總經理：謝至平 • 發行人：何飛鵬 • 出版社：麥田出版／城邦文化事業股份有限公司／ 115台北市南港區昆陽街16號4樓／電話：(02) 25000888 ／傳真：(02) 25001951、發行：英屬蓋曼群島商家庭傳媒股份有限公司城邦分公司／ 115台北市南港區昆陽街16號8樓／書虫客戶服務專線：(02) 25007718 ; 25007719 ／ 24小時傳真服務：(02) 25001990 ; 25001991 ／讀者服務信箱：services@city.my ／劃撥帳號：19863813 ／戶名：書虫股份有限公司 • 香港發行所：城邦（香港）出版集團有限公司／香港九龍土瓜灣土瓜灣道86號順聯工業大廈6樓A室／電話：(852) 25086231 ／傳真：(852) 25789337 • 馬新發行所／城邦（馬新）出版集團【Cite (M) Sdn. Bhd.】／ 41, Jalan Radin Anum, Bandar Baru Seri Petaling, 57000 Kuala Lumpur, Malaysia. ／電話：+603-9056-3833 ／傳真：+603-9057-6622 ／讀者服務信 箱：services@cite.my • 印刷：漾格科技股份有限公司 • 2023年4月初版一刷 • 2024年6月初版二刷 • 定價480元

國家圖書館出版品預行編目資料

跟蘇格拉底學思辨：從《對話錄》學習如何質疑、怎樣探究？矯正僵化思維、屏除固有偏見，寫給每個人的理性思考與對話指南／沃德．法恩斯沃斯（Ward Farnsworth）著；陳信宏譯. -- 初版. -- 臺北市：麥田出版, 城邦文化事業股份有限公司出版：英屬蓋曼群島商家庭傳媒股份有限公司城邦分公司發行, 2023.4
面；　公分. -- (ithink哲學書系；RI7005)

ISBN 978-626-310-401-3（平裝）
EISBN 9786263104082（EPUB）

1. CST: 蘇格拉底（Socrates, 469-399 B.C.）
2. CST: 柏拉圖（Plato, 427-347 B.C.）
3. CST: 古希臘哲學　4. CST: 辯證法

141.28　　111022376

城邦讀書花園
www.cite.com.tw